身為自己
BEING YOU

人類意識的新科學
A NEW SCIENCE OF CONSCIOUSNESS

Anil Seth

阿尼爾・塞斯——著　甘錫安、吳國慶——譯

各界大力推薦《身為自己》

題材廣泛，熔哲學、科學、文學、個人經驗和推測於一爐。對我而言，對這部分的推測儘管有些想法尚未證實，但反而最為有趣。塞斯不僅試圖解釋人類的特質以及如何思考，也解釋人類為什麼發展成現在的樣貌，這點對某些讀者而言或許太過刺激。我們為什麼具有自己一直是同一個人的感覺？（但至少我不這麼覺得）我們為什麼有察覺到自我的感覺？這種感覺有什麼作用？——這些都非常具啟發性。

——歌手大衛・拜恩（David Byrne）

讓人手不釋卷……書中對意識的論述兼容並蓄，呈現方式也格外宏大……書中詳細解說感知和自我，作者以溫和又廣泛的論證呈現，顯得更具吸引力。

——世界知名神經科學家，英國倫敦大學學院教授卡爾・弗瑞斯頓（Karl Friston）

這本書很棒，讀來饒富趣味。塞斯是哲學學養深厚的神經科學家，以此觀點探討意識和自我這些最基本的問題。大力推薦。

——《哲學的四十堂公開課》作者奈傑爾・沃伯頓（Nigel Warburton）

這本書內容豐富，以淺顯易懂的方式探討我們的心靈如何理解世界，以及我們如何成為自己。

——蕭恩・卡羅爾（Sean Carroll），《詩性的宇宙》一書作者

使我們成為自己的因素是什麼？我們的意識和自我感又該如何解釋？在這本開創性的傑出書籍中，塞斯以預測式大腦的新科學為基礎，提出令人驚奇的答案。希望進一步瞭解自己內在這具「超級機器」的讀者，一定要讀這本書。

——安迪・克拉克（Andy Clark），《Surfing Uncertainty》作者

這本簡明易懂的書籍探討意識的本質，相當發人深省。在這本書中，塞斯帶領我們前所未有地理解我們身為有意識自我的經驗。不讀可惜。

——阿尼爾・安納塔斯瓦米（Anil Ananthaswamy），獲獎記者，著有《不存在的人》

塞斯真正帶領我們理解人類最深層的謎團。

——克里斯・安德森（Chris Anderson），TED講師

塞斯是世界首屈一指的意識學者。他對這個領域的見解既獨特又令人耳目一新，他的演講和文字一向令人激賞、易於理解又具吸引力。

——克里斯托夫・柯霍（Christof Koch），美國西雅圖艾倫腦科學研究所主任及科學長

推薦序

意識的真實問題：作為你的感覺是什麼？

洪裕宏（陽明交通大學心智哲學研究所榮譽教授）

在一九九八年，哲學家查默斯（David Chalmers）和腦科學家科赫（Christof Koch）在一個學術會議上打賭，賭二十五年後，即二〇二三年，大腦產生意識的機制會被發現。二十五年到了，在紐約大學召開的意識科學學會（ASSC）上，科赫認輸了，科學至今仍然無法解釋大腦如何產生意識。查默斯稱這個問題為困難問題（The Hard Problem）。

目前科學界研究意識問題主要有三個進路：意識的神經關聯（Neural Correlates of Consciousness, NCC）、全腦工作空間理論（Global Neuronal Workspace Theory, GNWT）與困難問題。NCC通常透過腦造影如fMRI，去找出負責意識經驗的腦區；GNWT主要是處理功能性與結構性的問題。這兩種研究進路都無法處理困難問題，即大腦如何產生意識，以及意識到底是什麼的問題。塞斯同意NCC和GNWT無法解決意識的主觀性，也不能回應困難問題。他認為我們應該承認意識的主觀性，直接處理意識經驗的現象性

（phenomenology），也就是把困難問題的形上學部分先放下，用物理科學的方法去處理大腦如何產生意識的問題。塞斯稱這個新的研究進路「真實問題」（Real Problem）。

塞斯提出意識的「預測編碼」理論（Predictive Coding Model）來解釋意識經驗。在這裡意識經驗包括作為自我的經驗。「身為自己」（Being You）也是一種經驗。大腦是一部預測機器，它並非只是接收感覺訊號，而是不停地對外來的感覺刺激產生預測，預測外面的事物，如果與感覺訊號有出入，就修正預測。所以塞斯認為，我們的感覺知覺經驗並非由感覺刺激而來，而是我們先有一個預測，對外在世界有一個解讀，如果這個模型無助於我們的生存，我們的大腦就會根據外來的感覺訊號校正預測模型。所以意識經驗是由內而外的預測，而不是從感覺訊號去讀取世界；我們對世界的經驗是大腦主動建構的世界經驗。塞斯認為自我也是一種意識經驗，是大腦建構出來的預測模型。

因為我們對世界的經驗是大腦的主動建構，不是被動的知覺，所以事實上我們是活在一個大腦建構的世界中。而這個建構是控制在與世界有用的連結上，它不是隨機產生，而是建立在有利於生命的生存。所以我們可以說意識經驗是「受控的幻覺」（controlled hallucination）。

塞斯認為，因為我們是具有肉身的獸類，我們對世界與對自我的經驗，都根植於肉身的本性，我們是野獸機器（beast machine）。至於電腦或機器人，不論多聰明，因為不具肉身，因此不會有意識。

塞斯這本書的對象是一般讀者，所以用詞比較簡單，使用科普的語言，很容易閱讀。但是這本書又具有相當的學術深度，不僅介紹了意識研究的晚近發展，也介紹了兩個他的原創貢獻：真實問題與意識的預測編碼模型。如果你只想讀一本關於意識的書，那麼讀塞斯這本絕對沒錯。我與塞斯相識多年，也曾訪問他任職的薩塞克斯大學，參加他主辦的意識科學研究學會的年會，並應邀主持一場研討會。他是一個非常風趣又博聞的人，能夠有機會撰寫本書的推薦序，感覺萬分榮幸。

推薦序

意識，就是睡著了或全身麻醉時消失，醒來時出現之不具形體的存在

謝仁俊（陽明交通大學終身講座教授、陽明交通大學生物科技學系教授）

在意識研究領域中，意識科學家與意識哲學家必須面對三個不同層次的問題：簡單問題、真實問題和困難問題。解決這些問題需要區分意識的不同面向，並將其現象學特性（主觀第一人稱描述意識體驗是什麼樣的）映射到底層生物機制（客觀第三人稱的描述）。所謂的「簡單問題」涉及意識如何與大腦的物理過程相關，例如大腦如何處理訊息、產生感知和做出反應。「真實問題」則集中於探討意識背後的神經生物學機制，尋找及解釋意識產生的具體生物性過程。至於意識的「困難問題」，則由意識哲學家大衛．查默斯（David Chalmers）所提出，涉及某些腦部運作過程為什麼及如何會帶來主觀體驗，也就是這些腦部活動為何能產生感知、感覺和內在體驗，這是意識研究中最根本難解的問題。相較之

下，前兩個問題聚焦於意識的功能、機制和生物學基礎，且側重於可量測的科學性分析，儘管這些問題複雜，但普遍認為可以透過科學方法來解答。

本書作者安尼爾・塞斯（Anil Seth），是一位對當代意識研究具有重大影響的意識科學家，聚焦在真實問題，提出了以「預測處理」（predictive processing）為核心的意識理論，認為大腦不僅被動接收外部信息，更是積極生成對這些信息的預測，並以之形成和調整對世界的知覺和認知。

塞斯將大腦描述為一個「預測機器」，這一觀點有助於解釋我們的感知和認知為何能如此靈活順暢。傳統感知理論將大腦處理感官訊息視為一個從下而上（bottom-up）的過程，從感官接收器（如視網膜）接收信號，逐步進行更複雜和抽象的處理。然而，預測處理理論提出了一種不同的觀點：認為大腦主要在處理實際感知與大腦預期之間的差異。在這一框架下，感知被視為由大腦的由上而下（top-down）的預測引導，並通過不斷更新這些預測來最小化預測錯誤。根據這一理論，意識被視為一種「預測誤差的感知」，當大腦無法有效減少這些誤差時，就會產生明顯的知覺體驗，也就是我們所說的「意識」。這一觀點表明，意識並非獨立實體，而是大腦訊息處理過程中的產物，這解釋了為什麼我們的意識經常變化，因為預測和誤差在不斷變化。

意識科學家在尋找意識的神經關聯（neural correlates of consciousness, NCCs），即與特定意識感知相關的神經活動和機制。這些研究通過腦電圖、腦磁圖和功能性磁共振造影等技術，來探索大腦活動的變化，以區分有意識和無意識的感知。這種腦造影的科研證實了大腦在接收感官訊息時的預測性活動，也為幻覺和錯覺提供了新的解釋，認為這些現象可能源於大腦預測的失誤。塞斯的理論強調意識是一種由大腦創造的「控制的幻覺」，意味著我們對現實的感知是主觀建構的，而非客觀存在的。這一觀點對心理療法，尤其是在處理精神分裂症或幻肢痛等錯覺和幻覺問題上，提供了新的視角。

塞斯強調，意識不僅是大腦內部運作的產物，更與身體和外部世界緊密相連。他的「實體主義」觀點認為身體的狀態及與外界的互動對意識體驗有深刻影響。大腦基於預測處理，模擬我們內在的身體狀態，協助我們區分自我與非自我。這種「自我」有多個層面：包括有肉體的自我、有觀點的自我、意志自我、敘事自我和社會自我，這些層面通常融合為一個統一的整體。但腦科學實驗和神經心理學研究顯示，大腦是不停地積極生成和協調這些多樣化的自我體驗。這解釋了為何在不同情境中我們的自我感覺會變化。我們的身體體驗也是一種「受控的幻覺」，大腦根據訊念和感官數據對身體狀態做出「最佳猜測」。這種體驗，依賴於大腦對身體相關感官訊號的預測，包括內感覺和本體感知以及一般感官所傳送的訊息，這與笛卡爾（René Descartes）將心靈與身體分離的觀點相反。現代意識科學觀點認為我們的意識體驗是具身的（embodied，又譯為「體現的」），依賴於對複雜生理現象的預測感知與控制。

塞斯的理論提供了對「自我意識」問題的生物學解釋，挑戰了我們的感知是直接反映世界的傳統觀點。相反地，塞斯認為我們所經歷的現實，是一個複雜的、由大腦生成、也深受我們的期望和先前知識經驗的影響。塞斯的理論引領意識研究的科學論述，但也遭遇多方面的批評。有些學者認為這一理論過於依賴神經科學模型，忽略了心理學和哲學的貢獻，因為單從腦部活動來解釋意識，無法完全涵蓋意識現象的多樣性。

此外，塞斯的理論在處理意識的本質問題上存在著局限，特別是在解釋主觀體驗產生的「困難問題」方面無法有新的突破性進路。其理論中的某些假設缺乏實證支持，且核心概念如「受控的幻覺」在定義和實驗操作上存在模糊性，加大了理論檢驗的難度。此外，在解釋一些特定的變異意識（altered consciousness）狀態與經驗時，如多重人格，其理論則力有未逮，未能全面覆蓋意識經驗的多樣性，其中也包括個人多年觀察與研究的靈附現象與非常特殊的「J氏靈療」[1]。

科學理論，特別是意識科學，都必須經歷不斷的修正與持續的演進。我們的大腦神經連結顯示出高度複雜的高維幾何拓撲結構，並根據數學模型在高維度中進行訊息處理。然而，現有的意識腦科學理論尚未能納入這種複雜的訊息結構。隨著人工智慧、高速量子計算機與腦神經科技的進步，如腦機介面與「意識物聯網」的新概念，腦科學正在進入一個新階段，將處理如天文尺度般的巨量腦神經資訊，未來的意識科學理論將難以用現有的知識來理解與建構。此外，自然界所展示的當代科技所無法解釋的諸多意識變異的現象，如特異功能、靈附與神通現象等，更是提醒我們要敬畏和謙卑地對待生命和宇宙。

1 參考拙著：謝仁俊（2022）《誰劫奪了笛卡爾的腦袋：腦科學看意識、靈附與靈療》。稻田出版社。

推薦序

人類意識之謎

謝伯讓（台灣大學心理學系教授）

人為什麼會有意識？它是如何產生？動物和胎兒有沒有意識？心靈與意識的本質又是什麼？數千年來有許多偉大的哲學家和思想家，都想要解開心靈與意識之謎，然而直至今日，仍是眾說紛紜且毫無頭緒。

例如十七世紀的法國哲學家笛卡爾（René Descartes）就主張「心物二元論」。笛卡爾曾說過「我思故我在」這句名言。他認為，有一個絕對可靠、完全無法質疑的第一真理，就是：我無法懷疑「自己的心靈正在懷疑」。除了這個第一真理不可懷疑以外，其他所有事情皆可懷疑，也就是說，我可懷疑「包括身體在內的一切外在事物」是否存在。而由於我不能懷疑心靈存在，但是我可以懷疑身體存在，所以笛卡爾推論，心靈不等於身體。

一元論中的唯心論和物理論

相對於二元論的，是一元論的主張。一元論認為，世界的根本構成並非來自「物理」和「非物理」的二元存在，而是由單一特性所組成。在這種觀點下，「唯物論」認為世界的本質是物理性質，而「唯心論」則主張世界的本質是心靈。

唯心論的代表人物，是十八世紀的哲學家柏克萊（George Berkeley），加州大學柏克萊分校（UC Berkeley）就是以他為名。柏克萊認為，整個世界都依賴心靈而存在。他曾說過：「存在即是被知覺。」意思是說，只有被心靈知覺到的事物才會存在。然而，柏克萊的觀點並非主流，因其與一般人的直觀相去甚遠。最令人懷疑的是，若僅有被心靈感知的事物存在，那麼當眼睛閉上時，眼前的景象豈不應該立即從現實中消失？這樣的情境令人難以接受，唯心論也因而飽受質疑。柏克萊對此的回應是：在眼睛閉上時，事物並不會消失，因為全知全能的上帝仍感知著這個世界；只要上帝持續感知，世界就持續存在。然而，這樣的論證方式依賴於上帝的存在，對於缺乏明確宗教信仰的人難以說服。加上近代科學的興起，一元論中的「唯心論」逐漸失去影響力。而一元論中的另一極端立場——「物理論」，則開始逐漸備受重視。

唯物論者的立場非常明確簡單，他們主張世界的本質是物理的，而心靈僅是大腦這個物理系統運作下的產物。從十九世紀中期開始，科學家紛紛提出大腦與心靈之間的各種相關證據。例如特定腦區的損傷可導致特定心靈功能的異常，並且，直接刺激某些腦區，也能直接影響特定的認知功能等。正是這些實證，使得「物理論」（又稱「唯物論」）迅速崛起，成為當代主流的心靈理論。

意識研究逐漸獲得正視

在這樣的時空背景之下，現代科學家的意識研究取徑，也大多採用了物理論的假設。不過，這條意識科學之路上，還橫躺著一隻攔路虎：行為主義。我在二〇〇〇年左右正準備進入研究所探究意識時，其實仍能在心理學學術圈中見到行為主義的蹤跡。行為主義者主張，心理科學的範疇只能是那些可以被客觀觀察的行為。雖然在七〇年代的認知革命後，行為主義已逐漸式微，但是大多數的學者仍謹記著行為主義的教義。意識兩字就像是禁忌一般，始終不敢多提。

所幸有兩位重量級學者，在這個時期縱身躍入了意識研究領域，讓意識的科學研究進入了嶄新的一頁。這兩位學者就是克里克（Fransis Crick）以及艾德爾曼（Gerald Edelman）。

DNA雙螺旋結構發現者：克里克

克里克是大名鼎鼎的DNA雙螺旋結構發現者，在一九六二年獲得諾貝爾生醫獎後，隨即一頭鑽入他認為最重要的意識問題。克里克在一九九四年出版了《驚異的假說》一書，他以物理論的角度，強調意識經驗就只是神經活動的產物，別此無他。克里克這種「自然化」意識的做法，讓許多人開始逐漸放下意識的神祕性。意識的科學研究也因此被視為可行，並開始獲得正視。

克里克在社交上較不活躍，其門生也大多留在生物化學領域。但是他有一位長期合作者柯霍（Christoph Koch），他們兩人共同奠定了「意識之神經關聯」研究典範，對接下來的意識研究影響甚大。柯霍可說是當代意識科學研究領域中的頭號指標人物，他曾受到我之前的指導教授謝路德（Peter U. Tse）的邀請，去到我所就讀的達特茅斯學院進行兩週訪問，在這段時間內，我和他有很多互動，之後也有機會保持合作和聯繫。在意識研究領域，柯霍可能是影響我最深的一位科學家。

柯霍在意識研究上的貢獻，在於他和克里克一起提倡的「意識神經關聯」研究典範。現代的神經科學意識研究者，基本上都是採用他們的研究典範去找尋意識的神經關聯。除了在本書中可以看到此研究典範的影響，有興趣的讀者也可以在拙作《大腦簡史》與《為何三歲開始說謊》的後記中看到更深入的介紹。

意識理論家的催生者：艾德爾曼

另一位意識研究的領航者，就是和本書作者塞斯（Anil Seth）淵源甚深的艾德爾曼。艾德爾曼是一九七二年諾貝爾生醫獎得主，他因為發現抗體的結構與功能而獲獎。由於對大腦和意識的好奇，他很快就轉而投入腦與意識的相關研究。艾德爾曼認為，意識是一種生物現象，是大腦運作後的產物，他提出「神經達爾文主義」，主張用達爾文演化論的角度去看待意識的演化，在當時產生了很大的影響。另外值得一提的是，艾德爾曼在當時孕育出了一大批傑出的第二代意識研究學者，例如提出「資訊整合理論」（integrated information theory）的托諾尼（Gulio Tononi）、提出「自由能量原則」（free energy principle）的弗利斯頓（Karl Friston）、以及英國的知名意識學者、本書作者塞斯等，都是艾德爾曼的得意門生。稱艾德爾曼為當代意識理論學者的催生人，一點都不為過。

至於本書作者塞斯，我第一次見到他，是在二〇一五年巴黎的科學意識研究年會上。塞斯的雙眼如銅鈴般炯炯有神，外型神似沒戴眼鏡的哈拉瑞（Yuval Harari，《人類大歷史》作者）。他說起話來自信沈穩，尤其是在談到意識相關的議題時，他總是會在認真傾聽後侃侃而談。關於塞斯的各項重要研究發現和思想，想必大家已經迫不及待，就讓他透過這本《身為自己》來親自告訴你吧！

目次

推薦序　意識的真實問題：作為你的感覺是什麼？　洪裕宏　005
推薦序　意識，就是睡著了或全身麻醉時消失，醒來時出現之不具形體的存在　謝仁俊　009
推薦序　人類意識之謎　謝伯讓　015
序　027
第一篇　層次
第一章　真實問題　039
第二章　量測意識　061
第三章　Phi　087
第二篇　內容
第四章　由內部感知外部　105
第五章　可能性的妙用　127
第六章　觀看者的本分　147

第三篇　自我
第七章　譫妄　173
第八章　預期自己　177
第九章　成為野獸機器　201
第十章　水中的一條魚　227
第十一章　自由度　241
第四篇　自我
第十二章　人類之外　261
第十三章　機器思維　283
結語　305
致謝　313
參考書目　342
註釋　374

The Brain—is wider than the Sky—
or—put them side by side—
he one the other will contain
ith ease—and You—beside—

Emily Dickinson

腦比天廣—
並列之—
前者將輕易涵蓋後者
還包括你—

艾蜜莉・狄金生

獻給我的母親安・塞斯（Ann Seth）

以及紀念我的父親波拉・納斯・塞斯（Bhola Nath Seth）

序

五年前，我這輩子第三次暫時不存在。我動了個小手術，麻醉藥佔據我的大腦。我還記得那種黑暗、分離和解體的感覺……

全身麻醉和睡著大不相同。如果是睡著，手術刀會馬上讓我們醒來。深度麻醉狀態比較接近昏迷或植物人等完全沒有意識的嚴重狀態。在深度麻醉下，大腦的電活動幾乎完全休止——這是一種無論是清醒或睡著，我們在正常生活中都不會發生的狀況。麻醉醫師能夠隨時改變大腦，讓一個人進入這種深度無意識狀態之後再恢復意識，這可說是現代醫學的奇蹟；簡直是一種變身行為，是魔術——麻醉是把人變成物體的藝術。

這類物體當然會再變回人。所以我變回來了，儘管昏昏沉沉、神志不清，但確實回來了。時間彷彿沒有前進。我從沉睡中醒來時，往往會困惑於當時意識和現在意識之間的連續性，但一定有已過了一段時間的印象。在全身麻醉下，狀況很不一樣。我可能已處於這種狀態五分鐘、五小時、五年，甚至五十年了。這裡用「處於」其實表達得不夠精確，因為那時我簡直就不存在，是一種很接近死亡的完全無意識狀態。這種狀態什麼都沒有，反而有種奇特的撫慰感。

全身麻醉不僅作用於我們的大腦或心智，也作用在意識之上。麻醉改變了腦中神經迴路內精細的電化學平衡，使「活著」的基本狀態暫時被消除。這個過程包含現今科學上最大的謎團，也是哲學上最大的謎團。

我們每個人的大腦中有數十億個神經元，每個神經元都是一具微小的生物機器，這些神經元的集體活動經由某個過程形成意識經驗。不僅僅一般性的意識經驗，更是你此時此刻的意識經驗。**這是怎麼產生的？我們為什麼會以第一人稱體驗人生？**

我記得小時候曾經看著浴室裡的鏡子，第一次理解到，我那一刻的經驗，也就是**身為自己**的經驗，會在某個時刻結束，那時「我」將會死去。我當時應該有八、九歲，這件事也像所有童年記憶一樣不大可靠，但我應該也是在這個時候理解到，如果我的意識可能終結，那它一定在某方面依靠構成我的某種東西，也就是我的身體和大腦的實體物質性。我覺得似乎從這時候開始，我就一直在努力揭開這個奧祕。

在一九九〇年代初期就讀劍橋大學部，青春時期對於物理學和哲學的熱愛擴大成為對心理學和神經科學的迷戀，但當時這些領域似乎刻意逃避、甚至禁止所有與意識相關的研究主題。我的博士研究讓我投下很長的時間轉往人工智慧和機器人研究，並且獲益良多。後來在太平洋畔的聖地牙哥的神經科學研究所工作了六年，最後獲得機會，正式開始研究意識的大腦機制。我在聖地牙哥和曾獲得諾貝爾獎的艾德爾曼（Gerald Edelman）一起工作

——他是使意識再度成為科學研究焦點的重要人物。

十多年後，現在我是英國薩塞克斯大學（University of Sussex）薩克勒意識科學中心（Sackler Centre for Consciousness Science）的共同主持人。這個研究中心位於南唐斯（South Downs）翠綠的山丘之間，旁邊是濱海城市布萊頓（Brighton）。我們的研究中心有神經科學家、心理學家、精神科醫師、腦成像專家、虛擬實境專家和數學家，還有哲學家，一起努力打開通往意識經驗的大腦基本原理的大門。

——

無論你是不是科學家，意識都是很重要的奧祕。對每個人而言，我們的意識經驗就是**眼前的一切**。沒有它就什麼都沒有，沒有世界、沒有自己、沒有內在也沒有外在。

假設未來的我（或許不是很久之後）提供一個畢生難得的機會給你。我可以把你的大腦換成一具各方面都相當的機器，而且外表上完全看不出差異。這具新機器有許多優點，例如它不會退化，而且或許能讓人長生不死。

不過有個問題。即使是未來的我，也不能確定真的大腦是如何產生意識的，所以我無法保證你接受這個提議後是否仍會擁有意識經驗。如果意識只取決於功能性的能力以及大腦迴路的力量和複雜性，那麼意識經驗或許會存在，但如果意識取決於神經元等某種生物物質，那或許就不會存在。當然，由於機器大腦各方面的表現都完全相同，所以當我問換過大腦的新的你是否有意識時，你一定會說有。儘管答案如此，但如果對你而言，人生不再是第一人稱呢？

我猜你應該不會接受這個提議。沒有意識，我們多活五年或五百年其實沒什麼差別。在這段時間裡，**我們不會有身為自己的感覺**。

先撇開哲學遊戲不談，理解意識的大腦機制具有實際的重要性，這點應該很容易理解。全身麻醉必須視為史上最重要的一項發明。有越來越多遭受腦部損傷和罹患精神疾病的人（包括我在內），意識都可能出現不快而令人苦惱的擾動。對我們每個人而言，意識經驗一輩子都在不斷改變，從早年生命的蓬勃發展和喧鬧混亂，到顯而易見但往往虛幻、而且當然不全然清晰的成年期，再進入因神經組織退化、自我逐漸（有些人則十分迅速）分解的最後時光。在這個過程中，我們每個階段都存在，但存在一個獨特的有意識自我（或許是靈魂？）會與時推移並持續存在的想法，可能大錯特錯。的確，意識的奧祕最吸引人的面向就是**自我**的本質。如果沒有自我意識，意識是否可能存在？如果沒有自我意識，意識是否仍然如此重要？

這類困難問題的答案，深深影響我們對世界和全世界生物的想法。意識何時開始生成？是隨出生而產生，還是在子宮裡就已存在？人類以外的其他動物，除了靈長類和其他哺乳類動物，還有章魚等其他領域的生物，甚至線蟲或細菌等更簡單的生物的意識呢？

身為大腸桿菌或鱸魚的感覺是否存在？未來的機器呢？我們應該關注的不只是新型人工智慧擁有的能力是否比我們強，也應該留意是否以及何時開始，我們必須對它們採取倫理立場。對我而言，這些問題讓我在看到電影《二〇〇一年太空漫遊》中的鮑曼（Dave Bowman）藉由把HAL的記憶庫一一刪除來毀掉它的人格時，喚醒我奇妙的同情心。而在電影《銀翼殺手》中，對於史考特（Ridley Scott）的複製人面臨的困境，更是引起我的共鳴。可以看出，自我意識經驗對於我們身為活機器的本質來說非常重要。

這本書探討意識的神經科學，試圖理解主觀經驗的內在宇宙與人類大腦和體內的生物與物理過程有何關係，以及如何以這些過程解釋我們的內在宇宙。我的整個研究生涯都投注在這個計畫上，我認為，答案的微光已開始隱約出現。

這些微光已大幅改變我們對周遭世界意識經驗的看法。我們對意識的想法觸及生活的每個層面。意識科學不只探討我們是誰、身為我或你是怎麼回事，還探討「身為」的感覺為何存在。

接下來我要談的都是歷經多年研究、思考和對話，逐漸形成的個人觀點。我的看法是：意識不像解碼人類基因組或查明氣候變遷真相那樣可以被「破解」，它的奧祕也不會因為某項發現而一舉揭開。許多人對科學理解進展抱持這樣的迷思，這樣的想法聽起來雖然很棒，但通常不大正確。

對我而言，意識科學應該能解釋意識的各種屬性如何依靠腦中神經結構「濕體」（wetware）的運作而存在，以及屬性與濕體之間的關係。意識科學的目標不應該是解釋意識為什麼是宇宙的一部分（至少不是主要目標），也不應該是理解大腦如何能如此複雜地運作而將意識的奧祕隱藏起來。我想透過大腦和身體的運作機制向讀者說明意識的屬性，而讓意識中屬於形而上的「為何」與「如何」等深層問題，漸漸變得不那麼神祕。

我用「濕體」這個詞來強調大腦不是肉做的電腦，而是一個化學機器，也是一個電訊號網路。每個曾經存在的大腦都是有生命的身體的一部分，存在於環境中，也與環境互動。在許多狀況下，環境中也包含其他大腦。要以生物物理機制解釋意識的屬性，必須把大腦和有意識的心智當成**體現**（*embodied*）和**內嵌**（*embedded*）系統來理解。

最後，我想提出一個關於自我的新概念給讀者：意識中界定每個人的面向可能是最具意義的面向。自十七世紀笛卡爾（René Descartes）時代以來，一個頗具影響力的傳統一直認為，非人類的動物不具有自我意識，因為牠們沒有理性的心智來引導行為。牠們被認為是「野獸機器」，是沒有能力反思自身存在的自動化血肉機器。

我不同意這個說法。就我看來，意識與生命的關聯大於與智力的關聯。正因為我們是野獸機器，所以是有意識的自我。我將會證明**身為你**（或身為我）的經驗，源自於大腦預測與控制身體內在狀態的方式。自我的本質不是理性心智或非物質的靈魂，而是深度體現的生物過程，這個過程強化存在的感覺，存在的感覺是所有自我經驗的基礎，也是所有意識經驗的基礎。**身為自己其實是攸關你身體的事**。

本書共分成四部分。在第一部中，我將解釋我用於研究意識的科學方法。這部分也將說明意識的「層次」問題，即某個人或某個東西有意識的程度，同時介紹意識「量測」工作的進展。第二部的主題是意識的「內容」，即我們意識到什麼、何時有意識等。第三部將把目光朝內轉向自己，以及有意識的自我一定會有的各種經驗。最後的第四部「其他」，將探討這個理解意識的新方法對於其他動物的看法，以及如何看待有感知能力的機器出現的可能性。在這本書的結尾，讀者將會瞭解到，我們對世界和自我的意識經驗都是大腦生成的各種預測，也就是「受控的幻覺」。這種幻覺源自我們有生命的身體、透過身體呈現，也因為身體而存在。

———

雖然神經科學家普遍對佛洛伊德（Sigmund Freud）評價不高，但他有許多看法是正確的。回顧科學史，他發現有三次事件嚴重「打擊」人類的自大，而每次的打擊都代表重大的科學進展，但當時卻飽受抗拒。第一次是哥白尼提出日心說，指出太陽並非環繞地球運行，而是地球環繞太陽運行。我們從此瞭解到人類不是宇宙的中心，只是遼闊宇宙中的一個小點，是個懸在茫茫太空中的暗淡藍點。接下來的打擊來自達爾文，他提出我們和其他生物擁有共同的祖先，即使到現在，世界上仍有一部分的人拒絕接受這件事，著實讓人驚訝。佛洛伊德毫不客氣地以他的潛意識理論第三次打擊人類例外論，該理論挑戰人類精神生活受到有意識的理性控制的想法。佛洛伊德雖然在細節上不夠正確，但卻完全正確地指出，自然主義對心智和意識的解釋，將進一步甚至完全奪去人類的獨特地位。

我們對自己的看法出現這些轉變值得稱許。我們的理解每進步一些，就會產生新的驚奇感，擁有新的能力，認為自己更接近自然，也更屬於自然一些。

我們的意識經驗和我們的身體一樣，也和世界一樣，都是自然的一部分。生命結束時，意識隨之結束。我想到這點時，又會回想起我的麻醉經驗，更正確來說是沒有經驗。那種沒有感覺的狀態儘管有撫慰效果，但仍然是沒有感覺。小說家巴恩斯（Julian Barnes）在對死亡沉思時說得非常好：當意識的終結到來時，沒有什麼是需要恐懼的事——確實是沒有什麼。

第一篇　層次

第一章
真實問題

意識是什麼？

有意識的生物，具有身為這生物的感覺。有身為我的感覺、身為你的感覺，應該也有身為羊或海豚的感覺。這幾種生物會產生主觀經驗。但細菌、一片玻璃或玩具機器人，並不會有身為這種物體的感覺。這些物體不會（想必如此）產生主觀經驗。沒有內在宇宙、沒有覺察，也沒有意識。

這種看待事物的方式非常接近哲學家內格爾（Thomas Nagel）的看法。內格爾於一九七四年發表傳奇性的論文「身為蝙蝠是什麼感覺？」（'What is it like to be a bat?'）。他在論文中指出，我們人類雖然不可能體會蝙蝠的感受，但蝙蝠一定有身為蝙蝠的感覺。[1]

1 原注：這篇論文是心智哲學領域極具影響力的論文。內格爾指出：「一個生物必須有身為這個生物的感覺，亦即身為這種生物的感覺，才算具備有意識的精神狀態。」Nagel (1974), p. 2 (italics in original).

我一向贊同內格爾的看法，因為這個看法強調**現象學**（phenomenology），也就是意識經驗的主觀特性，例如視覺經驗為什麼與情緒經驗或嗅覺經驗具有相同的形式、結構和特質。在哲學領域中，這些性質有時又稱為**感質**（*qualia*），也就是紅的紅色、嫉妒的酸楚，以及牙痛的刺痛或抽痛感。

一種生物要算是有意識，必須存在某種身為自己的現象。**任何經驗**，亦即**任何現象**特性，重要性都是相同的。有經驗的地方就有現象，有現象的地方就有意識。只存活一段時間的生物具有身為自己的感覺時才算有意識，即使只是短暫的痛苦或愉悅也是如此。

我們能有效地分辨意識的現象屬性和**功能**與**行為**屬性。這些屬性說明意識在我們的心智和大腦運作中可能扮演的角色，以及生物擁有意識經驗時所能展現的行為。與意識有關的功能和行為雖然是重要的主題，但不是當成定義的最佳選擇。意識和主觀經驗關係最為密切，因為它與現象學有關。這點似乎顯而易見，但其實不一定如此。以往某些時期，有意識往往與能講話、有智力或展現某些行為混為一談。但從做夢和全身癱瘓的人可以清楚得知，意識並非由外在行為決定。如果講話是意識的必要條件，那麼嬰兒、失去語言能力的成人，以及人類以外大多數甚至全部動物就都沒有意識了。複雜的抽象思考也只佔意識的一小部分，不過這個部分可能是人類所特有。

意識科學中的某些重要理論，依然強調功能和行為比現象更重要。其中最著名的是心理學家巴爾斯（Bernard Baars）和神經科學家德阿內（Stanislas Dehaene）等人，多年來逐步發展而成的「全面工作空間」（global workspace）理論。依據這理論，精神內容（知覺、思想、情緒等）進入「工作空間」後會被察覺到。就結構上來說，這個空間分布在大腦皮質的額葉和頂葉（大腦皮質是滿布縐褶的大腦表面，由密密麻麻的神經元所組成）[2]。精神內容在這片皮質空間中傳播時，我們能意識到它並以它引導行為，而且方式比無意識的知覺有變化得多。舉例來說，我有意識地察覺到面前的桌上有一杯水。我可以拿起這杯水喝下去、把這杯水潑在我的電腦上（好誘人的想法）、為它寫一首詩，或是把它拿回廚房，原因是我發現這杯水已經放了好幾天。無意識的知覺則沒有這麼豐富的行為變化。

另一個著名的「高階思想」（higher-order thought）理論指出，精神內容被察覺的原因，是有「更高階」的認知過程以精神內容為目標，因而使它被察覺。在這個理論中，意識與**後設認知**（*metacognition*）等過程關係相當密切。後設認知代表「對認知的認知」，再次強調功能特性比現象重要（但重要程度低於「全面工作空間」理論）。高階思想理論和全面工作空間理論同樣認為，大腦額葉是意識的關鍵區域。

這些理論雖然都很有趣又極具影響力，但我在這本書中不打算對它們著墨太多，原因是這兩個理論都著重於意識的功能和行為面向，但我打算採取的方式則是從現象（也就是

2　原注：大腦皮質的兩個半球各有四葉，額葉位於前方、頂葉偏向後方和兩側，枕葉位於後方，顳葉位於兩側，接近耳朵。有些人認為大腦深處還有第五個邊緣葉。

經驗本身）開始，唯有從現象開始，才能探討功能和行為。

把意識定義成「任何一種主觀經驗」顯然十分簡單甚至有點老套，但這個定義相當好。如果沒有完全理解一個複雜現象，太早賦予精確定義可能會造成限制甚至誤導。科學史一再證明，正確的定義會隨著科學理解的程度同時演變，成為科學進展的臨時支架，而不是起點或終點。舉例來說，在遺傳學領域中，「基因」的定義隨分子生物學進展而大幅改變。同樣地，我們對於意識的理解逐漸進展時，它的定義也會隨之改變。如果我們現在認同意識與現象的關係最為密切，就可以進展到下一個問題。

意識如何產生？意識經驗又與人類大腦和體內的生物物理機制有什麼關係？它們究竟與原子、夸克或超弦的旋轉，或是最終構成宇宙的某種事物有什麼關係？

這個問題的典型表述稱為意識的「困難問題」。這個表述由澳洲哲學家查默斯（David Chalmers）於一九九〇年代初期發明，影響意識科學後來的許多發展。他的解釋是這樣的：

> 無可否認地，某些生物容易受經驗影響，但經驗對這些系統產生什麼影響則相當難解。我們的認知系統執行視覺和聽覺訊息處理時，為什麼會有深藍色的質感或中音

> C的感覺這類視覺或聽覺經驗？我們如何解釋為何會有擁有某個心理形象或感到某種情緒的感覺？人們普遍認為經驗源自物理基礎，但這無法完整解釋經驗為何以及如何產生。物理處理究竟為何能產生豐富的內在生活？這點從客觀看來似乎不合理，但事實如此。

查默斯把這個意識困難問題與所謂的簡單問題互相對照。簡單問題探討大腦等身體系統，如何產生各種功能和行為特性；這些功能特性包括處理感官訊號、選擇行動和控制行為、集中注意力和說話等。簡單問題涵括了人類與各種生物能夠做並且能以功能（輸入如何轉換成輸出）或行為具體指稱的事物。

簡單問題當然一點也不簡單。要解決這些問題，神經科學家將花費數十年甚至數百年之久。查默斯的論點是簡單問題原則上容易解決，但困難問題並非如此。更精確地說，查默斯認為要以物理機制解釋簡單問題，在概念上毫無困難。相反地，困難問題的這類解釋則似乎無法完全符合需求（為了清楚說明，「機制」的定義是由產生效應的因果互動部件所組成的系統）。即使所有簡單問題都已一個個解決，困難問題仍然沒被觸及。「即使我們已經解釋所有經驗相關功能的表現，包括知覺辨別、分類、內部存取、口語報告等，可能仍有一個問題有待解答：**這些功能的表現為何都與經驗一同出現？**」

這個困難問題的起源可追溯到古希臘時代甚至更早，但在十七世紀笛卡爾把宇宙劃分為**思想**（*res cogitans*）和**物質**（*res extensa*）時特別明顯。這樣的區別創造了二元論（dualism）哲學，從此使意識的相關討論全都變得複雜又令人困惑。當各種探討意識的哲學架構大量出現時，這個困惑最為明顯。

請讀者深呼吸一下，接下來要談到各種「論」。

我最偏愛的哲學理論，也是許多神經科學家的預設理論，是**物理論**（*physicalism*）。物理論的概念是宇宙由實體構成，意識狀態可能與這個實體的特定配置完全相同，也可能衍生自這個特定的配置。有些哲學家不用「物理論」這個名稱，而稱之為**唯物論**（*materialism*），但就我們的目的而言，兩者可視為同義。

與物理論相反的另一個極端是**唯心論**（*idealism*）。唯心論經常和十八世紀的哲學家柏克萊主教（Bishop George Berkeley）相提並論，這個理論認為意識或心智是現實的最終來源，而非實體或物質。問題不是心智如何由物質產生，而是物質如何由心智產生。

笛卡爾等**二元論**（*dualists*）則尷尬地介於兩者之間，認為意識（心智）和有形物質是不同的實體或存在模式，因此產生兩者之間如何交互作用的微妙問題。現在很少有哲學家或科學家支持這個看法，但至少在西方，許多人仍然認為二元論很有趣。我們很容易憑直覺認為意識經驗**似乎**是非物理性的，因而形成了「素樸二元論」（naïve dualism）；這樣的「似乎」促使我們相信事物是什麼樣貌。這本書中將會經常提到，事物的外表通常不代表實際狀況。

物理論有個格外具有影響力的派別，稱為**功能論**（*functionalism*）。功能論和物理論同樣是許多神經科學家共通並且經常沒有明說的假設。許多接受物理論的人也接受功能論。然而我自己並不認同、甚至對此有點懷疑。

功能論認為，意識並非取決於系統由什麼構成（即其物理組成），而是僅僅取決於系統做些什麼、系統執行的功能，以及系統如何把輸入轉換成輸出。驅動功能論的直覺，就在於心智和意識都是可被大腦執行的訊息處理形式，但執行這類工作並不是生物腦的專利。

請注意「訊息處理」這個詞無聲無息地出現了（前面的查默斯作品引文中也有）。這個詞在心智、大腦和意識相關討論中處處可見，所以很容易遭到忽略。不過這麼說其實不正確，因為說大腦負責「處理訊息」，其實隱匿了某些重要假設。以不同的人而言，這些假設包括大腦可以說是某種電腦、心智（與意識）是軟體（或思體〔mindware〕），以及訊息本身究竟是什麼的相關假設。這些假設都相當危險。至少就我們熟悉的電腦而言，大腦和電腦非常不同。此外，關於訊息究竟「是」什麼的問題，也和「意識是什麼」的問題同樣令人費解，後面將會談到這點。這些疑慮就是我對功能論感到懷疑的原因。

從表面探討功能論（就和許多人一樣），意味著我們認為意識是可以在電腦中**模擬**的。別忘了對功能論者而言，意識並非取決於系統由什麼構成，而只取決於系統做了些什麼。這表示如果建立正確的功能關係，也就是使系統具有正確的「輸出—輸入」對應，就足以形成意識。換句話說，對功能論者而言，**模擬**代表**實際演示**，也就是成為真實的存在。

這個想法是否合理？對某些事物而言，模擬當然可以當成實際演示。會下圍棋的電腦，例如英國 DeepMind 人工智慧公司出品、打遍全世界的 AlphaGo Zero，就**真的能下圍棋**。但有許多例子並非如此。我們來看看天氣預報。天氣系統的電腦模擬無論多麼完整，都不會真的下雨或颳風。意識比較像圍棋還是像天氣？別期待會有答案，至少目前還沒有。我們只要知道這裡有個有效問題就夠了。所以我不認同功能論。

接下來再介紹兩個「論」，就告一段落了。

第一個是**泛心論**（*panpsychism*）。泛心論認為意識和質量、能量和電荷等都是宇宙的基本屬性，某種程度上存在於各處和萬物之中。許多人取笑泛心論宣稱石頭和湯匙等物體也和你我一樣有意識，但這種說法通常是醜化泛心論的一種刻意誤導。這個概念有更複雜版本，其中有些會在後面章節談到，但泛心論的主要問題不在於它表面上有多可笑，畢竟有些可笑的概念其實是正確的，或者至少是有用的。它的主要問題在於它無法真正解釋任何東西，也無法提出可檢驗的假說。它是逃避困難問題謎團的輕鬆途徑，然而選擇它將會導致意識科學陷入實證絕境。

最後是與哲學家麥克金（Colin McGinn）有關的**神祕論**（*mysterianism*）。神祕論認為意識可能有完整的物理解釋，可以完全解答查默斯的困難問題，但我們人類不夠聰明，而且永遠不夠聰明，以致找不到這個解答，甚至就算超級聰明的外星人把解答放在面前，我們也看不出來。對意識的物理解釋確實存在，但超出我們的理解範圍，就像要青蛙理解加密貨幣一樣。由於人類特有的心智限制，我們在認知上無法接觸到它。

我們可以怎麼看待神祕論？人類的大腦和心智有其限制，所以有些事物我們很可能永遠無法理解。其實現在已經沒有人能完全瞭解空中巴士 A380 如何運作（但我坐 A380 時還是很開心，我從美國飛到杜拜時就坐到一架）。世界上當然有些事物雖然理論上可以理解，但大多數人仍然無法理解，例如物理學弦論中的細節就是。大腦是資源有限的物理系統，而且有些大腦似乎無法理解某些事物，所以不可避免地一定有些事物可以理解，有些事物則沒人能理解。然而如果太早把意識納入人類不能瞭解的未知領域，又顯得過度悲觀。

科學方法的其中一個優點，就在於它能逐漸累積。現在許多人能理解的事物，過往曾被我們的祖先視為完全無法理解，甚至連幾十年前的科學家和哲學家也這麼認為。隨著時間推移，一個個謎團被系統化的推理和實驗破解。如果我們把神祕論視為難以理解，還不如直接放棄，所以我們不需要這麼認為。

這些「論」對意識和整個宇宙的關係，提出了各種各樣的思考途徑。權衡它們的優點和缺點時，最重要的是要瞭解哪一個架構最能增進我們對意識的理解，而不是哪個架構是「正確」的（即可證明為真）。這就是為什麼我偏好對功能採取不可知態度的物理論。對我而言，這個思考方式在研究意識科學時最務實，也最有效。至少對我而言，它在理智上也最誠實。

物理論雖然很有吸引力，卻沒有被意識研究者普遍接受。物理論最常見的挑戰是「殭屍」思想實驗。這裡提到的「殭屍」不是影集裡會咬人的活死人，而是「哲學殭屍」。不過我們仍然必須一視同仁地排除它們，因為若不如此，意識的自然以及物理論解釋，打從一開始就不可能存在。

哲學殭屍這種生物和有意識的生物看起來毫無區別，只是沒有意識。殭屍阿尼爾・塞斯（Anil Seth）的外表跟我完全相同，動作像我，走路也像我，但它沒有身為它的感覺、沒有內在宇宙、也沒有感覺經驗。如果問殭屍阿尼爾是否有意識，它會回答「我有意識」。殭屍阿尼爾甚至曾寫過幾篇文章探討意識的神經科學，其中有幾個想法談到哲學殭屍與這主題的不確定關聯。但這些都不涉及任何意識經驗。

這個殭屍概念，應該能提出論證來反駁物理論者對意識的解釋，理由是這樣：如果我們能想像出這樣的殭屍，就能設想出與這個世界毫無區別但沒有意識的世界。我們若能設想出這樣的世界，意識就不可能是物理現象。

這個概念不成立的理由如下：殭屍論證和許多針對物理論提出的實驗同樣是可設想性論證，[3]但可設想性論證本質上很薄弱。它和許多同類論證一樣具有合理性，但這個合理性與一個人擁有的知識量成反比。

你能想像Ａ３８０倒退飛行嗎？當然可以。只要想像天空中有一架很大的飛機向後移動就可以了。但這種狀況**真的**可以設想嗎？這個嘛，我們對空氣動力學和航空工程瞭解越多，它的可設想程度就越低。在這個例子中，只要具備一點點這類知識，就會知道飛機不可能倒退飛行。這件事**不可能做到**。[4]

殭屍也是一樣。在某種意義上，想像哲學殭屍很簡單，我只需要想像另一個沒有意識經驗的自己在四處遊走就可以了。但我**真的**能這樣設想嗎？這麼做**其實**是在思考一個龐大網路的能力和限制。這個網路包含幾十億個神經元和天文數字的突觸（神經元間的連結），更別說還有膠細胞和神經傳導物質梯度，這麼多東西構成一個身體，與包含其他身體與大腦的世界互動。我能做得到嗎？有人能做得到嗎？我很懷疑。它和Ａ３８０一樣，我們

3　編注：在哲學家的用法中，「可設想性」其實比可想像性更寬廣，而較接近於「可理解性」與「可掌握性」：在這個意義上，可設想的事物也就是可被理解（並因而可被思考）的事物。可被理解或設想的事物或事態並不需要任何來自經驗上的證實，因而可以純靠理性思辨的方法而獲得。殭屍的可設想性，對於大腦與意識的關係這件事上有何啟示？如果我們可以設想出有同樣大腦，但沒有意識的生物，那麼意識就不能被化約到大腦。只有在意識有別於大腦的狀況下，才可能出現有大腦卻可以沒有意識的情形。因此，可設想性論證支持意識不可化約到大腦，也支持一個非物理性的意識與心靈研究進路。

4　原注：直升機能倒退飛行，但它不是飛機。我十分開心地發現直升機的英文單字（helicopter）不是我原本以為的heli和copter，而是helico（螺旋）和pter（翼），這樣說來就合理得多。

對大腦和大腦與意識經驗和行為的關係認識得越多，殭屍的可設想性就越低[5]。

某個事物是否可以設想，通常是對設想者的心理觀察，而不是對現實本質的深刻理解。這是殭屍的弱點。我們被要求去想像這個無法想像的事物，並透過這種虛幻的理解得出關於物理論者的局限性結論。

現在我們已經做好準備，探討我所謂意識的**真實問題**。這是多年以來我吸收以及藉助許多人的見解來思考意識科學的方法。我認為，意識科學要繼續發展下去，處理真實問題是最有可能的方法。

依據真實問題，意識科學的主要目標是**解釋**、**預測**和**控制**意識經驗的現象屬性，也就是以大腦和體內的物理機制和過程，解釋某個意識經驗為什麼是那樣，以及它為什麼具有這些現象屬性。我們應該可以藉助這些解釋，預測某些主觀經驗何時會發生，並藉由介入它的深層機制而加以控制。簡而言之，要處理真實問題，不只必須確定某種模式的大腦活動（或其他物理過程）映射到某種意識經驗，還必須解釋為何如此。

真實問題和困難問題不同，因為它的重點不是（至少起初不是）解釋意識為何以及如何成為宇宙的一部分。它的目的不是尋找把單純的機制化成意識（或者反之）的神奇祕方。

它也和簡單問題不同，因為它把眼光集中在現象上，而不是功能或行為上。它的目的不是把意識的主觀面向隱藏起來。真實問題的重點是機制和過程，所以自然符合物理論者對於物質與精神的關係抱持的世界觀。

為了清楚說明這些差異，我們先探討不同的方法如何試圖解釋「紅色」（redness）的主觀經驗。

從簡單問題的觀點看來，困難在於解釋所有與體驗紅色有關的機械性、功能和行為屬性，包括特定波長的光如何激發視覺系統、我們在哪些狀況下會說出「這東西是紅色」這類敘述、紅綠燈前的常見行為，以及紅色東西如何引發某種情緒反應等等。

就本意而言，簡單問題的方法並未去解釋這些功能、機械性和行為屬性為何，以及如何與現象並存，在這個例子裡指是指「紅色」的現象。困難問題則探究主觀經驗的存在，而不是沒有經驗。無論我們取得多少機械論訊息，都無法合理地問：「很好，但這個機制為什麼和意識經驗有關？」你如果十分關注困難問題，就一定會猜想紅色的機械論解釋和「看見紅色」的主觀經驗間有解釋上的落差。

真實問題接受意識經驗確實存在，並把主要焦點放在它的現象屬性上。舉例來說，紅

5 原注：成年人類大腦大約有八百六十億個神經元，連結數量大約是這個數字的一千倍。如果每秒數一個連結，需要將近三百萬年才數得完。此外已經越來越明顯的是，連單一神經元本身也具有十分複雜的功能。

色的經驗屬於視覺，通常（但不一定）附屬於物體，它似乎是個表面屬性，它具有不同的飽和度。以及，它在各種色彩經驗中定義出一個類別，但在該類別中能絲毫無礙地變化等等。重要的是，這些都是經驗**本身**的屬性，而不是（至少大多不是）與這經驗有關的功能屬性或行為。真實問題的困難之處，就在於以發生在大腦和身體內的事物解釋、預測和控制這些現象屬性。我們想瞭解大腦中特定型態的活動（如視覺皮質中複雜的循環活動）[6]是如何解釋（以及預測和控制）為什麼某種經歷（如紅色的經驗）會以特定方式存在，而不是其他方式。還有，它為什麼和藍色、牙痛或是嫉妒不同。

其他科學計畫的目標現象無論起初看來多令人費解，接受評估時的準則同樣大多是解釋、預測和控制。物理學家在揭開宇宙奧祕上已有極大進展，包括解釋、預測和控制宇宙屬性，但探究宇宙由哪些物質構成或為何存在時仍會感到不解。同樣地，意識科學在瞭解意識經驗的屬性和本質方面已取得很大進展，但不一定能解釋它們為何或如何碰巧成為我們生活的這片宇宙的一部分。

我們也不該認定科學解釋應該符合直覺。在物理學中，量子力學以違反直覺聞名，但也普遍被視為目前對物理現實的最佳解釋。成熟的意識科學同樣可能讓我們能解釋、預測和控制現象屬性，但不一定讓我們直覺地感受到：「對，這樣沒錯，**當然**應該是這樣！」

重要的是，意識的真實問題不是對困難問題認輸。真實問題間接探索困難問題，但仍然在探索它。為了瞭解為什麼如此，我先說明「意識的神經基礎」（neural correlates of consciousness）。

我一直對意識科學不受肯定感到驚訝，甚至三十年前也是如此。一九八九年，我開始在英國劍橋大學攻讀學士學位的前一年，頂尖心理學家蘇瑟蘭（Stuart Sutherland）寫道：「意識這種現象迷人但難以捉摸。我們無法具體說明它是什麼、它的功能或它為什麼改變。闡述它的文字全都不值一讀。」這段咒罵式總結出現的次數和《國際心理學大辭典》（*International Dictionary of Psychology*）不相上下，忠實呈現出我剛踏進學術界時目睹許多人對意識的態度。當時我雖然不清楚，但在遠離劍橋的其他地方，狀況其實好得多。克里克（Francis Crick，與富蘭克林〔Rosalind Franklin〕）和華生（James Watson）共同發現ＤＮＡ分子結構）和同樣位於加州聖地牙哥的同事科赫（Christof Koch）開始尋找意識的神經基礎。後來意識科學問世時，這方法也成為意識科學的主流。

意識神經基礎（簡稱ＮＣＣ）的標準定義，是「足以共同形成任何意識知覺的最少神經機制」。意識神經基礎的方法指出，任一種經驗都源自特定的神經活動。就舉「看見紅色」

6 原注：視覺皮質在枕葉內，位於大腦後方。

為例好了，當這種神經活動存在時，將會產生紅色的經驗；如果不存在，就不會產生紅色的經驗。

意識神經基礎方法的優點，是它提出進行研究的實際配方。要找出某個意識神經基礎，我們只需設想在某種狀況下，人類有時具有某種意識經驗，其他時候則沒有，並確認這兩個條件在其他方面盡可能相同。接著在這個狀況下，我們以功能磁振造影（fMRI）或腦電圖（EEG）等大腦造影技術，比較兩個條件的大腦活動。[7]「有意識」條件下的大腦活動，反映了這種經驗的意識神經基礎。

「雙眼競爭」（binocular rivalry）現象是很有幫助的範例。雙眼競爭現象是分別給兩個眼睛看不同影像，例如左眼看人臉照片、右眼看房屋照片。在這種狀況下，意識知覺無法接受這個詭異的人臉與房屋合體畫面，因此會在人臉和房屋間反覆來回，各停留幾秒。我們會先看見房屋、接著看見人臉、然後又看見房屋……如此不斷循環。在這裡重要的是，即使感官輸入維持不變，意識知覺仍會改變。因此藉助觀察大腦中的狀況，可以分辨大腦中記錄意識知覺的活動和記錄所有感官輸入的活動。與意識知覺並存的大腦活動可找出這種知覺的意識神經基礎。

多年以來，意識神經基礎方法的成效一直非常好，帶來許多極為重要的發現，但它的限制也越來越顯著。有個問題是它很難、甚至不可能讓「真正的」意識神經基礎擺脫許多可能造成干擾的因素，其中最主要的干擾因素是意識神經基礎本身必須有的或造成的神經活動。在雙眼競爭的例子中，與意識知覺並存的大腦活動可能也會記錄上游的過程（如「集中注意」），以及下游的「報告」口語行為（也就是說出看見房屋或人臉）。造成集中注意和口語報告（或其他必須和下游結果）的神經機制雖然和意識知覺流動有關，但不可與造成意識知覺本身的神經機制混為一談。

比較深層的問題是：**相關性**不等於**解釋**。我們都知道只有相關性無法確定因果關係。相關性不足以成為解釋，這也是事實。即使實驗設計越來越精巧，大腦造影技術也越來越精良，相關性本身永遠不可能等於解釋。從這個觀點看來，意識神經基礎的方法和困難問題可說是天生一對。如果我們限定自己只關注大腦活動和經驗事物之間的關聯，一定會認為物理解釋和現象解釋之間存在著落差。但如果我們比確立相關性更進一步，仿照真實問題的方法，尋找神經機制屬性和主觀經驗屬性兩者之間的解釋，這個落差將會縮小甚至完全消失。我們能預測（以及解釋和控制）紅色的經驗為什麼是這種感覺，與藍色或嫉妒都不一樣的時候，紅色如何產生之謎將變得沒那麼神祕，甚至完全破解。

真實問題方法的企圖心，在於當我們在物理解釋和現象解釋之間建造更堅固的橋梁時，對於意識永遠無法以物理方法理解困難問題的直覺將會逐漸淡去，最後化為形上學的

7 原注：功能磁振造影（fMRI）測量與神經活動有關的新陳代謝訊號（血液氧化）。這種方法可呈現許多空間細節，但與神經元活動只有間接相關。EEG測量皮質表面附近大量神經元活動產生的微弱電訊號。這種方法記錄大腦活動的方式比fMRI更直接，但空間特異性較低。

煙霧消散。當它消失後，優秀、完全令人滿意的意識經驗科學，將會出現。

這樣的企圖心有什麼根據？請看近一兩個世紀以來，我們對**生命**的科學理解如何逐漸成熟。

不久之前，生命看來十分神祕，就像現在我們看待意識一樣。當時科學家和哲學家懷疑物理或化學機制是否能解釋**活著**（*being alive*）的屬性。活和非活、有生命和無生命之間的差異似乎非常基本，讓人認為兩者之間不可能以任何機械論解釋。

生機論（*vitalism*）哲學在十九世紀達到最高峰，受到穆勒（Johannes Müller）和巴斯德（Louis Pasteur）等傑出生物學家支持，而且一直持續到二十世紀。生機論者認為活的屬性只能以特殊因素來解釋，稱為生命之火或**生命衝力**（*elán vital*）。但現在我們已經知道不需要這個特殊因素。科學界現在已經完全揚棄生機論。生命雖然還有許多未知之處，例如細胞如何活動等，但生物必須藉助超自然力量才能存活的想法，已完全不被採信。生機論的致命缺陷是把想像的失敗，解讀成對必要性的深入見解。喪屍論證的核心也有相同的瑕疵。

生命科學能超越眼光短淺的生機論，原因是把眼光集中在實際進展，強調活的意義的

「真實問題」。生物學家沒有受到生機論的悲觀思想阻撓，而是繼續描述生命系統的屬性，再以物理和化學機制解釋（以及預測、控制）這些屬性。繁殖、新陳代謝、生長、自我修復、發育、恆定自我調節等，都能以機械論分別和一同解釋。隨著細節越來越充足（而且還在不斷增加），「生命是什麼」的基本謎團逐漸淡去，生命的概念開始分裂，「活著」不再被視為單一非黑即白的屬性。灰色地帶開始出現，最著名的例子是病毒，現在還包括合成生物，甚至油滴群（oil droplets），它們都具有生物系統的部分特徵屬性。生命變得自然，而且因此變得更加迷人。

這樣的相似不僅成為樂觀的來源，也提出處理意識真實問題的實用方法。樂觀的是，現在的意識研究者面臨的狀況，或許和幾世代之前研究生命本質的生物學家類似。現在視為神祕的事物，或許不一定永遠會被視為神祕。我們持續以意識的潛在機制解釋意識的各種屬性，「意識如何產生」這些基本奧祕將逐漸消散，就像「生命是什麼」的奧祕一樣。

當然，生命和意識的相似之處稱不上無懈可擊。最明顯的是，生命的屬性可以客觀描述，意識科學的解釋對象則是主觀的，只存在於這個人心中。然而這個障礙是可以克服的。它代表相關資料是主觀的，所以比較難以採集。

實用方法源自有人認為意識和生命同樣不只是單一現象。生物學家不再把生命視為嚇人的大謎團，同時不再渴望或尋求一舉發現解答。他們轉而把生命的「問題」分成好幾個相關過程。我在本書中也採取相同路徑來探討意識。我將把**層次**、**內容**和**自我**視為**身為自己**的核心屬性。藉助這個方法，我們將可完整地描寫各種意識經驗。

意識的**層次**（*level*）代表「有意識的程度」，最低是完全沒有意識經驗，例如昏迷或腦死狀態，最高程度則是正常清醒時活躍的覺察狀態。

意識**內容**與我們意識到的事物有關，包括景象、聲音、氣味、情緒、心情、思想，以及構成內在宇宙的信念。意識內容是各種**知覺**，也就是大腦對感官信號的解讀，這些解讀共同形成我們的意識經驗（我們後面將會知道，知覺可能有意識或無意識）。

此外還有意識**本身**，亦即**身為我們本身**的具體經驗，也是本書的主題。「身為自己」的經驗是意識內容的一部分，包含擁有特定的身體、第一人稱觀點、一組獨一無二的記憶，以及心情、情緒和「自由意志」等經驗。自我可能是我們最依附的意識面，因此我們很容易把自我意識（身為自己的經驗）和意識本身（任何主觀經驗、任何現象等的存在）混為一談。

我提出這些區別的用意，並不在於指出這些意識面向完全無關。事實上它們並非無關，而且探討它們的關係是意識科學的另一項重要挑戰。

儘管如此，把真正的意識問題大致劃分成這幾大類有許多好處。有了清楚的解釋目標，將更有機會提出可執行解釋、預測和控制等工作的機制。同樣重要的是，它駁斥了關於意識的限制性想法，認為意識就是「某種事物」，是令人畏懼而且可能完全沒有科學解釋的奧祕。我們將可以瞭解意識的各種屬性如何跨越物種，甚至在不同的人之間以各種方式結合。有意識的方式和有意識的生物同樣相當眾多。

最後，困難問題本身或許會瓦解，我們將會可以把意識當成自然的一部分加以理解，而不需要藉助抽象的「論」來透過法則說明現象學與物理學有何關係。這是真實問題帶來的希望。想知道它能協助我們理解到什麼程度，請繼續看下去。

第二章

量測意識

你現在有意識的程度如何？一個完全有意識的存在和一塊有生命的肉，或一個毫無內在世界的無生命矽晶片，彼此之間有什麼差別？新的理論和科技讓科學家終於得以測量意識的層次。為了深入瞭解這種新研究，我們先來看看它的發展根源。

十七世紀，位於塞納河左岸的巴黎天文台有個地窖，深邃、陰暗又寒涼。這個地窖在科學史上扮演令人驚奇的角色，即展示測量在知識進展中的重要程度。

當時的哲學家和科學家（雖然當時其實還不叫做科學家）競相開發可靠的溫度計，藉此從物理學上理解熱的本質。常見的「卡路里」理論認為熱是物質，可流入或流出物體，但這理論當時逐漸失去支持。要修改這理論，必須進行精確的實驗，有系統地估算物體的「熱度」或「冷度」。這類實驗需要用來測量「熱」的方法，以及用來比較測量結果的尺度。這場競爭的目標是開發可靠的溫度計和溫標。但是，如果沒有經過充分驗證的尺度，要怎麼確定溫度計的可靠程度？如果沒有可靠的溫度計，又要怎麼設定溫標？

解決這個難題的第一步是選擇一個定點，也就是一個溫度恆定、不會改變的參考點。其實連這點也頗有難度。水的沸點等可能候選者會受氣壓等因素影響，而氣壓會隨高度和天氣改變，沸點甚至也會受玻璃容器表面光滑程度等微小因素影響。因為這類的挫折，所以有一段時間，巴黎的一處地窖（這裡顯然一年四季都很涼爽）似乎是溫度定點的好選擇（這不是唯一的稀奇建議，最奇特的是達倫斯〔Joachim Dalencé〕提議的，以奶油的溶融溫度當成參考點）。

最後，可靠又精確的水銀溫度計問世，使熱力學的新科學取代了卡路里理論，波茲曼（Ludwig Boltzmann）和克耳文男爵（Lord Kelvin）等傑出人物也隨這次革命嶄露頭角。在熱力學中，溫度是物質內分子運動的大尺度屬性。具體說來，是平均分子動能。運動速度越快、溫度越高。「熱」成為在兩個溫度不同的系統間轉移的能量。重要的是，熱力學不僅證實平均動能與溫度有關，還提出平均動能其實就是溫度。有了這個新理論，科學家現在可以討論太陽表面的溫度，甚至找出理論上所有分子運動全都停止的「絕對零度」。就此，以特定物質測量結果為基礎的早期溫標（攝氏和華氏），被以物理屬性為基礎的溫標（以克耳文命名的克氏）取代。溫度和熱的物理基本原理不再是奧祕。

我最初是在倫敦大學學院歷史學家張夏碩（Hasok Chang）的《發明溫度》（*Inventing Temperature*）一書中看到這個故事。在此之前，我一直沒有完全瞭解測量對科學進展的重要程度。測溫學的歷史以及它如何影響我們對熱的理解提供了一個生動的例子，說明採用以定點定義的尺度進行詳細定量測量，能把神祕的事物轉化成可以理解的事物。

同樣的方法也能用來測量意識嗎？

——

哲學家有時會談到假想的「意識計」，用來判定人、動物甚至機器等事物是否有意識。一九九〇年代是困難問題的全盛時期，在一場研討會上，查默斯拿出一把舊吹風機指著自己的頭，強調如果有這樣的東西，那將會多麼好用。把意識計指向某樣事物，就能直接看到結果。這樣一來，迷人的意識圈可以延伸到多遠，就不再是神祕的事了。

不過從溫度的故事可以得知，測量結果的價值不只在於解答某個屬性是否存在的疑問，而是讓我們能進行定量實驗，再由實驗獲得科學理解。

如果意識就像溫度一樣——也就是說，如果有一個物理過程潛藏其中，而且完全等同於「有意識」——那將會是非常龐大的成果。我們不僅能判定某個人「有意識的程度」，還能踏實地討論明確的意識「層次」和「等級」，以及遠超出少數人類範例的意識種類。

然而即使意識並非如此，而是如同我所猜想的，不像溫度而比較接近生命，精確測量的能力仍然是搭建解釋橋梁的重要步驟。在提出解釋、預測與控制主觀經驗方面，不論在哪一種狀況下，測量可使定性轉換成定量，使模糊轉為精確。

測量也有實際用途。全世界每天有四百多萬人接受麻醉，麻醉技術讓患者暫時維持無意識狀態，但劑量不能過高。要達到如此精細的平衡，可靠又精確的意識計顯然非常重要，尤其麻醉劑經常和神經肌肉阻斷劑一起使用，其功能會暫時造成麻痺，讓外科醫師能順利執行手術，不受肌肉反射動作影響。此外接下來將會提到，在腦部遭遇嚴重傷害或患者陷入「植物人狀態」（vegetative state）或「微意識狀態」（minimally conscious state）時，我們迫切需要新方法來確定患者是否仍有意識。

事實上，醫院手術室多年前就開始使用大腦意識監測器。最常見的一種是「腦電雙頻指數」（bispectral index）監測器。這種監測器的細節仍受專利保護，但基本概念是把數個腦電圖（EEG）測量數字結合成不斷更新的單一數字，以供麻醉醫師在手術時參考。這個點子很好，但腦電雙頻指數監測器仍有許多爭議，部分原因是有些案例的讀數與意識的其他行為徵兆（例如患者張開眼睛或記得外科醫師在手術時講過的話）並不一致。而在意識科學方面，更深層的問題是腦電雙頻指數的原理不是有依據的理論。

近幾年來，新世代意識計開始成形，但不是在手術室，而是在神經科學實驗室中。這些新方法和以往的意識監測器不同，它們緊密結合近年來對意識的大腦機制的理解，而且已經展現實用價值。

測量人類的意識層次和決定某個人是醒著的或睡著的不同。意識層次也和生理清醒（physiological arousal）不同。意識（覺察）和醒著（清醒）雖然通常關係密切，但在許多方面往往不同，足以證明兩者依循的生物學原理不可能相同。我們做夢時當然是睡著的，但擁有豐富多樣的意識經驗。另一個極端是植物人狀態（又稱為「無反應覺醒症候群」〔unresponsive wakefulness syndrome〕），指的是一個人也在睡眠和清醒間循環，但沒有意識覺察的行為徵兆，彷彿房子裡的燈有時會亮起，但沒有人在家。下面的圖形說明覺察和清醒之間的關係，其中包含各種正常和病態的不同狀況。

要觀察意識層次，必須瞭解大腦

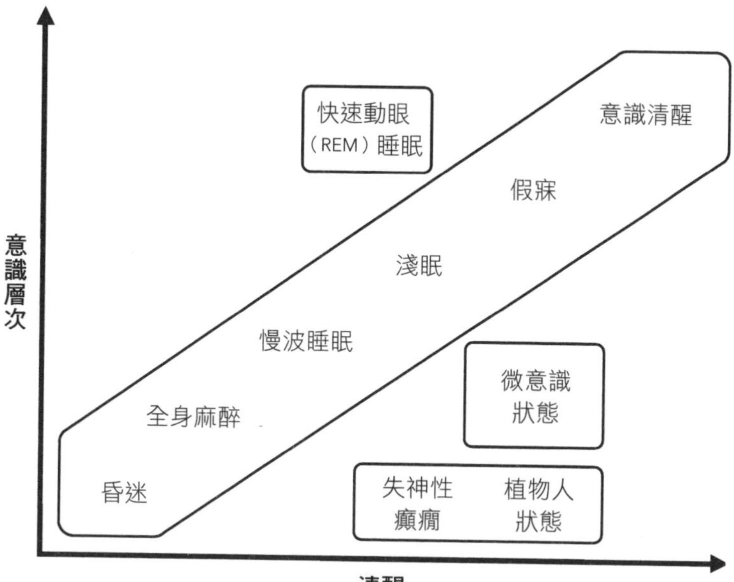

圖 1：意識層次（覺察）和醒著（清醒）之間的關係。

在有意識時有些什麼狀況，與單純只是醒著有何不同。會不會只是神經元數量不同？似乎不是這樣。小腦（位於大腦皮質後方）的神經元數量是大腦其餘部分總和的四倍，但似乎和意識無關。有一種稱為「小腦發育不全」（cerebellar agenesis）的罕見疾病是患者的小腦發育不良，但生活仍然大致正常，當然也有意識。

那麼神經元整體活動程度呢？大腦在有意識狀態下是否比無意識狀態更活躍呢？嗯，某個程度上或許是這樣，但差異不大。雖然大腦在各個意識層級消耗的能量不同，但差異相當小。當然，當意識消失時，大腦「關機」顯然是沒有意義的。

意識似乎取決於大腦不同部位如何互相溝通。大腦不是一個整體，重要的活動型態似乎位於丘腦（thalamocortical）系統中。丘腦包含大腦皮質和視丘（thalamus）；視丘是大腦中的一群橢圓形結構（核），位於皮質下方，與皮質間的連結相當複雜。最新也最令人振奮的意識層次測量方法，是追蹤和量化這些交互作用，最好還能區分意識和清醒。這個構想最具雄心的版本能以單一數字呈現一個人有意識的程度，就像溫度計一樣。

義大利神經科學家馬西米尼（Marcello Massimini）率先使用這種新方法，起初和美國威斯康辛大學麥迪遜分校（University of Wisconsin–Madison）的著名意識研究專家托諾尼（Giulio

Tononi）合作，近年則與他自己在義大利米蘭大學（University of Milan）的團隊使用這個方法。他們的方法簡單又漂亮。為了測試皮質各個部分如何彼此溝通，他們先激發某個位置的活動，並記錄該活動神經脈衝擴散到皮質上其他區域的時間與空間分布。他們的方法結合ＥＥＧ和穿顱磁刺激（ＴＭＳ）兩種技術。ＴＭＳ裝置是精密控制的電磁鐵，讓研究人員發射短促而強烈的能量脈衝，穿透顱骨進入大腦。ＥＥＧ在這裡則用於記錄大腦對脈衝的反應。整體來說，就像用電鎚敲擊大腦並聽取回音一樣。令人驚訝的是，ＴＭＳ刺激除非引發明顯的反應，例如出現動作（磁鐵放置在運動皮質上方）或單純閃光（視覺皮質活化時的光幻視），一般來說人們鮮少會察覺到ＴＭＳ刺激本身。如果刺激導致臉部和頭皮肌肉抽動，你便會注意到疼痛。但大多數狀況下，ＴＭＳ引起的腦部活動巨大干擾完全不會對意識經驗造成任何影響。這點或許不那麼令人驚奇，因為這只代表我們沒有察覺神經元正在做些什麼，而且有必要察覺嗎？

儘管我們沒有直接感覺到ＴＭＳ脈衝，馬西米尼和托諾尼卻發現，ＴＭＳ脈衝的電子回音可用來分辨不同的意識層次。在無夢睡眠和全身麻醉等無意識狀態下，這些回音相當簡單。受脈衝打擊的大腦起初有強烈反應，但很快就平息下來，就像把石頭丟進平靜水面產生的漣漪一樣。但在有意識狀態下，反應則相當不同。典型回音很快地在大腦皮質表面擴散開來，以複雜的模式消失又再度出現。從這些模式在時間和空間中的複雜程度可以得知，大腦各個部分，尤其是丘腦皮質系統，在有意識狀態下彼此溝通的方式比在無意識狀態下複雜得多。

這兩種狀況的差別通常只要仔細觀察資料就很容易看出，這項研究真正令人振奮的部分是回音的複雜度可以被量化。我們可以用數字來表達複雜程度的**大小**。這種方法稱為刺激與壓縮（*zap and zip*）。先以ＴＭＳ刺激皮質，再用電腦演算法把皮質的反應（也就是電回音）「壓縮」成數字。

「壓縮」程序使用的演算法和數位相片檔案的壓縮演算法相同。任何模式，無論是夏季度假的相片或是隨時間和空間在大腦中呈現的電回音，都可以用一連串1和0來表示。任何非隨機數列都能以一連串更短的數字，也就是壓縮表示法，來完整重現原始數列。壓縮表示法的可能最短長度，被稱為這個數列的「**演算複雜度**」（*algorithmic complexity*）。完全可預測數列（例如全部是1或0的數列）的演算複雜性最低；完全隨機的數列最高；包含一些可預測結構的數列則介於兩者之間。計算**藍立威複雜度**（ＬＺＷ complexity）的「壓縮」演算法，經常用於估算已知數列的演算複雜度。馬西米尼和他的團隊把實驗記錄到的回音測量結果稱為**擾動複雜度指數**（*perturbational complexity index*，簡稱ＰＣＩ）。這個指數運用ＬＺＷ複雜度，針對大腦對擾動（ＴＭＳ脈衝）的反應提出其演算複雜度的值（指數）。

他們先證明無夢睡眠和全身麻醉等無意識狀態下的ＰＣＩ值，確實低於靜止覺醒的基本有意識狀態，以此確立ＰＣＩ值的有效性。這麼做確實讓人放心，但ＰＣＩ法真正的重點在於它定義了連續尺度，因此能區分得更精細。在二〇一三年的一項重要研究中，馬西米尼團隊測量大量有意識障礙症狀的腦部損傷患者的PCI值。他們發現PCI值與損傷程度極度相關，但與神經科醫師的診斷無關。舉例來說，一般認為處於清醒狀態但沒有意識的植物人患者，其PCI值低於在微意識狀態下，有意識的行為跡象時有時無。他們甚至能在代表有意識和無意識的PCI值之間劃出分界線。

我在英國薩塞克斯大學的研究團隊正在開發類似的方法，用以評估意識層次。但我們沒有使用TMS對大腦皮質發射能量脈衝，而是測量自然持續（所謂「自發性」）的大腦活動的演算複雜度。這種方法可以想成「壓縮」但不「刺激」。在我同事巴瑞特（Adam Barrett）和前博士研究生沙特納（Michael Schartner）主持的一連串研究中，我們發現EEG測量到的自發性大腦皮質活動在睡眠初期和麻醉時明確降低。此外我們也發現，快速眼動（REM）睡眠時的複雜度和正常意識覺醒時大致相同，這點相當合理，因為REM睡眠中最容易做夢，而夢是有意識的。馬西米尼及其團隊則發現PCI測量結果有相同的模式，進一步支持這些測量工具記錄的是意識層次，而不是一個人的清醒狀態。

測量與清醒程度無關的意識層次，不僅在科學上相當重要，對神經科醫師和患者而言也是極大的改變。二〇一三年馬西米尼的研究已經證實，PCI可區分植物人狀態和微

意識狀態。PCI等測量結果在這方面非常有用，因為它不是依靠外在可見的行為。單純的生理清醒是根據行為來定義的；在臨床上，一個人對響亮的聲音或捏手臂等感官刺激有反應，神經科醫師通常會判定為清醒。但意識是以內在主觀經驗定義的，所以與外在可見的狀況只有間接關係。

判定腦傷患者意識狀態的標準臨床方法仍然依靠行為。一般說來，神經科醫師會評估患者是否不只對感官刺激有反應（這是生理清醒的指標），也能與環境互動，包括回應指令或做出自發行為等。患者如果能聽從兩步驟要求並清楚說出自己的名字和日期，就可推測為意識完全正常。這方法的問題是某些患者可能內心仍能思考，但無法表達。純粹依據行為來推測將會誤判這類狀況，把事實上仍有意識的患者診斷為無意識。

另一個極端是「閉鎖症候群」（locked-in syndrome），患者的意識完全正常，但身體完全癱瘓。這種罕見病症的原因可能是大腦底部（也是脊髓頂端）的腦幹受損。腦幹有一項功能是協調身體和臉部的肌肉控制。閉鎖症候群患者由於身體結構的問題，眼睛或許仍能有限度地活動，但僅有極小又容易錯失的行為可用於診斷和溝通。法國*Elle*雜誌前編輯尚—多米尼克．鮑比（Jean-Dominique Bauby）一九九五年中風後便罹患閉鎖症候群，後來以眨眼方式撰寫《潛水鐘與蝴蝶》（*The Diving Bell and the Butterfly*）一書。不過，「完全的」閉鎖症候群患者連這些溝通方式都沒有，因此更難診斷。單單依靠行為本身，非常容易把閉鎖症候群誤判為完全且永久失去意識。然而，如果把鮑比這樣的人放進腦部掃描儀中，很容易就會發現他們的整體大腦活動幾乎完全正常。在馬西米尼二〇一三年的研究中，閉鎖症候群患者的PCI值和健康的同齡控制組不相上下，代表他們的意識完全正常。

更具挑戰性的案例出現在生與死之間的灰色地點，如植物人狀態和微意識狀態。在這類中間地帶，意識的行為跡象可能不存在或不連貫，大腦損傷範圍大到腦部掃描可能也無法確定。在這種情況下，類似PCI的測定方法或許真能讓局勢改變。如果其他診斷方式都認為患者沒有意識，但PCI值指出有意識時，代表需要進一步確認。

馬西米尼日前告訴我一個測量PCI發揮極大作用的例子。一個頭部受重傷的年輕男性被送進米蘭的醫院。他對簡單問題和指令沒有反應，代表可能陷入植物人狀態，但他的PCI值和有完整意識的健康者一樣高，這狀況令人相當困惑，尤其是他並非處於閉鎖狀態。這個年輕人的家人住在北非，臨床團隊最後找到一位從北非來到義大利的親戚。當叔叔開始用阿拉伯語對年輕人講話時，他立刻有了反應，聽到笑話會微笑，看電影時甚至會豎起拇指比讚。他的意識完全正常，只是無法回應**義大利語**。這個狀況的原因很難說。馬西米尼認為可能是某種奇怪的「文化忽略」，彷彿義大利的世界和他不再有關係。無論出於什麼原因，如果沒有以PCI測量的電回音，這位年輕男性的結果可能完全不同。

腦傷患者的殘餘意識診斷是進展相當迅速的醫學領域。除了馬西米尼的PCI以外，還有數種方法已從實驗室進入診間。我最欣賞的一項技術是二〇〇六年由神經科學家歐文（Adrian

Owen）團隊進行的非常著名的「家庭網球」實驗。在這次實驗中，一位發生車禍導致行為反應消失的二十三歲女性被送進ｆＭＲＩ掃描器，接受一連串口頭指令。有時她被要求想像自己在打網球，有時被要求想像自己走過家裡的各個房間。這些要求乍看之下很奇怪，因為這類患者對任何事情都沒有反應，更不用說複雜的口頭指令了。然而針對健康者進行的研究指出，大腦中負責想像流暢動作（如打網球）的區域，和想像在不同空間移動時活化的區域相當不同。[1]神奇的是，歐文的患者呈現了相同的大腦反應模式，代表她在主動遵守指令，進行具體的想像。無意識的人不可能這麼做，所以歐文斷定植物人狀態的行為診斷錯誤，這位年輕女性其實是有意識的。實際上，歐文團隊改變腦部掃描器的用法，讓患者用大腦取代身體與環境互動。

後續研究更往前一步，不僅以歐文的方法做診斷，也用來溝通。二〇一〇年由孟提（Martin Monti）主持的一項研究中，一位被診斷為植物人狀態而入院的患者，以想像打網球當成「是」，想像在家中行走當成「否」，回答了是非題。當然這個溝通方法相當耗時費力，但對於沒有其他方法表達想法的人，卻是改變人生的進展。

有多少沒有反應卻仍有意識的人可能在神經科病房和護理之家遭到忽視？我們很難得知。歐文的方法其實比ＰＣＩ更早問世，也有更多人研究。近來一項研究指出，植物人患者有百分之十至二十可能仍有某些潛藏意識，這個比例代表全世界的數千人，而且這數字很可能被低估。要通過歐文測試，患者必須能理解語言以及進行長時間的心靈想像，有些人儘管有意識，卻未必能做得到。在這個領域中，PCI等新方法格外重要，因為它們能偵測出殘餘的覺察，而不要求患者做任何事。真正的意識計應該如此。

我採用的「意識層次」概念著眼於個體有意識程度的整體變化，例如正常清醒生活與全身麻醉或植物人狀態之間的差異。不過，意識層次的意義還有其他思考方式。嬰兒的意識低於成人嗎？烏龜的意識又低於前兩者嗎？

以這種方式思考當然有點危險。這類問題會引誘我們認為健康成年人類之外，任何形式的意識都因為某些因素而較少或較低。這種思考方式源自生物學領域一再出現的人類例外論，也籠罩世界各地的人類思想史。意識有許多屬性，如果把健康成年人類的某些典型屬性和各種形式意識的重要本質混為一談，再假設它位於一維尺度的頂點，這是不正確的。意識經驗必定隨時間的推移而形成，無論是在任何單一動物（人類與非人類）的發育過程中，或是在廣闊的演化過程中。但把以上任何過程視為單線進展，或者認為成年人類最

1 原注：想像（及執行）流暢的動作能活化輔助運動區等皮質區域，想像在空間中移動則可活化其他區域，例如海馬旁迴（parahippocampal gyrus）。在解剖學上，大腦這些區域彼此間距離相當遠。但可以想見的是，這兩種想像任務都能活化聽覺和語言處理的相關區域。

能代表身為你或身為我的感覺，則是很大的跳躍。如果把意識比擬成溫度，就像我在本章開頭一樣，在這方面可能會受限。

與此有關的另一個問題是意識只有「有」或「無」兩種狀態（就像燈只有亮與不亮），還是有無之間存在沒有明確界線的「漸進式」變化。這個問題不僅與意識出現在演化或發育過程有關，也與從麻醉或無夢睡眠等無意識狀態恢復的過程有關。這個問題雖然很吸引人，但我認為已經受到誤導。意識「有或無」和「漸進」不一定彼此互斥。無論在演化過程、發育過程、日常生活或神經科病房，我都認為從完全無意識到有少許意識經驗的轉變過程非常迅速，一旦出現少許內在思緒，意識經驗將緩緩出現，或許呈現在不同的維度上。

以一般成年人類為例。一個人在做夢時，意識層次是否高於（還是低於）中午吃過大餐後心不在焉、半夢半醒地坐在辦公桌前？這類問題其實沒有簡單直接的答案。做夢在某些方面可能「較有意識」（如鮮活的知覺現象），但在其他方面「較無意識」（如對周遭狀況的內省洞察）[2]。

認真看待多維度意識層次的重要結果，是意識層次和意識內容之間的明顯區別將會消失。把我們有意識的程度和我們意識到哪些事物完全分開，將變得毫無意義。如果我們把意識完全當成溫度，以「一招走天下」的方法測量意識，可能永遠不夠。

關於意識層次與意識內容之間如何交互作用，有個例子出自我們幾年前進行的一項研究，探討迷幻狀態下的大腦活動。迷幻藥有許多用途，它可在腦中產生單純的藥理干擾，導致意識內容出現重大變化，所以能為意識科學提供獨一無二的好機會。

瑞士化學家霍夫曼（Albert Hofmann）是迷幻藥ＬＳＤ的發明者。透過他在一九四三年四月十九日從位於瑞士巴塞爾的山德士藥廠（Sandoz）實驗室回家的紀錄，可看出這類變化可能有多誇張。當天（現稱為「單車日」），他決定吃下少量剛剛發現的東西。不久後，他開始感到不對勁，所以騎上單車回家。經歷各種痛苦的經驗後，他終於到家。他覺得自己快要瘋了，所以躺在沙發上閉起眼睛。

> ……我漸漸開始愛上閉起的眼中那些前所未見的色彩和形狀變化。就像萬花筒一樣，各種古怪的影像向我湧來，交替出現，不斷變化，劃著圓圈和螺旋形打開又關閉，爆炸成彩色的噴泉，在持續流動中重新排列和混合……

在迷幻狀態下，鮮活的幻覺經常伴隨著不尋常的自我經驗，稱為「自我消散」（ego dissolution）。在這種經驗中，自己和世界以及其他人之間的界線彷彿都改變或消散了。這

2 原注：內省洞察屬於相當罕見的清醒夢（lucid dreaming）狀態。在這個狀態下，做夢者知道自己正在做夢，而且能自主指揮自己的行為。在近來一項傑出研究中，研究者可與正在做清醒夢的人透過眼部活動溝通，類似先前提到的閉鎖症候群患者。做清醒夢的人能正確回答簡單數學問題和各種是非題。

類脫離「正常」意識經驗的狀況極為普遍，因此迷幻狀態或許不僅代表意識**內容**改變，也代表整體意識**層次**的改變。我們打算和英國倫敦帝國學院的羅賓・卡爾哈特—哈瑞斯（Robin Carhart-Harris）和紐西蘭奧克蘭大學的穆都庫馬拉史瓦米（Suresh Muthukumaraswamy）合作，著手檢驗這個概念。

二〇一六年四月，我和羅賓參加在亞利桑那州土桑市外聖卡塔利納山下舉行的研討會。我們都受邀演講我們的研究，也趁此機會探討我們對意識的興趣在幻覺方面是否有交集。科學和醫學對ＬＳＤ和賽洛西賓（神奇蘑菇的主要成分）等迷幻藥的研究曾經荒廢數十年，當時才剛重新開始。霍夫曼的自我實驗後，相關研究有一小段時間相當蓬勃，探討以ＬＳＤ治療成癮和酒精依賴等心理障礙的潛力，而且成果豐碩。但後來ＬＳＤ被當成休閒毒品，又被李瑞（Timothy Leary）等人宣揚成叛逆的象徵，因此這類研究在一九六〇年代末全部中斷。直到二十一世紀，新一波研究才重新開始，可說是科學進展失落的一代。

在神經化學層面，ＬＳＤ、賽洛西賓、麥斯卡林和二甲基色胺（縮寫為ＤＭＴ，是南美洲迷幻飲料「死藤水」的主要成分）等常見迷幻藥的主要作用方式是影響大腦的血清素系統。血清素是腦中的主要神經傳導物質，在大腦迴路中流動，影響神經元間的溝通。迷幻藥能與遍布大腦各處的血清素受體 5-HT2a 緊密結合，影響血清素系統。迷幻研究的主要挑戰是瞭解這些低階藥理干擾如何改變全體大腦活動模式，進而深度改變意識經驗。

羅賓團隊先前發現，與安慰劑控制組相比，迷幻狀態是大腦動力出現異常改變。大腦區域的網路（稱為「靜息狀態網路」〔resting-state networks〕）通常可以彼此協調活動，但在這時溝通中斷，通常彼此獨立的其他區域反而互相連結。整體狀況就是正常大腦的連結模式瓦解。羅賓的想法是這類瓦解可以解釋迷幻狀態的代表特徵，例如自我和世界之間的界線消散以及感官融合等。

我和羅賓發現，他採集的資料很適合用來進行演算複雜度分析。我在薩塞克斯的研究團隊就經常對睡眠和麻醉進行這類分析。尤其是他們經常以腦磁波儀（magnetoencephalography，簡稱MEG）進行腦部掃描，這種方法具有很高的時間解析度並涵括大腦全體，都是我們需要的。他們使用MEG測量服用賽洛西賓、LSD或低劑量K他命的志願受試者的腦部活動（高劑量K他命是麻醉劑，低劑量則有迷幻效果）。我們可以用這項資料解答一個問題：在迷幻狀態下，意識內容劇烈改變時，意識層次值會有什麼變化？

在薩塞克斯，沙特納和巴瑞特計算大腦多個不同區域處於三種迷幻狀態下MEG訊號的演算法複雜度的改變。結果既清晰又令人驚訝：與安慰劑控制組相比，賽洛西賓、LSD和K他命都會導致演算複雜度的**增加**。這是史上首次發現意識層次值比清醒靜止時的基本狀態下提高。先前透過睡眠、麻醉或意識障礙進行的比較，都指出這些測量值降低。

要瞭解這個結果的意義，別忘了最好把演算複雜度的值視為腦部訊號的隨機程度或「信號多樣性」。完全隨機數列的演算複雜度最高，多樣性也最高。因此我們的發現補充了羅賓先前的研究，顯示迷幻狀態中的大腦活動隨時間會變得更加隨機，這與人們在旅行中經常提到的知覺經驗隨意重組一致。這些發現也為意識層次和意識內容的關係帶來新理解。這裡舉出的是意識層次測量值隨迷幻狀態下特有的意識內容，全面產生變化而改變的例子。意識層次測量值也很容易受意識內容的影響，說明意識的這兩個面向不是互不相關的。

我們的迷幻分析結果讓人想到令人憂心的可能性。演算複雜度測定隨機程度最大的大腦活動，是否將產生迷幻程度最大的經驗或產生某種「層次」不同的意識？這種推斷似乎不大可能。神經元全都瘋狂活動的大腦，似乎更可能產生不了任何意識經驗，就像自由爵士到某個程度後就不是音樂了。

這裡的問題在於演算複雜度很難呈現「複雜」真正的意義。從直覺上看來，複雜度和隨機性不一樣。比較令人滿意的複雜度概念是介於有序和無序之間，而不是無序的頂點。它像妮娜・西蒙（Nina Simone）[3]和賽隆尼斯・孟克（Thelonious Monk）[4]的組合，而不是傻瓜狗狗樂團。[5]如果我們採取這種比較繁複的方式來思考複雜度，會有什麼結果？

一九九八年托諾尼（Giulio Tononi）和我的前上司和師父艾德爾曼發表在《科學》期刊

上的論文就採取了這種方式。我還記得二十多年前看過這篇論文。這篇論文是我思考意識的重要里程碑，也是促使我到聖地牙哥神經科學研究所工作的重要因素。

托諾尼和艾德爾曼並未採用意識神經基礎方法，把注意力放在單一範例的意識經驗（如「看到紅色」的經驗）上，而是探究意識經驗的普遍特質是什麼。他們提出簡單卻十分重要的觀察結果：意識經驗（應該說所有意識經驗）都具**訊息性**和**整合性**。從這點出發，他們指出**每種**意識經驗的神經基礎，而不只是看到紅色、感到嫉妒或苦於牙痛等特定經驗。

意識同時具有訊息性和整合性的概念需要一點解釋。

先從訊息開始。說意識經驗具有「訊息性」的意思是什麼？艾德爾曼和托諾尼認為這與說報紙具有訊息性不一樣；而是說它乍看似乎不重要，但蘊含了豐富的意義。意識經驗具訊息性的原因，在於每個意識經驗都與我們以往曾有、未來會有或可能會有的其他意識經驗不同。

3 編注：妮娜．西蒙是位美國歌手、作曲家與鋼琴表演家。她的創作歌曲類型主要包括藍調、節奏藍調和靈魂樂。演唱方式則以富有情感、帶有氣息的變化音為主要特色。

4 編注：塞隆尼斯．孟克是美國爵士樂鋼琴家和作曲家，擅長即興表演，同時也為爵士樂發展做出貢獻。他的作曲與即興表演充滿「不和諧的和聲」，和其非傳統的鋼琴手法搭配，極富衝擊感。

5 原注：傻瓜狗狗樂團曾在一九六七年的出道專輯《大猩猩》（*Gorilla*）中嘗試盡可能演奏得亂七八糟，藉以模仿傳統爵士樂。這本書中未來會有更多地方提到大猩猩。

我坐在書桌前，看向桌子另一邊的窗外。咖啡杯、電腦螢幕和窗外的雲共同構成的**這個**特定組合，是我從來沒有過的經驗。如果再加上此時我的內在宇宙背景中其他的知覺、情緒和想法，這個經驗將更加獨一無二。我們任何時刻都擁有**一個**意識經驗，但有**很多可能的**意識經驗。由於我們擁有的是**這個**經驗，而不是**那個**或**另外一個**經驗……等等，因此每個意識經驗的不確定性大幅縮減。不確定性縮減就是訊息在數學上代表的意義。

意識經驗的訊息性與它是否豐富或詳細無關，也與它是否能啟發擁有者無關。坐在雲霄飛車上邊吃草莓、邊聽妮娜．西蒙唱歌，和閉著眼睛坐在安靜的房間裡體驗虛無一樣獨特。在可能經驗的範圍方面，每種經驗縮減不確定性的幅度相同。

依據這個觀點，任何特定意識經驗的「是什麼感覺」並非取決於它**是**什麼，而是取決於它**不是**那些可能但沒有實現的事物。純紅色的經驗是它本身，不是因為「紅色」的內在屬性，而是因為紅色不是藍色、綠色或其他顏色，或任何氣味，或是想法，或是後悔的感覺，或是其他形式的精神內容。紅色之所以是紅色，原因在於它不是其他任何事物。其他意識經驗也是如此。

單單只有訊息性高還不夠。意識經驗不僅訊息性高，還具有**整合性**。意識具有「整合性」的精確意義還有許多爭議，但基本意義是每個意識經驗都是合而為一的場景。我們對顏色的體驗不會與形狀分離，物體也不會與背景分離。現在我的意識經驗中的許多不同元素——包括電腦和咖啡杯、走廊上的關門聲，還有我接下來要寫些什麼的想法等等——似乎都以無法脫離的根本方式結合在一起，成為單一綜合意識場景的各個面向。

托諾尼和艾德爾曼最關鍵的一步，在於提出如果每個意識經驗都具有訊息性，而且在現象學層級上是整合的，**那麼意識經驗的神經機制應該也具備這兩種屬性**。正因為神經機制呈現了這兩種屬性，所以不僅與每個意識經驗的現象學核心特徵有關，實際上還能說明這些特徵。

一個機制同時具備整合性和訊息性有什麼意義？讓我們暫時不管大腦，先考慮一個由大量交互作用的元素組成的系統，而不論這些元素是什麼。從下方圖可以看出，針對這類系統，我們可以設定有兩個端點的尺度。在一個極端（左邊），所有元素各自隨機行動，就像氣體中的分子一樣。這類系統具有的訊息最多，也就是隨機性最高，但完全沒有整合性，

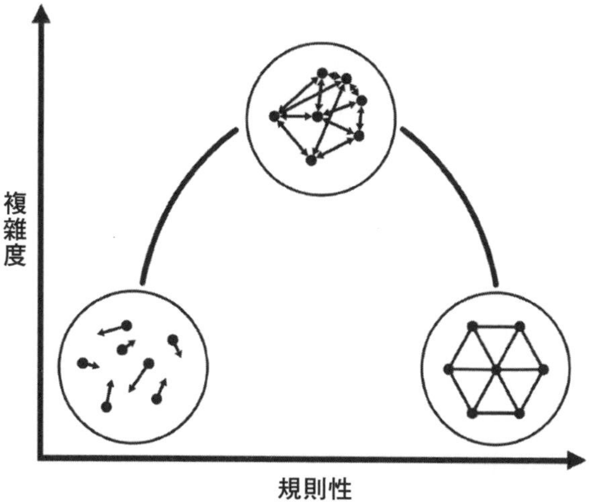

圖 2：複雜性和整合性的關係。

因為所有元素都獨立於其他元素。

在另一個極端（右邊），所有元素的行動都一樣，所以每個元素的狀態完全取決於系統中的其他元素，完全不具隨機性。這種狀況就像晶格中的原子排列，每個原子的位置完全取決於晶格結構，晶格結構則取決於其他所有原子的位置。這種排列具有的整合性最高，但幾乎不具訊息，因為系統可能存在的狀態非常少。

在介於兩者之間的系統中，每個元素的行動可能不同，但有一定程度的協調，所以系統在某種程度上是「一體的」。在這個區域中，整合性和訊息性同時存在。這個區域介於有序和無序之間，位於其中的系統通常稱為「複雜系統」。

把這些描述套用到大腦上，將可瞭解它們如何協助我們理解意識的神經基礎。

在訊息性最高的大腦中，所有神經元各自活動、隨機放電，彼此之間好像完全沒有關聯。在這樣的大腦中，LZW複雜度這類演算複雜度的值將會非常高。但這樣的大腦（有大量訊息但沒有整合性）無法支撐任何意識狀態。而在另一個極端，有序程度最高的大腦中，所有神經元的活動都相同，可能會同時放電，有點像全面癲癇發作的狀況。這類大腦的演算複雜度非常低，同樣沒有意識，不過理由是整合性很高但沒有訊息。

因此，一個符合需求的意識層次測量方法，應該記錄的不是訊息本身，而是如何同時能呈現訊息和並具整合性。這類的測量方法（其實是複雜度的測量）清楚地把機制屬性和經驗屬性連結在一起，示範真實問題探討意識的方法。

我們已經知道，LZW複雜度這類演算複雜度的近似值，在這方面的功能不足。它們對訊息說明很多，但完全沒提到整合性。PCI稍好一點。要取得較高的PCI值，TMS放射的能量脈衝必須產生一個難以壓縮的大腦活動模式，代表訊息量很高。此外，脈衝還必須在皮質上傳播得又遠又廣，以便產生「回音」，藉以進一步評估回音的壓縮性。然而，儘管這類皮質擴散可以呈現整合性，但仍然無法提供我們需要從這類測量獲得的資料。PCI值依靠大腦活動以某種相當模糊的方式被整合（否則不會出現回音），但沒有像測定訊息一樣以量化方式測定整合性。我們要尋找的測量方法必須與整合性和訊息性同時直接相關；要出自相同的資料、使用相同的方式，並發生在同一時間。

至少就理論上而言，滿足這些條件的測量方法有好幾個。一九九〇年代，托諾尼和艾德爾曼和同事史波恩斯（Olaf Sporns）提出一個稱為「神經複雜性」（neural complexity）的測量方法。十年後，我自己使用其他計算方法，提出另一個測量方法，稱為「因果密度」（causal density）。還有一些更新的測量方法從這些基礎出發，計算方法也越來越精細，下一章將會介紹其中幾個。這些測量方法的用意都是在量化系統於有序和無序之間佔據的範圍，以及有序和無序之間經過整合的訊息。不過問題是當套用在實際大腦造影資料時，目前沒有哪個測量方法的表現特別好。

這個狀況有些奇怪之處。我們可能會認為，與理論原理關係比較密切的測量，實際表現應該優於與理論關聯較小的演算複雜性這類測量。但實際狀況不是這樣，這究竟是怎麼回事？一種可能性是理論本身受到誤導。然而我的直覺是，我們只需進一步改進計算方法，讓這些測量方法達成我們的目標，同時也開發更精良的大腦造影技術，為這些測量方法提供適當的數據值。

——

因此，真正的意識計的追尋仍在持續中，不過必須強調的是，目前已有不錯的進展。目前科學家普遍瞭解意識層次和清醒是不同的，而且現在已有好幾種大腦意識層次的測量方法，它們在記錄整體意識狀態以及偵測腦傷患者的殘餘覺察度時，成果都相當好。馬西米尼的ＰＣＩ值格外重要。它在臨床上相當有用，而且有堅實的訊息與整合理論原理基礎，所以能有效地連結神經機制和意識經驗的共同屬性，這正是「真實問題」的做法。其他基於不同但相關原理的測量方法不斷湧現。此外，有些易於運用的近似方法，例如估計自發性大腦資料的演算複雜度等，也揭露出意識層次和意識內容之間的有趣關聯。

但有個根本的問題仍然存在。意識是否比較接近**溫度**，可以化約並視為物理（或訊息）宇宙中的基本屬性？還是比較接近**生命**，是由許多不同的屬性構成，每個屬性都能以潛藏的機制來解釋？目前我們看過的意識測量方法都是由溫度的故事得到啟發，但我的直覺是——意識或許更像生命。對我而言，整合性和訊息性是大多數甚至所有意識經驗的共同屬性，但這不表示意識是整合的訊息，就像溫度是平均分子動能一樣。

為了瞭解這個直覺的來源何在，我們必須盡可能擴展意識和溫度之間的比擬，看看它是否或何時會失效。接下來要介紹意識的「訊息整合理論」。

第三章
Phi

二〇〇六年七月，我在拉斯維加斯，和托諾尼一起吃冰淇淋。我們坐在威尼斯人酒店裡，我幾乎完全不知道周遭狀況。我前一天剛從倫敦飛來，酒店裡面感覺永遠像清晨，假的蔚藍天空中的假星星剛開始閃爍，假的貢多拉[1]剛剛漂過假宮殿前面。酒店營造這些氣氛，讓住客一直覺得開心，願意留在這裡花錢，不會注意到過了多少時間。我有時差問題，有點喝醉，因為我們是在吃過漫長的晚餐後才到達這裡，然後又花了好幾個小時爭論頗具企圖心的意識**訊息整合理論**（integrated information theory，簡稱ＩＩＴ）的細節。這是托諾尼的心血結晶，比其他以神經科學為出發點的理論花了他更多心思，用意是直接處理意識的困難問題。訊息整合理論認為主觀經驗是因果模式的屬性，訊息和質量或能量一樣真實，連原子都可能有一點意識。

1 編注：貢多拉（義大利語：Gondola），是義大利威尼斯特有且最具代表性的傳統划船。

這場討論不算公平。我花了很多時間幫我近來的一篇論文辯護，這篇論文批評了他早年的理論。托諾尼溫和但堅持地試圖解釋我為什麼不對。我不確定問題是時差、葡萄酒，還是托諾尼堅持的邏輯，但我對自己的信心比坐飛機來的時候少了一點。第二天早上，我決心以後要思考得更清楚一點、理解得更多一點、準備得更好一點，還有酒要喝少一點。

我發現訊息整合理論頗為有趣，到現在還是覺得非常迷人，因為它體現了意識和溫度之間的比擬。訊息整合理論認為，意識就是整合的訊息。提出這點之後，這個理論顛覆了長久以來許多人的直覺，闡述精神和物質間的關係，以及意識如何與宇宙結構合而為一。

在二〇〇六年，訊息整合理論還不是個出名的理論，但現在它已經是意識科學中最知名但爭議也最多的理論。除了托諾尼本人，這個領域的許多知名人物也很讚賞這個理論。原本支持意識神經基礎方法的科赫（Christof Koch），說它「朝一舉解決存在已久的身心問題邁進了一大步」。但它的企圖心和知名度也引起許多反彈。其中一個反彈理由是它的方法運用太多數學，而且一點也不介意它有多複雜。當然這點不一定不好，沒有人規定解決意識問題一定要簡單才行。另一種反對說法是它提出的主張太違反直覺，所以這個理論一定不對。同樣地，面對像意識這麼令人費解的現象時，依靠這種直覺也相當危險。

對我而言，最大的問題是訊息整合理論非凡的主張需要非凡的證據，但訊息整合理論的企圖心——也就是解決困難問題——使其最獨特的主張在實踐中難以檢測。我們無法獲得所需的非凡證據。不過還好不是完全沒有希望。後面我會解釋，訊息整合理論的某些預測或許可以檢驗，至少原則上可以。此外，訊息整合理論有些另類解讀與真實問題的關係比困難問題更密切，它們帶動新的意識層次測量方法發展，而這些方法在理論上有依據，實際上也適用。

顧名思義，「訊息」和「整合」的概念是訊息整合理論的核心。這理論的基礎是測量我們前一章談到的意識層次測量的概念，但方式大不相同。

訊息整合理論的核心是「Φ」這個值（希臘字母 phi）。要瞭解Φ的意義，最容易的方式是它代表一個系統在訊息方面比它「各部分的總和多出多少」。一個系統怎麼可能比各部分的總和更多？大致上可以用一群鳥來比喻：一群鳥彷彿比群體中所有鳥的總和還多，它似乎擁有一種「自己的生命」。訊息整合理論採納這個概念，並將它轉換到訊息領域。在訊息整合理論中，Φ代表系統「整體」產生的訊息量，這個量往往超過各部分各自產生的訊息總量。這點證明了這個理論的主要說法，就是**一個系統整體產生的訊息多於其各部分時，這個系統就是有意識的**。

請注意，這個主張不只是關於相關性，也不是探討系統的機械屬性如何說明現象學屬性的實際問題。它是關於身分的主張。依據訊息整合理論，Φ的值是一個系統的內在本質

（意即它不受外界觀察者影響），而且它與這個系統的意識量完全相同。Φ值高代表意識很多、Φ值為零代表沒有意識。所以訊息整合理論是以溫度方式看待意識的終極描述方式。

什麼因素可以提高Φ值？這個核心概念雖然應該和前一章相似，但有些重要差異，所以必須從頭開始解釋。

假設有個簡化的人造「神經元」網路，每個神經元的狀態不是「開」就是「關」。要提高這個網路的Φ值，這個網路必須滿足兩個主要條件。第一，網路的全局狀態——也就是把網路「作為一個整體」——必須排除大量其他可能的全局狀態。這就是**訊息**，它反映了從現象觀察到的結果，即每個意識經驗都排除了非常多其他可能的意識經驗。第二，把系統視為整體時，訊息一定多於把系統分成許多部分（個別神經元或神經元群）並且分別考慮各個部分。這就是**整合**，而且它反映了一項觀察結果，即所有意識經驗都是一體的，所以經驗是「一整個」。Φ值是量化系統的方法，測定它在這兩個維度上的分數。

一個系統Φ值不高的可能原因很多，其中之一是訊息性低。最簡單的例子是單一光電二極體。這種簡單的光感應器不是「開」就是「關」。它任何時刻的狀態提供的訊息量都非常少，所以Φ值很低或等於零。它無論處在什麼狀態（一或零、開或關），都只排除一個其他狀態（零或一）。單一光電二極體最多只能傳達一「位元」的訊息。[2]

另一個可能使系統Φ值偏低的原因是整合性低。假設有一大群光電二極體，可能像手機相機裡的感光元件。這個系統的全局狀態就是整群二極體的狀態，而這個狀態可能含有大量訊息。感光元件如果夠大，每接觸一個不同的外界狀態，就會進入另一個全局狀態，所以相機能拍下影像。但這個整體訊息對感光元件本身而言不重要。感光元件中個別的光電二極體全都彼此無關，它們的狀態只取決於個別接觸到的光量。如果把感光元件分成許多（各自獨立的）光電二極體，它們也會運作得一樣好。整個感光元件傳出的訊息不比所有感光元件、所有光電二極體分別傳出的訊息來得多。這表示它產生的訊息不比各部分的總和多，所以Φ值也是零。

另一個有助於瞭解零Φ值的例子是「裂腦」。假設有個網路分成完全分離的兩半。有可能這兩半的Φ值都不是零，但整個網路的Φ值是零。這是因為有方法可把網路分成多個部分（這裡是分成兩半），使整體的訊息量不多於各部分的總和。這個例子凸顯出Φ值如何取決於「分割」系統的最佳方式，而可以將整體和部分運作的差異減到最小。這是訊息整合理論與前一章提到的複雜度之間的一個差異。

這個例子也指出，**真正**的裂腦，也就是因癲癇無法治療而必須以手術分離的兩個皮質半球，可能擁有兩個獨立的「意識」，但不會有單一的意識實體橫跨兩個半球。同樣地，每個人都有意識，但不會有橫跨兩個人的共同意識實體，因為我們在訊息方面是分開的。

我們暫時只討論真正的大腦，訊息整合理論能漂亮地解釋關於意識層次的數個觀察結

2 原注：在訊息理論中，「位元」是訊息的基本單位。

果。記得前一章曾提到，小腦的神經元數量雖然佔全部的四分之三，但在意識方面參與得似乎不多。這個現象可用訊息整合理論解釋，因為小腦的解剖結構和相機的感光元件差不多，都是一大群Φ值不高的半獨立迴路。相反地，大腦皮質內有密集的連結線路，這可能與高Φ值有關。那麼在這些線路沒有改變的情況下，為什麼無夢睡眠、麻醉和昏迷時沒有意識？訊息整合理論指出，在這些狀態下，皮層神經元彼此互動的能力受創，導致Φ值消失。

訊息整合理論是解釋意識的「公理化」方法。它的基礎是理論原理，而不是實驗數據。從邏輯上看來，公理是不證自明、已被普遍認可而不需要證明的事實。希臘哲學家歐幾里得說過，「兩個形狀如果能正好放進同一個空間中，則兩個形狀相同」就是個好例子。訊息整合理論提出關於意識的公理，主要是意識經驗具整合性和訊息性，並運用這些公理來支持關於這些經驗的基礎機制必須具有哪些屬性的主張。在訊息整合理論中，具有這些屬性的機制無論是不是大腦、是不是生物，Φ值一定不是零，而且擁有意識。

———

原理就談到這裡為止。訊息整合理論與其他理論相同，成立與否取決於它的預測是否可被檢驗。這個理論的主要主張是Φ值代表一個系統的意識層次。要檢驗這點，必須測定真實系統的Φ值，但困難就從這裡開始。測量Φ值極為困難，大多數狀況下接近甚至完全不可能。這種狀況的主要原因是訊息整合理論看待「訊息」的方式比較特別。

訊息在數學中的標準用法為**觀察者相關的**（*observer-relative*），由夏農（Claude Shannon）在一九五〇年代提出。觀察者相關（或外在）訊息，是指觀察者觀察特定狀態下的系統時，不確定性降低的程度。舉例來說，假設我們擲一顆骰子許多次，每次都會觀察到六個可能結果之一，且每次都排除其他五個結果。這對應到有一定量的不確定性縮減（以位元測量），而且是「為」觀察者提供的訊息。

要量測觀察者相關訊息，通常只要觀察系統在一段時間內的表現就已足夠。以骰子量測時，只要寫下每次丟擲的結果，如此便可計算擲出特定數字產生的訊息量。如果系統是神經元網路，只要記錄神經元隨時間進行的活動就可以了。外部觀察者可以記錄神經元所有的不同狀態，計算每個狀態的機率，然後量測網路處於某個狀態的不確定性縮減程度。

不過對訊息整合理論而言，我們不可能以這種觀察者相關的方式看待訊息。這是因為在訊息整合理論中，訊息（也就是整合訊息Φ）其實**就是**意識；如果我們把訊息視為觀察者相關，就表示意識也是觀察者相關。但意識並非觀察者相關。我是否有意識，應該不是也確實不取決於我們或其他人如何量測我的大腦。

因此訊息整合理論中的訊息必須被視為系統的**內在**，而非相對於外在觀察者而存在的。定義它的方式不可取決於外在觀察者。它必須是「為」系統本身提供的訊息，而不是為其他人或其他事物提供的訊息。否則，Φ和訊息整合理論核心中意識的等同關係不可能成立。

要量測內在訊息，單單觀察系統隨時間的表現還不夠。我們（科學家、外在觀察者）必須知道系統**可能**出現的所有狀態，即使這些狀態實際上從來沒有全部出現過。這兩者的區別是知道系統**實際上隨時間出現**的狀態（至少原則上相當簡單，而且觀察者相關）和知道系統**可能出現**但不一定實際出現過的所有狀態（通常很困難甚至不可能，但與觀察者無關）。

以訊息理論的方式說來，這兩種狀況間的差別就是系統狀態的「經驗」分布和「最大熵」分布之間的差別（後者名稱源自於它代表系統不確定性的最大值）。假設我們拋擲兩顆骰子數次，丟出一次7、一次8、一次11和幾個其他數字，但沒有丟出12過。在這種狀況下，經驗分布中沒有12，但最大熵分布中有，因為這幾次拋擲中雖然沒有出現過12，但12確實可能出現。這代表7、8或11等任何特定結果在最大熵分布（包含12）中比在經驗分布（不包含12）中產生的訊息更多（縮減更多不確定性、排除更多其他結果）。

與只觀察系統隨時間的變化來量測經驗分布相比，量測最大熵分布通常非常困難。量測的方法有兩種，第一種是以各種可能方式擾動系統，觀察會有什麼結果，就像小孩把新玩具上的所有按鈕都按過一遍，看看可以做些什麼。第二種方法是從這個系統的物理機制，也就是其「因果結構」，取得詳細完整的知識，用以推測最大熵分布。如果瞭解這個機制的一切，有時或許就可得知它的各種可能表現，即使實際上從來沒出現過。如果我知道一個骰子有六個面，那麼我不用實際丟擲，就能推算出兩個骰子可丟出2到12之間的所有數字。

可惜的是，我們通常只能得知系統的動態，也就是系統的**實際表現**，而不是系統的**可能表現**。大腦當然也是如此。我能以各種詳細程度記錄大腦的表現，但無法得知它完整的物理結構，也無法以各種可能方式擾動它的活動。由於這些原因，訊息整合理論最特殊的——Φ就是意識——的主張，其實也是最難以檢驗的。

無論選擇哪些訊息，試圖量測Φ時還會遭遇其他挑戰。其中一個是量測Φ時必須找出分割系統的適當方式，以便對「整體」和「部分」進行比較。對裂腦等某些系統而言，這點相當容易（只要從中間分割就好），但這個問題通常相當困難，因為分割系統的可能方式隨系統規模而迅速增加。

此外還有更基礎的問題，也就是怎樣才算是系統？用來計算Φ值的正確時間和空間粒度[3]是什麼？是神經元和毫秒，還是原子和飛秒？一個國家可能有意識嗎？某個國家會不

3 編著：粒度 (granularity) 指的是資料的最小單位的間隔大小，用以表示系統的細微程度。

會比另一個國家更有意識？我們是否甚至能把地殼板塊在地質時間尺度上的交互作用，視為在行星尺度上整合訊息？

重要的是我們必須體認到，包括量測內在訊息，而非觀察者相關的外在訊息等所有挑戰，都只是我們這些身為外在觀察者的科學家試圖計算Φ時遇到的問題。依據訊息整合理論的觀點，任何特定系統都只有**一個**Φ值。它整合訊息的方式和我們丟出一塊石頭，石頭會自然地在空中劃出一條弧線，不需先依據重力定律計算軌跡一樣。一個理論很難檢驗只代表它很難檢驗，不代表它一定錯誤。

我們暫且把量測Φ的挑戰放在一邊，探討如果訊息整合理論理論正確，它所代表的意義是什麼。依據訊息整合理論一直思考下去，將會出現一些非常奇怪的結果。

想像一下，假設我打開你的頭骨，在大腦上放一團新的神經元，每個神經元都以某種方式和原有的大腦連結。再進一步想像，當你度過日常生活時，這些新的神經元其實什麼都沒有做。無論發生什麼狀況、無論你做了什麼或看到什麼，這些神經元都不會放電。從各方面看來，這個剛擴充過的大腦和原本的大腦完全相同。但重點來了，你的新神經元必須在大腦其餘部分遭遇某種特定狀態下才會放電，而實際上你的大腦從未遇到這種狀態。

舉例來說，這人必須吃到田助西瓜（一種只產於日本北海道的黑皮西瓜），新神經元才會放電。但這人其實從未吃過田助西瓜，所以新神經元從沒放過電。儘管如此，訊息整合理論仍然預測這人的所有意識經驗都會改變，只是改變非常微小。這是因為現在大腦的可能狀態變得較多（新神經元有可能放電），所以Φ一定也會改變。

這個狀況的另一面是同樣奇怪的預測。假設有一群神經元靜靜地位於我們的視覺皮質深處。這些神經元和其他神經元彼此連結，只要有適當的輸入就會放電，但它們就是不動聲色。後來因為某種巧妙的實驗措施，它們被修改成不會放電，因此不只是不活動，而是無法活動。儘管大腦的整體活動完全沒有改變，訊息整合理論仍然預測意識經驗會改變，因為現在大腦的可能狀態變得較少。

值得注意的是，由於新的光遺傳學技術，讓研究人員能夠細膩地控制精確範圍的神經元，這種類型的實驗或許很快就能實現。光遺傳學以基因科技修改特定神經元，使它變得對特定波長的光格外敏感。接著使用雷射或ＬＥＤ陣列，照射經過基因改造的動物大腦，以此開啟或關閉這些神經元。原則上，光遺傳學可以用來關閉原本就不活動的神經元，對要評估的意識知覺（如果存在的話）產生影響。這個實驗並不簡單，而且也沒有提供量測Φ值的方法，但在檢驗訊息整合理論任何面向的前景都很令人興奮。我很幸運能參與托諾尼等人最近的討論，對如何進行實驗提出看法。

把眼光拉遠來看，訊息整合理論另一個奇怪之處，在於透過大力主張Φ**是**意識，訊息整合理論因此認為**訊息本身**是存在的——在我們的宇宙中具有某種明確的本體論狀態——一種類似質量／能量和電荷的狀態（本體論是研究「什麼存在」的學科）。在某些意義上，這和物理學家約翰・惠勒（John Wheeler）「萬物源自訊息」（it from bit）的看法相同。惠勒應該是「萬物最終都源自訊息」這概念最知名的支持者。這個概念認為訊息最先出現，而其餘的萬物都從它而來。

這點引出最後頗具挑戰性的含意：**泛心論**。只要系統中有適當的機制，也就是正確的因果結構，Φ值將不是零，系統也會有意識。訊息整合理論的泛心論是有限的泛心論，而不是認為意識像一層薄薄的果醬那樣佈滿整個宇宙的泛心論。訊息整合理論的泛心論認為，意識存在於有整合訊息（也就是Φ）的地方。可能是這裡或那裡，但不是處處都有。

———

訊息整合理論有原創性、有企圖心，而且才智出眾。它是唯一一個認真試圖解決意識困難問題的神經科學理論。它確實也最怪異，但怪異不代表它一定錯誤。近代物理學的一切幾乎都很怪異而且錯誤少於以往的物理學。但現代物理學已被確立錯誤較少的部分的成功，完全是因為它們能以實驗檢驗。這正是訊息整合理論的問題。它的大膽伴隨著龐大的代價：它認為Φ等同於意識層次的重要主張，很可能無法檢驗。

我認為，最好的方法是保留訊息整合理論認為意識經驗兼具訊息性和整合性的基本見解，但揚棄認為Φ之於意識，就如平均分子動能之於溫度的自大想法。這樣可使訊息整合理論對於意識經驗結構的見解重新符合真實問題的觀點。採取這個觀點，有助於發展實際可用的其他Φ版本，這些值和前一章結尾談到的複雜度值有許多共通點。

我和同事巴瑞特和梅迪亞諾（Pedro Mediano）採取這個策略已有多年。我們開發出好幾個版本的Φ，這些Φ搭配的是觀察者相關訊息，而不是內在訊息。如此一來，我們就能以可觀測系統隨時間的變化來量測Φ，不用在意可能但從未出現過的狀態。就目前而言，各種版本的Φ表現不一，即使在非常簡單的範例系統也是如此。這表示我們必須繼續努力，才能開發出實際可用的Φ，而且這些Φ是因為理論原理基礎而獲得實際理解，而不是排除理論的原理基礎。從我們的觀點看來，這表示應該把「整合性」和「訊息性」視為需要解釋的意識經驗之共同屬性，而不是說明意識其實「是什麼」的原則性說法。換句話說，應該把意識視為生命而非溫度。

我們的意識層次之旅，帶我們從麻醉和昏迷的無意識狀態出發，接著是植物人和微意識狀態，再經過睡眠和做夢的分離世界，走進完全清醒的光明。甚至更進一步躍入迷幻的

超現實世界。連結這些層次的概念是每個意識經驗都具有訊息性和整合性，位於有序和無序之間的複雜灰色地帶。這個核心概念也帶來了ＰＣＩ等新的測量方法，這些度量值不僅實際可用，而且能在物理和現象兩種解釋之間以真實問題的方式建造橋梁。我們藉助訊息整合理論跨入意識科學中最有趣也最具爭議性的領域，大膽主張在這領域一旦觸及可驗證性的極限，意識與溫度之間的比擬最後可能瓦解。儘管我對這個挑釁性理論更宏大的主張感到懷疑，但我現在同樣想知道它會如何發展，就像多年前我和托諾尼一起吃冰淇淋時一樣。

現在想起來，拉斯維加斯確實是最適合爭論訊息整合理論的地方。訊息是真實的嗎？意識是否遍布各處？在拉斯維加斯，除了對經驗本身的直接感受之外，很難相信任何事物是真實的。即使多年以後的現在，我還是能想像自己回到威尼斯人酒店那個永恆的傍晚時分，假的貢多拉沿著順時針方向前進。我當然有意識，但我意識到什麼？在酒店裡，很容易認為萬物都是幻覺。

後面我們將會瞭解，這個奇特的想法真的有些意想不到的道理。

第二篇　內容

第四章

由內部感知外界

我張開眼睛，世界出現在我眼前。我坐在搖搖欲墜的木屋的露天平台上，這棟木屋位於加州聖克魯茲北邊幾英里處，一片地勢很高的柏樹林裡。當時是清晨。我放眼望去，看見高大的樹木仍然被每晚湧來、使溫度大幅滑落的沁涼海霧包圍著。我看不見地面，所以露台、樹木和我好像一起漂浮在霧氣中。平台上有幾把舊塑膠椅，我坐著其中一把，還有一張桌子和放咖啡和麵包的托盤。我可以聽見小鳥的歌聲，背後有些沙沙作響的聲音，是和我一起住在這裡的人的聲音。遠方還有些細小聲音，聽不出是什麼。不是每天早上都像這樣，今天早上特別舒服。已經不是第一次，我試著說服自己，這個超乎尋常的世界是我的大腦建構出來的，是一種**受控的幻覺**（controlled hallucination）。

我們有意識時，能意識到某樣事物或許多事物。這些都是意識的內容。為了理解它們如何產生，以及「受控的幻覺」是什麼意思，我們先改變一下視角。想像自己就是大腦。

試著思考看看，被密封在頭顱骨的堡壘裡，試圖瞭解外面的世界是什麼感覺。裡面沒有光、沒有聲音、什麼都沒有，只有全然的黑暗和絕對的寂靜。大腦試圖產生知覺時，要做的事只有持續發送電訊號，這些電訊號和外界所有事物只有間接關係。這些感官輸入沒有任何標記（例如「我來自一杯咖啡」或「我來自一棵樹」），甚至也沒有宣告自己來自什麼管道，例如視覺、聽覺、觸覺，或是溫覺（溫度的感覺），或是本體覺（身體姿勢的感覺）等比較不熟悉的管道。[1]

大腦如何把這些本質上含糊不清的感覺訊號，轉換成包含各種物體、人物、地方並且十分協調的知覺世界？在這本書的第二部，我們將探討大腦是「預測機器」的概念，我們看到、聽到和感覺到的一切，其實都是大腦針對感官輸入的原因提出的「最佳猜測」。依據這個概念繼續探討下去，我們將會知道意識內容是一種清醒的夢，也就是受控的幻覺，比真實世界的實際狀況更多也更少。

以下是大眾對於知覺的普遍看法，可稱為關於「事物樣貌」的看法。

外界有個獨立於心智以外的現實，包含許多物體、人和地方，這些事物確實擁有色彩、形狀、材質等屬性。感覺的作用是通往這個外在世界的窗口，察覺這些物體的特徵，將這些資訊傳達給大腦，然後複雜的神經元過程在大腦中讀取這些資訊並形成知覺。外界的一個咖啡杯可在大腦中產生一個咖啡杯的知覺。至於進行感知的是誰或什麼事物，這個嘛……是「自我」，不是事物。這個「眼睛後面的我」接收一波波的感官資料，用它的知覺資料引導行為，決定下一步的行動。那裡有一杯咖啡，我感知到它，拿起它來。我感覺、思考，然後行動。

這個想像很吸引人。人類花費數十年甚至數百年來建立的思考模式，已使我們習於認為大腦是裝置在頭骨裡的運算裝置，用來處理感官資訊，建立外在世界的內在形象，然後提供給自我。這個想法十分普遍，所以很難提出合理的替代說法。的確，許多神經科學家和心理學家對知覺仍抱持這種看法，認為它是「由下而上」的特徵檢測過程。

以下是「由下而上」的運作過程。光波、聲波、傳達口味和氣味的分子等來自外界的刺激接觸感覺器官，使電脈衝「向上」或「向內」流進大腦。這些感官訊號歷經數

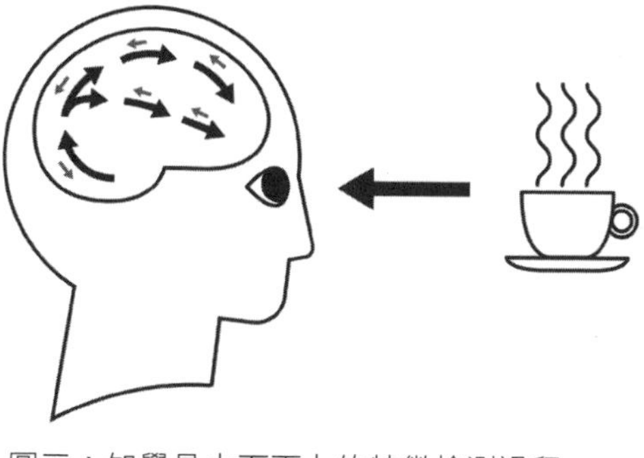

圖三：知覺是由下而上的特徵檢測過程。

1 原注：認為人類只有五種感覺的概念相當普遍但完全錯誤。這個概念的起源可追溯到亞里斯多德公元前三五〇年左右撰寫的《論靈魂》（*On the Soul*）。

個不同的處理階段，在前頁圖中以大腦內的黑色箭頭標示，每個階段都分析出越來越複雜的特徵。以視覺當成例子來說明好了。初步階段回應的可能是亮度或邊緣等特徵，後來則是物體各部分的深入階段，例如眼睛和耳朵，或是輪子和後視鏡等。更晚的階段回應的則是整個物體或物體的類別，例如臉部、汽車和咖啡杯等。

透過這種方式，外在世界和其中的物體、人和各種事物，都能以流進大腦的感官資料流的一連串特徵來描述，就像漁夫越往上游走，捕到的魚越大也越複雜一樣。流動方向相反——也就是從上到下或從內而外的訊號（灰色小箭頭）——其功能只是加強或限制最重要的由下而上的感官資料流。

這個由下而上的知覺觀點相當吻合我們對於大腦解剖構造的認識，至少乍看之下如此。在大腦皮質中，不同的知覺管道各有特定區域，例如視覺皮質和聽覺皮質等。在每個區域中，知覺處理分成數個階層。在視覺系統中，主視覺皮層等較低的層次比較接近感官輸入，下顳葉皮質等較高的層次則位於數個處理階段之後。以連結而言，來自每個層次的訊號都集中在上層，讓層次較高的神經元對分布在時間或空間上的特徵做出反應，正如人們所預期的那樣。

大腦活動研究似乎也對由下而上的觀點相當友善。數十年前研究貓和猴子視覺系統的實驗就一再證明，視覺處理初期（較低）的階段，回應的是邊緣等簡單特徵，較晚（較高）階段的神經元回應的則是臉部等複雜特徵。年代較近的實驗採用ｆＭＲＩ等神經造影方法，也在人類大腦中發現相同的現象。

我們甚至能以這種方式打造（至少基本的）人工「知覺系統」。電腦科學家馬爾（David Marr）一九八二年的「電腦視覺理論」即是知覺的由下而上觀點的標準參考，也是設計和打造人工視覺系統的實用書籍。年代較近的機器視覺系統具備深度學習網路等人工類神經網路，現在效能相當優異，某些狀況下已不遜於人類。這類系統同樣常以由下而上理論為基礎。

由下而上的「事物樣貌」看法擁有這麼多支持，似乎已經相當確定。

維根斯坦（Ludwig Wittgenstein）：「人為什麼說覺得太陽環繞地球運行比地球本身自轉更自然？」

安斯康姆（Elizabeth Anscombe）：「我認為是因為太陽看起來像在繞地球運行。」

維根斯坦：「嗯，如果地球看起來像在自轉，那它看起來會是什麼樣子？」

在維根斯坦和同樣是哲學家（以及傳記作者）的安斯康姆這段有趣的對話中，這位德國大思想家以哥白尼革命說明事物的**樣貌**不一定和**實質**相同。太陽**看起來**像在繞地球運轉，但事實上是地球繞自己的軸轉動，才有了白天與黑夜。位於太陽系中心的是太陽，不是地球。你或許會覺得這沒什麼了不起，確實沒錯。但維根斯坦要說的是更深的東西。他真正要傳遞給安斯康姆的訊息是，即使更清楚瞭解事物的實質樣貌，但在某個層次上，事物看起來仍然和以往相同。太陽從東方升起、西方落下，一樣沒有改變。

知覺也和太陽系一樣。我張開雙眼，眼前**好像**有個真實的世界。今天我在英國布萊頓的家裡，這裡不像聖克魯茲一樣有柏樹，只有一些常用的物品在桌上，角落則有一把紅椅，窗外有一群煙囪管帽。這些物件**似乎有**明確的形狀和色彩，距離很近的物體還能聞到氣味和摸到材質。這些都是事物的**樣貌**。

雖然我的感覺**似乎**開啟了透明窗口，通往獨立於心智之外的現實，而且知覺是「讀取」感官資料的過程，但實際狀況（我認為）卻很不一樣。知覺並非由下而上或由外而內，而主要是由上而下或由內而外。我們的體驗源自大腦對感官訊號產生原因的預測或「最佳猜測」。這個由上而下的知覺觀點和哥白尼革命相同，也符合許多現有證據，在沒有改變事物樣貌的許多面向的同時，卻改變了一切。

這其實不是全新的概念。由上而下的知覺理論最早萌芽於古希臘柏拉圖的「洞窟寓言」（Allegory of the Cave）。戴著腳鐐手銬、一生面對牆壁的囚犯，看到的只有物體在火光照射下投映在牆壁上的影子。他們給這些影子取名字，因為對他們而言，影子是真實的。這件事的寓意是我們自己的意志知覺就像這些影子，間接反映我們永遠不會直接得知的潛在原因。

柏拉圖的一千多年後，我們的一千多年前，阿拉伯學者阿爾哈真（Ibn al Haytham）在作品中提到，此時此地的知覺依靠**判斷和推論**，而非直接觸及客觀現實。數百年後，德國哲學家康德（Immanuel Kant）發現，如果沒有先前存在的概念提供結構，混亂而不受限制的感官資料將毫無意義。對康德而言，這些概念包括空間和時間等**先驗**（a priori）架構。康德所謂的**本體**（noumenon）指「事物的自身」，是獨立於心智以外且人類知覺永遠無法觸及的現實，隱藏在感官的外衣之下。

在神經科學領域中，德國物理學及生理學家赫姆赫茲（Hermann von Helmholtz）延續了這個敘事。十九世紀末，在赫姆赫茲一連串影響極大的貢獻中，他提出知覺是「無意識推論」過程的概念。他主張，知覺的內容不是來自感官訊號本身，而是這些訊號與大腦對訊號產生原因的期望或信念結合之後進行**推論**的結果。赫姆赫茲說這個過程無意識，代表他瞭解我們不清楚知覺推論的機制，只知道推論的結果。知覺判斷（他所謂的「無意識推論」）隨著新的感官資料出現而持續主動更新知覺的最佳猜測，隨時追蹤這些感官資料的產生原因。赫姆赫茲視自己為以科學方式，詮釋康德認為知覺無法讓我們直接瞭解世上事物的觀點——我們只能推論事物在那裡，隱藏在感官的外衣之下。

赫姆赫茲「知覺是推論」的概念影響極大，在二十世紀衍生出許多不同的形式。一九五〇年代，心理學的「新面貌」運動強調社會和文化因素可能影響知覺。舉例來說，一項廣為流傳的研究發現，貧窮家庭的小孩往往把硬幣估計得過大，富裕家庭的小孩則不會如此。可惜的是，許多這類實驗儘管有趣，但以今日的方法標準而言都不及格，所以結果不一定可靠。

一九七〇年代，心理學家葛瑞格里（Richard Gregory）以赫姆赫茲的概念為基礎，朝另一個方向發展，提出知覺是神經「假設檢驗」（hypothesis-testing）的理論。葛瑞格里指出，科學家由實驗取得資料，藉此更新科學假設。大腦也是如此。大腦依據過往經驗和儲存在內的其他形式資訊，不斷提出外界狀況的知覺假設，同時取得來自感覺器官的資料來檢驗這些假設。對葛瑞格里而言，知覺內容由獲得最多支持的假設決定。

從此開始近半個世紀，「知覺是推論」的概念成為主流又離開主流，近十年來再度受到矚目。在**預測編碼**（predictive coding）和**預測處理**（predictive processing）的共通名稱下出現多項新理論。這些理論的細節雖然不同，但同樣認為知覺取決於大腦的推論。

回應赫姆赫茲歷久不衰的概念和它現在的形式，「**受控的幻覺**」最能表達我的想法。多年之前，我第一次從英國心理學家弗瑞斯（Chris Frith）聽到這個詞彙。[2]以我的想

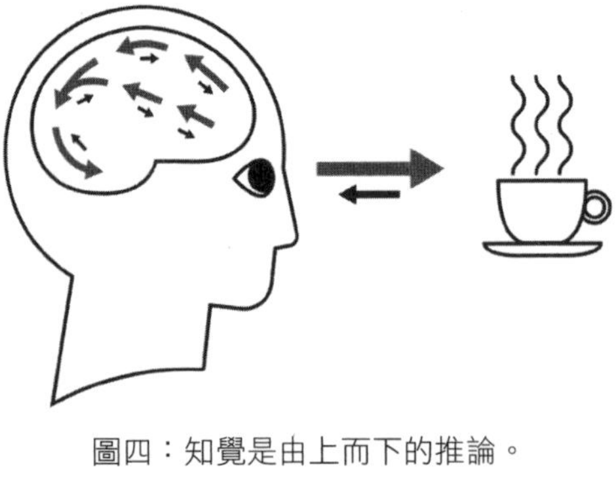

圖四：知覺是由上而下的推論。

法而言，受控的幻覺觀點的主要部分如下：

首先，大腦不斷預測感官訊號的成因，這些預測在大腦的知覺層級中由上而下流動（前頁圖中的灰色箭頭）。如果我們正在看一個咖啡杯，視覺皮質將會針對源自這個咖啡杯的感官訊號的產生原因進行預測。

其次，由下而上或由外而內進入大腦的感官訊號，使得這些知覺預測以有用的方式與成因連結，在這個例子中是咖啡杯。這些訊號如同**預測誤差**，用以指出大腦的預期和每個處理層級的結果之間的差異。大腦的知覺最佳猜測隨時調整由上而下的預測，藉以減少由下而上的預測誤差，進而維持它們對外界的成因的理解。在這個觀點中，知覺源自**預測誤差最小化**的連續過程。

受控的幻覺觀點第三個也是最重要的部分，是知覺經驗（在這個例子中是「看到咖啡杯」的主觀經驗）取決於由上而下的預測內容，而不是由下而上的感官訊號。我們從來沒有體驗過感官訊號本身，只體驗過它們的解讀。

把這三個部分結合在一起，我們對知覺的想法將會逆轉。世界似乎可透過感官直接呈現給我們的意識心智。在這個想法設定之下，我們自然會認為意識是由下而上的特徵檢測

2 原注：這個詞的起源可以追溯到一九九〇年代賈恩（Ramesh Jain）的一場研討會。我試著尋找更早的起源，但沒有結果。

過程——也就是對周遭世界的「解讀」。但其實我們感知到的是由上而下、由內而外並受現實控制的神經元幻象，而不是揭露現實狀況的透明窗口。

此外——我再提一次維根斯坦——如果知覺似乎是由上而下的最佳猜測，那它會是什麼樣子？這個嘛……就像太陽仍然從東方升起、西方落下一樣，如果知覺似乎是受控的幻覺，桌上的咖啡杯（以及任何人的全部知覺經驗）仍然會是它以前的樣子，以後也永遠如此。

我們提到幻覺時，通常會想到腦內生成的某種知覺，看到或聽到不存在的事物，就像思覺失調症或霍夫曼的迷幻冒險一樣。這些聯想認為正常知覺能表現實際存在世界上的事物，因此把幻覺當成與「正常」知覺相反。在由上而下的知覺觀點中，這個鮮明的區別變成程度問題。「正常」和「異常」幻覺都是腦內對感官輸入的成因所生成的預測，兩者在腦中使用同一組核心機制。兩者的差別在於在「正常」知覺中，我們感知的內容與外界的原因結合，也可說受其控制。而在幻覺的例子中，我們的知覺在某種程度上失去了對這些原因的理解。我們產生幻覺時，知覺預測沒有依據預測誤差進行更新。

如果知覺是「受控的幻覺」，相同地，幻覺也可以視為「失控的知覺」。這兩者確實不一樣，但要問兩者之間的界線何在，就像問日夜之間的界線在哪裡一樣。

現在我們探討一下在知覺方面體驗色彩是什麼意思，藉以檢視「受控的幻覺」理論。我們的視覺系統雖然相當神奇，但只能感應整個電磁波頻譜中介於紅外線和紫外線之間的一小部分。我們感知的每種色彩（其實是我們整個視覺世界中的每個部分），都是以這一小部分的現實為基礎。知道這一點就足以瞭解知覺經驗不可能全面代表外在的客觀世界。它既少於也多於客觀世界。

如果問神經生理學家這個問題，她可能會回答，當你的視網膜中感應色彩的錐狀細胞有某個比例受到激發時，你會感知特定的色彩。這麼說不算錯，但和實際狀況相去甚遠。色彩感應細胞活動和色彩經驗不是一對一的對應關係。我們體驗到的色彩，取決於由表面反射而來的光和我們所處環境的全面照明之間複雜的交互作用。更精確地說，色彩取決於我們大腦對這個交互作用結果提出的推論，也就是最佳猜測。

把一張白紙拿到室外，由於日光偏藍且室內光偏黃，所以紙面反射光的光譜組成此時已大不相同，但紙看起來還是白色的。我們的視覺系統會自動補償環境光線帶來的差異，如同視覺研究學者常說的，它「不考慮光線」。這樣你的色彩經驗就會挑選出紙張的不變屬性，即它反射光的方式。大腦斷定這個不變屬性是它對不斷改變的感官輸入原因的最佳猜測。白色是這個推論的現象面向，也是大腦對這個不變屬性的推論，如何在我們的意識經驗中出現的樣貌。

這表示色彩不是事物本身的確定屬性，而是演化產生的實用功能，協助大腦在不斷改變的光線下辨識及追蹤物體。我擁有看到房間角落有把紅椅子的主觀經驗，不代表這把椅子真的是紅色，因為一把椅子具有紅色這類現象屬性有什麼意義？椅子不是紅的，就像它也不是醜的、老式的或前衛的，而是椅子表面具有某種屬性，是它反射光的方式，所以我的大腦可透過知覺機制隨時得知這個屬性。紅色是在這個過程中主觀的現象面向。

這是否表示椅子的紅色已從「外在的世界」轉移到「內在的大腦」？就某種意義而言，答案顯然是「否」。就腦袋裡有紅色素（或想像的事物）的單純概念而言，大腦中沒有紅色可用微型攝影機檢視，並將它的影像輸出給另一個視覺系統，而這個視覺系統本身也有迷你攝影機……依此類推。假設外在世界某個被感知的屬性（紅色）必須出現在大腦中才會產生知覺，就犯了哲學家丹尼特（Daniel Dennett）所謂的「雙重轉換」（double transduction）謬誤。依據此謬誤，視網膜把外界的「紅色」轉換成電活動圖形，接著重組（也就是再次轉換）成內部的「紅色」。丹尼特指出，這種推理不具解釋力。我們可以在「大腦內」找到紅色只有一個理由，就是知覺經驗的基礎機制位於大腦中。當然，這些機制不是紅色的。

我看著紅色椅子時，我體驗到的紅色取決於椅子和我的大腦兩者的屬性。它與針對某種表面反射光的方式提出的知覺預測內容相同。世上或腦中其實沒有所謂的紅色。畫家塞尚（Paul Cézanne）曾說過：「色彩是大腦和宇宙交會的地方。」

更重要的主張是這句話適用的範圍遠不只是色彩經驗，而是涵括所有知覺。就在此時此地，我們的知覺場景形成的多重感官全貌，從大腦擴展到外界，既讀取也寫入。知覺經驗是神經幻想，透過不斷生成和再生成知覺最佳猜測和受控的幻覺，與外界保持連結。

我們甚至可以說，我們一直都在幻想。只不過我們對幻覺的意見一致時，就是我們所謂的現實。

以下是三個知覺期望塑造意識經驗的例子，我們自己也可能有同樣的經驗。

你如果在二〇一五年二月曾看過社群媒體或報紙，應該還記得「藍黑白金洋裝」（The Dress）這張網路圖片。那個星期的週三早上，我進了辦公室，收到一大堆電子郵件和語音留言。當時我剛參與撰寫一本關於視錯覺的書籍，媒體爭相為暴紅的網路現象尋求解釋。「藍黑白金洋裝」是一張連身洋裝照片，有些人看起來是藍色和黑色，也有些人看起來是白色和金色。[3]每個人都覺得自己看到的顏色是對的，無法相信別人看起來是別的顏色，因此在網路上掀起一陣論戰。

我起先覺得這是惡作劇。就我看來，「藍黑白金洋裝」很明顯是藍色和黑色，我拿給實驗室裡其他人看時，前四個人都這麼覺得，所以當第五個人說是白色和金色時，我既驚

3　原注：藍黑白金洋裝的網址：https://en.wikipedia.org/wiki/The_dress

訝同時也鬆了一口氣。最後，我們實驗室大約有一半的人認為是藍黑色，一半的人認為是白金色，比例跟全世界大致相同。

一個小時後，我上BBC試圖解釋這個原理。許多人的共識是這個現象與忽視光線有關，也就是感知色彩時依據環境光調整的過程。重點在於，每個人的調整過程可能都不一樣，我們以往不知道存在這種差異，而且通常不明顯，但正好在觀看「藍黑白金洋裝」這張照片時，差異格外明顯。

大眾很快就指出，「藍黑白金洋裝」這張照片曝光過度，而且畫面中只有洋裝，欠缺背景，因此可能愚弄大腦參考背景生成色彩的過程。如果因為某些原因，我們的視覺系統習慣於偏黃的環境光（可能是長時間待在室內），就可能因為預先假設光線偏黃，而推斷出藍色和黑色。另一方面，如果是經常待在戶外的運動愛好者，視覺皮質經常接觸偏藍的日光，看到的可能就是白色和金色。

大眾馬上就開始進行各式各樣的實驗：在昏暗的房間裡盯視這張照片、再衝到室外的日光下，探討各個國家看到白色和金色的人數和平均日照率的關係，甚至觀察老年人看到藍色和黑色的比例是否高於年輕人等等。不久之後，檢視上千種這類假設的小型產業開始出現。

人們對於觀看同一個影像有如此不同的體驗，並且對自己的感覺這麼有信心的事實，強力證明我們對世界的知覺經驗是內在建構，由每個人在生物學和生活史上的個人特質所塑造。大多數時候，我們假設每個人對世界的看法大致相同，大多數時候或許如此。但即便如此，也不是因為紅椅子**真的是紅色**，而是因為需要像「藍黑白金洋裝」一樣的特殊狀況，來揭示我們的大腦在形成知覺最佳猜測時的差異。

——

第二個例子是著名的視錯覺圖片「艾德森棋盤」（Adelson's Checkerboard）。這個例子說明知覺預測不限於「藍黑白金洋裝」這類怪異狀況，而是隨時隨地都存在。請看下方圖片中左邊的西洋棋盤，比較A、B兩格。A的顏色看起來似乎比B深。我看起來是這樣，我拿給其他人看，每個人也都這麼覺得，完全沒有個人差異。

事實上，A、B的灰色一樣深。右邊的西洋棋盤用深度均一的灰色矩形把A、B連接起來，證明了這點。不管再怎麼仔細觀察，這兩格的深度都沒有差別、沒有

圖五：艾德森棋盤

變化。A、B的灰色相同，但在左邊的西洋棋盤上，這兩格看起來就是不一樣。知道這兩格顏色相同對我沒有產生任何影響。我看著這兩個圖片好幾千次，A、B（左圖）看起來就是深度不同的灰色。[4]

這個現象的原因是決定灰色知覺的因素不是來自A或B的實際光波（這兩者的光波相同），而是大腦對波長組合的最佳猜測，而最佳猜測則是由背景決定，和「藍黑白金洋裝」的例子相同。B位於陰影中，A在陰影外，而大腦的視覺系統迴路內儲存著牢不可破的想法，認為位於陰影中的物體顏色一定比較深。大腦能依據環境光線來調整知覺推論，也能以相同方式，依據本身對陰影的認識，調整它對B的色彩深度的推論。因此我們會認為左邊西洋棋盤中B的顏色比不在陰影中的A來得淺。相反地，對右邊的西洋棋盤而言，陰影背景被重疊上去的灰色長條擾亂，我們便能看出A和B其實完全相同。

這個過程完全是自動的。我們（至少以往）不會察覺到大腦抱持以往對陰影的期望，並在提出知覺預測時運用了這些期望。這不是視覺系統的缺陷。有用的視覺系統和攝影師用的測光表不同。至少就初階而言，知覺的功能是找出感官訊號最可能的原因，而不是察覺感官訊號本身，無論這些訊號代表什麼意義。

最後一個例子說明新預測有多快能影響意識知覺。請看下方圖片。或許你只能看到一團黑白斑點。接著在看完這一句話後，翻到下兩頁的圖片，再回頭看這張圖。

好，我們回到這裡了。再看一次本頁的圖片，現在看起來應該很不一樣。原本只是一堆斑點，現在看來是清楚的物體，圖片裡**有東西**，東西之間有互動。這類圖片稱為「雙色調」或「月球狀」影像，看過一次就很難忘記。雙色調影像的製作方式是把照片轉換成灰階，再仔細設定臨界值，使照片中的細節全部消失，只剩下絕對的黑和白，也就是「雙色調」。選擇合適的照片進行適當處理，原本的照片就會難以辨認。也就是說，直到你看到原本的

圖六：這是什麼？

4 原注：知識無法影響知覺時，我們稱這種知覺「認知上不受影響」。

照片，雙色調影像才會突然變成清晰的畫面。

這個例子的重要之處，就在於我們現在觀看原本的雙色調影像時，進入眼中的感官訊號和先前完全沒有差別，改變的只有大腦對這個感官資料的成因提出的預測，這改變了我們意識上看到的東西。這類現象不是視覺所獨有，聽覺也有類似的例子，稱為「正弦波語音」（sine wave speech）。把一段正常語音進行處理，除去我們賴以理解的高頻部分，結果通常會使語音聽起來像嘈雜的噪音，似乎毫無意義，相當於聽覺領域的雙色調影像。接下來，我們先去聽未經處理的原始語音，再聽處理過的「正弦波」版本，突然就都聽得懂了。如同雙色調影像一樣，對感官訊號的成因有鮮明的預測，將會改變（或強化）知覺經驗。

從這幾個明顯且特意選擇的簡單例子可以看出，知覺是生成、創造的活動，它會參照背景主動解讀感官訊號，同時處理感官訊號。先前曾提過，以大腦生成預測建構知覺經驗的原則適用於所有方面，不只是視覺和聽覺，而是隨時隨刻涵括了所有知覺。

這個原則的重要意涵是：我們永遠不可能體驗到世界的「現況」。的確，康德藉由本體（noumenon）指出，我們很難知道這麼做會是什麼意義。我們已經知道，即使是色彩這麼基本的事物，也只是世界和心智的交互作用。所以當知覺幻象（如前面三個例子）揭露我們看到（聽到或觸摸到）的事物和真實狀況不同時，我們或許會感到驚訝，但我們就應該留意不要完全依據知覺經驗間接符合現實狀況的「準確度」來加以評斷。就這個意義而言，準確（真確）的知覺只是幻象。我們知覺中的世界是演化為了提高我們的存活率而建構的受控幻覺，不是通往外在現實世界且不具概念意義的透明窗口。在以下幾章中，我們將更深入探究這些概念，但在此之前，我們需要先排除幾個反對意見。

第一個反對意見是對於知覺的「受控幻覺」觀點否定了真實世界無法否定的面向。有人或許會說：「如果我們體驗的一切都只是幻覺，那我們可以跳到火車前面看看會怎樣。」

我的說法不應該被視為否定世界萬物的存在，包括疾馳而來的列車、貓咪或是咖啡杯。受控幻覺的「控制」和「幻覺」同樣重要。以這種方式描述知覺不代表事物確實如此，而是代表知覺經驗的世界中的事物**看起來**的樣子是大腦建構的結果。

儘管如此，我們還是需要區分啟蒙時期哲學家洛克（John Locke）所謂的「初性」（primary quality）和「次性」（secondary quality）。洛克主張，物體的初性是不依觀察者而改變的性質，例如物體佔據的空間、具有固性以及移動等。駛來的火車具備許多這類初性，所以無論我們是否正在觀察，以及我們對知覺的本質抱持什麼樣的想法，跳到火車前面都非常危險。次性則是隨觀察者而改變的性質，它們是物體在心中產生感覺（或「概念」）的屬性，而且不能說它不依觀察者而改變。色彩就是次性的好例子，因為色彩的經驗取決於某種知覺器官與物體的交互作用。

從受控幻覺的觀點看來，物體的初性和次性都可透過主動的建構過程產生知覺經驗。不過無論初性和次性，知覺經驗內容都不會與物體的對應性質完全相同。

第二個反對意見與我們感知新事物的能力有關。有人或許會擔憂我們必須為可能感知到的所有事物預先形成最佳猜測，因此我們將永遠都局限在預期中的感知世界裡。假設你在真實生活、電視或電影裡、甚至在書中都從來沒有看過大猩猩，但卻在無意中看到一頭大猩猩在街上閒晃，我保證你現在一定會看到一頭大猩猩，並且這會是一種全新而可能相當嚇人的知覺經驗。在一切都在預期中的世界裡，怎麼可能出現這種狀況？

圖七：是這個。圖六的參考照片[5]。

簡單的答案是「看到大猩猩」絕對不是全新的知覺經驗。大猩猩是有手、有腳、有皮毛的動物，我們（和我們的祖先）一定看過具有這些特徵的其他生物。更普遍地來說，大猩猩是具有明確邊緣（但有點毛茸茸）、以可合理預測的方式移動的物體，而且反射光的方式與大小、色彩和觸感相仿的其他物體都相同。「看到大猩猩」這個嶄新的經驗，是由許多粒度不同、取得的時間尺度也各不相同（從關於光線和邊緣的預測，到關於臉部和姿勢的預測）的知覺預測構成。這些知覺經驗塑造了新的整體知覺最佳猜測，因此你能生平第一次看到大猩猩。

要得知比較複雜的答案，必須進一步瞭解大腦如何執行極為複雜的神經活動，用來進行知覺推論，這正是下一章要探討的主題。

---

5 原注：圖六與圖七資料來源：Teufel, C., Dakin, S. C. & Fletcher, P. C. (2018), 'Prior object-knowledge sharpens properties of early visual feature detectors', Scientific Reports, 8:10853. 已取得作者同意及依據知識共享署名 4.0 國際許可使用。謹向特菲爾（Christoph Teufel）致謝。

第五章

可能性的妙用

長老會牧師、哲學家和統計學家湯瑪斯・貝氏（Reverend Thomas Bayes）大半輩子生活在英格蘭南部的坦布里吉威爾斯，沒有機會發表以他命名的著名定理。他去世後兩年，作品《論以機率學說解決問題》（*Essay towards Solving a Problem in the Doctrine of Chances*）才由另一位神父暨哲學家普萊斯（Richard Price）發表，其中許多數學工作則是由後來的法國數學家拉普拉斯（Pierre-Simon Laplace）完成。但貝氏的名字永遠與「最佳解釋推論」這個推理方法連在一起。透過這種方法獲得的見解，對理解大腦最佳猜測如何建立意識知覺而言非常重要。

貝氏推理的重點就是以機率進行推理，更具體來說，是在不確定的狀況下提出最佳推論，亦即我們先前所謂的「最佳猜測」。「推論」這個名詞先前已經出現過，意指依據證據和理由得出結論。貝氏推論是溯因推理（abductive reasoning），與演繹（deductive）推理或歸納（inductive）推理不同。演繹的意思是完全依據邏輯得出結論；例如吉姆的年紀大於珍，珍的年紀大於喬，則吉姆的年紀大於喬。如果這個前提為真且合於邏輯規則，則演繹推論一定正確。歸納是藉由一連串的觀察推斷出結論；例如太陽在信史上一直由東方升起，因此它一定由東方升起。與演繹推論不同的是，歸納推論有可能錯誤。例如我一開始從袋子裡取出的三個球都是綠色，因此袋子裡所有的球都是綠色的。這個結論可能正確，也可能不正確。

溯因推理（由貝氏推論形成的推理方法）則是由一連串觀察結果中找出最佳解釋，但其觀察結果有可能不完整、不確定或是含糊不清。溯因推理和歸納推理一樣可能得出錯誤結論。可以把溯因推理尋找「最佳解釋」的過程視為反向推理，也就是從觀察到的結果推斷最可能的原因，而不像演繹和歸納一樣都是從原因推斷結果。

以下是一個例子。一天早上，你透過臥室窗戶向外看，看到草皮是濕的。昨晚下雨了嗎？有可能，但也有可能是你忘了關花園的灑水器。我們的目的是為我們看到的狀況尋找最佳解釋：草皮是濕的，所以有可能：一、昨晚下過雨。二、讀者忘了關灑水器？換句話說，我們想依據觀察到的資料推論出最可能的原因。

貝氏推論告訴我們該怎麼推論。它提供最佳方法，協助我們在新資料出現時更新看法。貝氏定理是參照我們現在所知的（概度），從已知的狀況（事前機率）中推論應該會出現的狀況（事後機率）的數學方法。事前機率、概度和事後機率通常稱為「貝氏信念」（belief），它代表的是知識的狀態，而不是世界的狀態（請留意我個人不一定相信貝氏信念。說我的視覺皮質「相信」面前的物體是咖啡杯，和說我相信阿姆斯壯曾登陸月球是一樣的）。

事前機率是某樣事物在新資料出現前為真的機率。假設昨晚下過雨的事前機率非常低（或許你住在拉斯維加斯），而灑水器沒關的事前機率取決於我們使用灑水器的頻率，以及我們容易忘記事情的程度。所以灑水器沒關的機率也很低，但沒有下雨的事前機率那麼低。

籠統來說，概度和事後是相反的。它們形成從原因到結果的「順向」推理：假如昨晚下雨或灑水，打濕草皮的機率是多少？這些狀況和事前機率一樣可能改變，但我們暫且假設下雨和不小心灑水同樣可能打濕草皮。

貝氏定理把事前機率和可能性結合起來，提出每個假設的事後機率。這個定理本身相當簡單：事後機率是事前機率乘以概度，再除以第二個事前機率（這是「資料上的事前機率」，在此案例中是草皮被打濕的事前機率。這裡我們不需要擔心這點，因為這個機率對每個假說而言都相同）。

熟悉貝氏機率的人早上看到草皮打濕時，應該會選擇事後機率最高的假說，也就是這個資料最有可能的解釋。由於在這個案例中，昨晚下雨的事前機率低於不小心灑水的機率，所以下雨的事後機率也較低。因此，熟悉貝氏機率的人會選擇灑水器假說。這個假說是觀察資料的原因的貝氏最佳猜測，也就是「最佳解釋推論」。

如果你覺得這似乎是一般常識，那是因為在這個案例中確實如此。不過在許多狀況下，貝氏推論可能和一般常識有異。舉例來說，我們很容易因為醫學檢驗結果是陽性而誤認自己得了嚴重疾病，因為我們經常高估得到罕見疾病的事前機率。如果一種疾病的盛行率很低，那麼即使檢驗的正確率高達百分之九十九，陽性結果也只會略微提高罹患這種疾病的事後機率。

我們再轉回濕草皮問題上繼續討論。

你檢視過自家的草皮，再轉頭看一下鄰居的草皮，發現也是濕的。這是很重要的新訊息。現在兩種假設的可能性改變了：如果是灑水器沒關，應該只有你家的草皮會濕；但如果是下雨，則兩塊草皮都會濕（別忘了機率是從假定原因到觀察結果）。身為熟悉貝氏機率的人，你很快更新了事後機率，因為你發現昨晚下雨現在最能解釋自己觀察到的結果，所以你改變了想法。

貝氏推論最強大的特點是，它在更新最佳猜測時，也會把資訊的可靠性考慮進去。（評估為）可靠的資料對貝氏信念的影響，應該比（評估為）不可靠的資訊來得大。假設你的臥室窗戶髒了，而你找不到眼鏡，所以鄰居的草皮看起來好像是濕的，但因為你眼睛看不清楚，窗戶又不乾淨，所以你覺得這個新資訊不太可靠。在這種狀況下，儘管我們在看過籬笆外面後，昨晚下雨的可能性提高了一些，但灑水器忘了關的假設還是佔上風。

在許多狀況下，依據新資料更新貝氏最佳猜測的過程會一再重複，無止盡地進行推論。在每次循環中，先前的事後機率變成新的事前機率。再以新的事前機率來解讀下一批資料，產生新的事後機率，也就是新的最佳猜測。同樣的循環會一再重複。如果讀者的草皮連續兩天早上都是濕的，到了第二天早上，最佳猜測應該會參考第一天早上的最佳猜測，往後每天早上也都是如此。

從醫學分析到尋找失蹤的核子潛艇等，貝氏推論對各種狀況都有很大的效用，而且不斷有新用途問世。連科學方法本身也可以藉助貝氏過程來解釋，即以實驗產生的新證據更新科學假說。這種設想科學的方式不同於孔恩（Thomas Kuhn）的「典範轉移」（paradigm shift），也不同於波普爾（Karl Popper）的「否證論」（falsificationism）。典範轉移認為當不一致的證據越來越多時，就可能推翻整個科學體系。否證論則認為我們的假設就像升上天空後被打下來的氣球，一個個提出後並接受檢驗。在科學哲學中，貝氏的觀點和匈牙利哲學家拉卡托什（Imre Lakatos）的觀點最為接近。拉卡托什致力於分析科學研究計畫產生實際效果的因素，勝過科學研究計畫的理想要素。

貝氏的科學觀點當然認為，科學家更新自己提出的理論或新資料對理論的影響程度，取決於科學家對理論真確性的事前信念。舉例來說，我知道自己對貝氏預測機器的事前信念相當強。這個強大的信念不僅塑造我解讀實驗證據的方式，也決定我進行哪些實驗，以便產生符合我的信念的新證據。我有時會想，到底需要多少證據，才能推翻我對大腦依據貝氏法則運作的貝氏信念？

現在再回到我們想像的大腦，它靜靜地待在黑暗的頭骨裡面，試圖瞭解外界的狀況。現在我們可以把這個挑戰視為運用貝氏推論的好機會：大腦對這些吵雜又含糊不清的感官訊號之成因提出最佳猜測時，依據的是貝氏提出的原理。

知覺事前機率可以在許多抽象和多變的層次上進行編碼。有些事前機率相當常見且比較固定，例如「光來自上方」。有些則依情況而定，例如「那隻正在接近的毛茸茸的動物是大猩猩」。大腦中的機率記錄了可能原因與感官訊號的映射狀況，這些是知覺推論的「順向推理」要素，它們和事前機率一樣，可以套用在各種時間和空間尺度上。大腦持續依據貝氏定理把這些事前機率和可能性結合起來，每隔不到一秒鐘就形成一個新的貝氏事後機率，也就是知覺的最佳猜測。每個新的事後機率又成為下一次感官輸入的事前機率。所以知覺是不斷改變的過程，而不是靜態的片段印象。

感官資訊的可靠性在這裡扮演的角色也很重要。除非我們恰好在動物園裡，否則我們瞥到遠方有個黑漆漆又有毛皮的動物時，那隻動物是大猩猩的事前機率會相當低。那個不知是什麼動物距離很遠，由於這個視覺輸入的可靠性相當低，所以我們的知覺最佳猜測不大可能立刻確定是「長頸鹿」。但那隻動物越來越接近時，視覺訊號會更加可靠，資訊也更多，所以大腦的最佳猜測會在一連串選擇中移動，從大黑狗、穿大猩猩裝的人、以及真的大猩猩等，最後我們會確定地看到大猩猩。幸運的話，會有足夠的時間趕快跑。

思考事前機率、可能性和事後機率等貝氏信念時，最簡單的方法是介於0（代表機率為零）和1（代表機率為百分之百）的一個數。然而，要理解感官訊號的可靠性對知覺推論有何影響，其實也就是瞭解大腦如何運用貝氏定理，因此我們必須更深入一點，改以機率分布的方式來思考。

下圖是變數X的機率分布範例。在數學中，變數是值可能改變的符號。X的機率分布代表的是X的值位於某個範圍內的機率。從圖中可以看出，這個分布可以以曲線代表。X位於某個範圍內的機率，是對應於這範圍曲線下方的面積。在這個範例中，X介於2和4之間的機率遠高於介於4和6之間的機率。所有機率分布都一樣，曲線下方面積的總和為1，原因是在所有可能結果中，一定會有一個結果出現。

機率分布可能有許多不同的形狀。有一類形狀相當常見，圖中的曲線就是個例子，被稱為「常態」、「高斯」或「鐘形」分布。這類分布可以

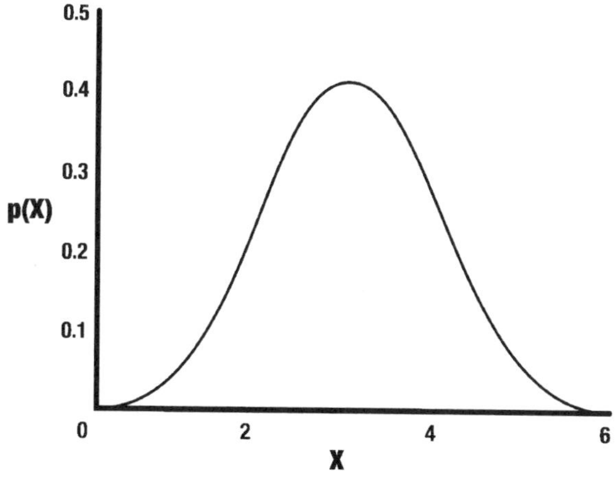

圖8：高斯機率分布。

呈現平均值（就是曲線的最大值，本例為3）和精確度（曲線的分散程度，精確度越高，分散程度越小）。平均值和精確度這兩個量，稱為分布的參數[1]。

這裡的重點在於這類高斯機率分布可以呈現貝氏信念。直覺上看來，平均值呈現信念的內容，精確度則呈現大腦對這個信念的信心。迅速到達最大值（高精確度）的分布代表很有信心。後面我們將會知道，貝氏推論的強大效能就來自這個呈現信心（或可靠度）的能力。

再回到大猩猩的例子。相關的事前機率、可能性和事後機率現在可以視為機率分布，各以平均值和精確度來呈現。對每個分布而言，平均值代表「是大猩猩」的機率，精確度則代表大腦對這個機率估計值的信心。

新的感官資料送到時會出現什麼狀況？貝氏更新的過程藉助圖形最容易瞭解。在下方圖中，點狀虛線代表碰到大猩猩的事前機率。這個曲線的平均值很低，

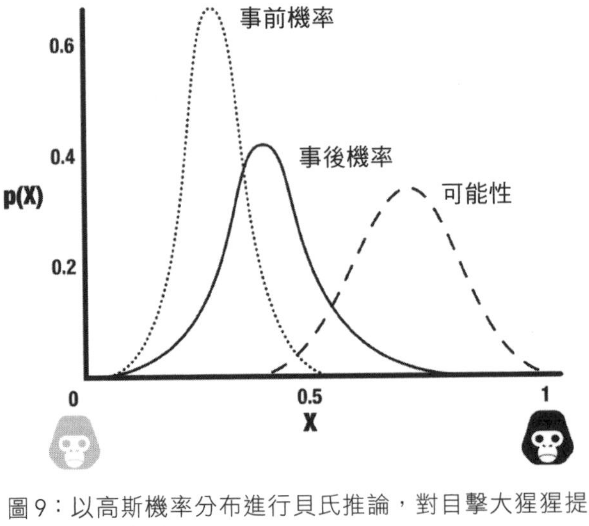

圖9：以高斯機率分布進行貝氏推論，對目擊大猩猩提出最佳猜測。

代表不大可能是大猩猩，但精確度較高，代表這個事前信念的信心相當強。短線曲線是可能性，代表感官的輸入，這裡的平均值較高，但精確度較低。也就是說，如果真的出現大猩猩，送到的感官資料大概就是這樣，但我們對這種狀況信心不大。實線曲線是事後機率，代表依據感官資料真的出現大猩猩的機率。一如往常，這個機率也是套用貝氏定理得出的。探討高斯機率分布時，套用貝氏定理相當於把點狀曲線和短線曲線相乘，同時讓形成的曲線（也就是事後機率）下方的面積保持為1。

請注意：事後機率的最大值比較接近事前機率，與可能性的差距較大。這是因為兩個高斯分布的結合受到平均值和精確度影響。在這個案例中，可能性的精確度較低（因為顯示「大猩猩」的感官訊號被評為不可靠），所以事後機率的最佳猜測和事前機率差距不大。然而再看一眼時，大猩猩更接近了，來自大猩猩的感官資料也更清楚些，而且新的事前機率源自先前的事後機率，所以新的事後機率（亦即新的最佳猜測）會更接近「大猩猩」一點，如此不斷重複，直到應該逃跑的時候。

貝氏定理為知覺推論提供了最佳性（optimality）的標準。它提供最佳狀況，告訴大腦應該怎麼做，為大猩猩、紅椅子或咖啡等各種各樣的感官輸入找出最可能的成因。但整件事的全貌不只於此。貝氏定理沒辦法透過神經機制說明大腦如何提出這些最佳猜測。

1 原注：這裡有時不用精確度，而改用變異（variance）這個詞。精確度是變異的倒數。精確度越大，變異越小。

要解答這個問題，我們必須回頭來看知覺的幻覺理論以及另一個重要主張，也就是意識內容不僅受知覺預測支配，而且它本身就是知覺預測。

我在前一章中提出，**知覺是預測誤差最小化的連續過程**。這個概念指出，大腦不斷針對感官訊號提出預測，同時比較這些預測與送到眼睛和耳朵（當然還有鼻子和皮膚等）的感官訊號。預測和實際感官訊號的差異形成預測誤差。知覺預測的流動方向大致是由上而下（或由內而外），預測誤差的流動方向則是由下而上（或由外而內）。大腦以這些預測誤差訊號更新預測，準備處理下一輪感官輸入。我們感知到的是所有由上而下的預測內容，但前提是感官預測誤差必須盡可能減少——或是「解釋得過去」。

「受控的幻覺」觀點和其他研究知覺與大腦功能的「預測」理論有許多共同點，這類理論中最著名的是預測處理。然而著重之處有重要差異。預測處理理論探討大腦產生知覺（以及認知與行動）的機制。相反地，受控幻覺理論則探討大腦機制如何解釋意識知覺的現象性質。換句話說，預測處理理論探討大腦如何運作，受控幻覺觀點進一步發展這個理論，用來解釋意識經驗的本質。最重要的是，這兩者都依靠預測誤差最小化這個基礎過程。

此外，連結受控幻覺和貝氏推論的關鍵也是預測誤差的最小化。貝氏主張提出大腦應該做什麼，並將之轉換成大腦實際運作的提議。大腦隨時隨地都在使預測誤差最小化，其實就是在實行貝氏定理。更精確來說，大腦是在模擬貝氏定理。這個連結證實了知覺內容是由上而下的受控幻覺，而不是由下而上的感官資料「讀取」。

我們來看看大腦中預測誤差最小化的三個核心要素，分別是**生成模型**（generative model）、**知覺階層**（perceptual hierarchy）和感官訊號的**精確度加權**（precision weighting）。

哪些事物可以感知由生成模型決定。為了感知大猩猩，我的大腦必須具備相應的生成模型，用以產生適當的感官訊號，也就是大猩猩真的出現時應該會有的感官訊號。這些模型提供知覺預測流，與送入的感官資料進行比對，產生的預測誤差會促使大腦更新預測，藉以減少預測誤差。

各種尺度的時間和空間都會發生知覺預測，因此我們能感知有各種物體、人和地方的結構化世界。看到大猩猩的高階預測，會產生關於四肢、眼睛、耳朵和毛皮的低階預測，這些預測進一步向下形成關於色彩、觸感和邊緣的預測，最後形成整個視野中的亮度變化預測。這些知覺階層不僅深入各種感覺，甚至完全超越感官資料。如果我突然聽見我母親的聲音，我的視覺皮質可能就會調整預測，認為這個接近的人是我母親。如果我知道自己身在動物園裡，大腦中的知覺區會比我在街上漫步時更容易接受自己看到大猩猩。

這裡需要說明的是，預測誤差最小化中的「預測」不一定針對未來，而是運用模型推測資料之外的事物。在統計學中，預測的本質是在缺乏充足資料時滿足需求。要預測的可能是未來（把未來當成「不足的資料」），也可能是狀況不明的現在。

預測誤差最小化的最後一個關鍵要素是「精確度加權」。我們已經瞭解感官訊號的相對可靠度對知覺推論的更新程度有何影響。讀者起初瞥到遠處的大猩猩或透過髒汙的窗戶看到鄰居的草皮時，產生的感官訊號可靠度相當低，所以貝氏最佳猜測不會改變很多。此外，我們也知道對應的機率分布的精確度如何呈現可靠度。如第134頁的圖所示，估計精確度較低的感官資料對更新事前信念的影響較小。

我在這裡不直接用「精確度」而用「估計精確度」，是因為感官訊號的精確度並非直接提供給感知事物的大腦，而是同樣需要推論得出。大腦不僅要針對感官輸入提出最可能原因，還必須探究相關感官輸入的可靠程度。實際上，這代表大腦必須持續調整感官訊號對知覺推論的影響，方法是暫時調整感官訊號的估計精確度，這就是「精確度加權」一詞的意義。降低估計精確度的權重，代表感官訊號對更新最佳猜測的影響較小；提高權重則相反，代表感官訊號對知覺推論的影響較大。精確度加權藉由這種方式，在調節預測和預測誤差間精細的交互作用，以便在形成知覺最佳猜測的過程中扮演重要角色。

這個過程雖然聽來相當複雜，但我們其實都很熟悉「精確度加權」在知覺中扮演的角色。提高感官訊號的估計精確度其實就是「注意」。我們注意某樣事物，例如努力看清楚遠處的動物是不是大猩猩時，大腦會提高對應感官訊號的精確度權重，或是加大感官訊號的「增益」。以這種方式思考「注意」，可以解釋有時即使某個事物很容易看見、甚至我們就看著它但還是會視而不見。如果我們特別注意某些感官資料（也就是提高它的估計精確度），其他感官資料對更新知覺最佳猜測的影響就會減小。

神奇的是，在某些狀況下，不被注意的感官資料可能完全沒有影響力。一九九九年，心理學家西蒙斯（Daniel Simons）設計出著名的影片演示來說明這個**不注意視盲**（inattentional blindness）現象。讀者如果沒看過這個演示，建議先看過再繼續讀下去。[2]

狀況是這樣的。在演示中，西蒙斯的受試者觀看一段影片，影片中有兩隊，每隊三人。一隊穿黑色球衣，另一隊穿白色球衣。兩隊各有一顆籃球，彼此互相傳來傳去，同時隨意移動。觀看者要做的是計算白隊隊員彼此間的傳球次數。影片中有六個球員在隨意移動，而且有兩顆球在傳來傳去，要算出傳球次數必須相當聚精會神。

令人驚訝的是，在觀看影片計算時，大多數人完全沒看到有個穿著黑色大猩猩裝的人從左邊走進畫面，做了幾個大猩猩的動作，再從右邊走出畫面。如果再給受試者看一次影片，這次要求找出大猩猩，受試者立刻就會看到，而且通常不相信兩次看的是相同的影片。實際上，注意白隊球員本身，就代表對黑隊球員（以大猩猩）的感官訊號之估計精確度較低，所以對更新知覺最佳猜測影響極小，甚至完全不影響。

2 原注：觀看網址：www.youtube.com/watch?v=vJG698U2Mvo。

多年前的一個下午，我開車到聖地牙哥我最喜歡的衝浪點時，也發生過類似的狀況。我在德爾馬附近一條通到海邊、才剛設立「禁止左轉」標誌的小路口左轉。這裡沒有設置新標誌的明顯說明，我前面的其他車子也都左轉，而我多年來已在這裡左轉過幾百次。我對被不合理地開單非常生氣，所以我提出書面申訴，說明這個標誌或許「原則上」看得到，但我不可能看到。我的申訴理由就是不注意視盲現象。沒錯，這個路口設置了新標誌，但由於我大腦中的精確度加權作用，所以我無法感知到它。這個案子打到加州交通法院，沒到最高法院，但已足以讓我的名字出現在當天的「犯罪月曆」（criminal calendar）上。我甚至還為審判準備了簡短的簡報，但一點幫助也沒有。

魔術師也會運用不注意視盲現象，只是他們或許不會這樣稱呼這種技巧。近距離的魔術尤其必須熟練地轉移觀眾的注意力，讓觀眾注意不到看似憑空出現的黑桃Q其實早就放在耳後。厲害的扒手也是利用這種知覺生理特性。我曾經看過扒竊高手羅賓斯（Apollo Robbins）毫不費力地拿到我同事的手錶、皮夾和錢包，能做到這樣更了不起，因為我的同事有許多是知覺專家，非常瞭解不注意視盲現象，而且知道羅賓斯的意圖。

我們很容易就用以下的方式思考我們與世界的互動。首先，我們感知世界的真實樣

貌，然後決定要怎麼做，接著就這麼行動。感覺，思考，行動。看起來或許是這樣。但同樣地，看起來是這樣，實際上往往很不一樣。現在應該來談談行動了。

行動和知覺密不可分。知覺和行動的關係非常密切，可說是互相定義。每個行動都會改變送入的感官資料，進而改變知覺；而每個知覺的作用也協助引導行動。如果沒有行動，知覺也沒有存在的必要。我們感知周遭的世界，以便在世界上順利地行動、達成目標，長期而言則是提高我們存活的希望。我們感知的不是世界的真實樣貌，而是便於我們達成上述目標的樣貌。

甚至有可能是動作先出現。我們可以想像大腦不是提出認知最佳猜測，以此來引導行為，而是不斷產生行動，同時以感官訊號持續校準這些行動，以便達成生物的目標。這個觀點認為大腦是動態的主動系統，持續探知環境和檢視結果。[3]

在預測處理中，行動和知覺是一體的兩面。兩者都以感官預測誤差最小化為基礎。先前我以更新知覺預測來描述這個最小化過程，但這不是唯一的可能性。減少預測誤差的方式也可能是執行行動，以此改變感官資料，讓新的感官資料符合已有的預測。藉由行動減少預測誤差，被稱為**主動推論**（active inference），這個名詞的發明者是英國神經科學家弗

3 原注：我們來看看海鞘的例子。這種簡單動物小時候具有明確但原始的大腦，用來尋找舒適的岩石或珊瑚礁，讓它們接下來能一直取食漂浮的生物。海鞘發現適合的棲息地後，就會消化掉自己的大腦，只保留簡單的神經系統。有些人把學術研究者找到大學終身職前後的表現比喻成海鞘。

瑞斯頓（Karl Friston）。

有個不錯的方法是把主動推論想成一種自我應驗的知覺預測。在這個過程中，大腦藉由產生行動找出使知覺預測實現的感官資料。這類行動可能只是轉動眼睛這麼簡單。今天早上，我在一如往常凌亂的桌上尋找車鑰匙。我的眼睛迅速地從這裡移到那裡，此時不僅我的即時視覺預測在更新（空的馬克杯、空的馬克杯、迴紋針、空的馬克杯……），視覺焦點也在不斷審視眼前的景象，直到車鑰匙的知覺預測實現為止。

任何身體行動都會以某種方式改變感官資料，包括轉動眼睛、走進不同的房間，或是練腹肌等。即使是應徵新工作或決定結婚這類高階「行動」，也會產生許多身體活動，進而改變感官輸入。每種行動都能透過主動推論來減少感官推測誤差，所以每種行動都直接參與了知覺。

主動推論和各種預測處理一樣，必須依靠生成模型的建立。更具體來說，主動推論依靠生成模型來預測行動造成感官結果的能力。這類預測如同「如果我看那裡，可能會遇到什麼感官資料」，而被稱為**條件式預測**（conditional prediction），也就是預測如果某件事成立會出現什麼狀況。沒有這類條件式預測，大腦就無法得知在無限多種的可能行動中，哪種行動最可能減少感官預測誤差。我的大腦預測最可能找到我的車鑰匙的行動，包括掃視桌面、不要盯著窗外，或是在空中揮動雙手。

除了實現已有的知覺預測，主動推論也有助於改進預測。在很短的時間內，行動可取得新的感官資料，協助提出更好的最佳預測，或在不同的知覺假設中選擇其中之一。我們在本章開始時看過一個案例，在這個案例中，只要看看鄰居的草皮，就更容易決定「昨晚下雨」和「不小心沒關灑水器」這兩個假設哪個比較正確。另一個案例是清掉我桌上所有的馬克杯，以便找到車鑰匙。在這兩個案例中，要選出適當的行動，必須具備能預測行動結果對感官資料有何影響的生成模型。

長期而言，行動是學習的基礎。這裡的學習，代表更清楚感官訊號的原因和一般的因果結構，用以改良大腦的生成模型。我觀看鄰居的草皮，協助我推論我家草地弄濕的原因時，也學習到更多草地何以弄濕的知識。在最佳狀況下，主動推論能產生良性循環，讓適當的行動發現關於世界結構的有用資訊，用這些資訊改良生成模型，再以生成模型產生改良後的知覺推論，指揮新的行動，產生更多有用資訊。

主動推論中最違反直覺的部分是，行動本身可視為一種自我應驗的知覺預測。在這個觀點中，行動不只參與知覺，而且本身就是知覺。我轉動眼睛尋找車鑰匙，或是動手清掉馬克杯時，其實是關於我身體的姿勢和活動的知覺預測正在使其目的實現。

在主動推論中，行動是自我應驗的「本體感預測」。「本體感」是標定從位於骨骼和肌肉各處的受體流入的感官訊號，瞭解自己身體身在何處和如何移動的知覺。我們可能很少想到本體感，因為就某種意義而言，本體感一直存在。但我們能閉著眼睛摸到鼻子這個簡單的事實（請試試看！），證明了它在我們的行動中扮演了非常重要的角色。從主動推論觀點來看，摸到鼻子代表讓一連串關於手部動作和位置的本體感預測自我應驗，推翻我的手指目前沒摸到鼻子的感官證據。精確度加權在此再度扮演重要角色。為了讓本體感預測能自己實現，通知大腦身體實際位置的預測誤差的重要性必須降低，或說降低權重。這可以視為注意的相反，「分散注意」身體，讓身體活動。

以這種方式思考行動，更凸顯出行動和知覺是一體的兩面。知覺和行動不是某種中央「心智」的輸入和輸出，而同樣是大腦的預測。兩者都依靠同一個貝氏最佳預測過程，以及精細的知覺預測與感官預測誤差協調，差別只在於帶領者和跟隨者不同而已。

最後再看一次我們想像中孤伶伶被禁錮在頭骨裡的大腦。現在我們知道大腦一點也不孤單。它沉浸在來自世界和身體的大量感官訊號之中，不斷地指揮行動（也就是自我應驗的本體感預測），這些行動主動形塑了這個感官流。持續送入的感官訊號遇到由上而下的預測後，預測誤差訊號向上傳送，藉以形成更好的預測並引發新的行動。這個不斷修正的過程產生近似的貝氏推論。大腦運用這個還算不錯的貝氏方法，不斷決定再決定對於感官環境成因的最佳猜測，從而構築出鮮活的知覺世界，也就是受控的幻覺。

以這種方式理解受控的幻覺後，我們很有理由認為由上而下的預測不只影響知覺，而且這種預測就是我們感知到的內容。我們的知覺中充滿色彩、形狀和聲音的世界，正是我們的大腦對無色、無形又無聲的感官輸入的成因提出的最佳猜測。

接下來我們將會瞭解，這種方式不只能解釋貓、咖啡杯和大猩猩這些經驗，而且還能解釋知覺經驗的所有層面。

第六章
觀看者的本分

我們探究知覺經驗深層結構的旅程是從二十世紀初期的維也納之旅開始的。如果曾在這段時期流連於這個優美城市的咖啡館、沙龍和鴉片館中，可能會碰到一些引人注目的人物。當時有一群哲學家稱為維也納學派（Vienna Circle），包括哥德爾（Kurt Gödel）、卡爾納普（Rudolf Carnap），有時還有維根斯坦（Ludwig Wittgenstein）。此外，還有現代主義繪畫先鋒克林姆特（Gustav Klimt）、柯克西卡（Oskar Kokoschka）、席勒（Egon Schiele），以及藝術史學家李格爾（Alois Riegl）。當然還有佛洛伊德。

在當時維也納百花齊放的人文環境中，藝術和科學兩種文化高度融合。科學的地位並不比藝術高，原因我們都非常熟悉，就是藝術和它在人類心中喚起的反應，都需要科學解釋。然而藝術也不自認為地位高於科學。藝術家和科學家以及評論家，全都同心協力，試圖理解豐富多變的人類經驗。難怪神經科學家肯德爾（Eric Kandel）稱這段時期為「啟示的年代」（the age of insight），並以此為名寫了一本書。

在所有誕生於啟示年代的概念中，最具影響力的就是**觀看者本分**（beholder's share）了。這個概念首先由李格爾提出，後來由二十世紀藝術史上的重要人物貢布里希（Ernst Gombrich）發揚光大；他自己也是一九〇九年誕生於維也納。他們強調觀看者在讓藝術作品變得「完整」上所扮演的角色。藝術作品（或世界）本身並不具備觀看者的本分，而是由感知者貢獻其知覺經驗來完備的。

「觀看者的本分」概念顯然必須與受控的幻覺理論這類預測知覺理論相結合。肯德爾說：「觀看者的知覺是由上而下的推論，這個見解讓貢布里希相信沒有所謂的『純真之眼』（innocent eye）。也就是說，所有的視知覺都將以概念為視覺資訊分類並予以解讀。我們不可能感知自己無法分類的事物。」

對我而言，在莫內（Claude Monet）、塞尚和畢卡索（Camille Pissarro）等藝術家的作品周圍時，觀看者的本分格外明顯。當我站在畢卡索創作於一八七三年、現於巴黎奧塞美術館展示的《埃納利的白霜》（*Hoarfrost at Ennery*）這類印象派巨作之前，我沉浸在完全不同的世界裡。這類繪畫擁有強大力量的其中一個理由，在於它們保留空間給觀看者的視覺系統進行解讀。在畢卡索的繪畫中，評論家勒魯瓦（Louis Leroy）所說的「在骯髒的畫布上……刮調色盤」，強烈喚起結滿厚霜的田野印象。

印象派風景畫試圖把藝術家從繪畫行動中去除，還原貢布里希所稱的「純真之眼」，僅賦予畫布亮度的變化。亮度變化是知覺推論的原料，而不是這個過程的結果。為了達到這個目的，藝術家必須精細地理解視覺的主觀面向與現象面向如何形成，並且加以運用。每件作品都可被視為人類視覺系統的逆向解析工作，從感官輸入一直到相關主觀經驗的出現。繪畫成為實驗，用來探究這些過程中產生的預測性知覺和意識經驗。

類似畢卡索作品的繪畫不僅僅是感知科學的呼應或預感，觀看者的本分所提供的也不只是預測誤差最小化的藝術史版本。貢布里希等人的作品是對於知覺現象與經驗本質的深刻體認。這類體認很容易淹沒在事前機率、可能性和預測誤差等細節當中。

「我們說印象派畫作上的色彩和筆觸『突然活了起來』，意思是我們在這些顏料筆觸中投射出一片風景。」貢布里希在這段話中道出意識知覺的精髓，它超越藝術，適用於經驗的整體本質。我們感受到世界「確實存在」時，不是被動地呈現客觀的現實，而是藉由鮮活又明確的想像；而那是大腦對世界的探索。

回到實驗室中，我們從簡單的實驗開始，探討知覺期望如何構成主觀經驗。一項實驗預測是，我們感知預期中的事物時應該會比預期外的事物更快、更容易。幾年前，我的博士後研究員葉爾・品托（Yair Pinto，他現在是阿姆斯特丹大學的助理教授）著手檢驗這個假設，專注在我們視覺經驗常做的事情上

葉爾使用一種稱為「連續閃現抑制」的實驗方法。做法是讓左眼和右眼看不同影像。一隻眼睛看到一張照片（在該例子中是房子或臉孔），另一隻眼睛則看到快速改變的重疊矩形。大腦試圖把這兩個影像融合成一個景象，但無法完成。因為不斷改變的矩形通常會佔上風，所以受試者會看到矩形。也就是說，對於照片的意識知覺會被「連續閃現」的形狀所抑制。我們的實驗（說明於下方）也採用這個方法，矩形的對比度起先很高，但隨時間會逐漸降低。相反地，照片的對比則是一開始低，而後逐漸提高。這表示不消幾秒鐘，照片（無論是房子或臉孔）就會變得在意識上可見。

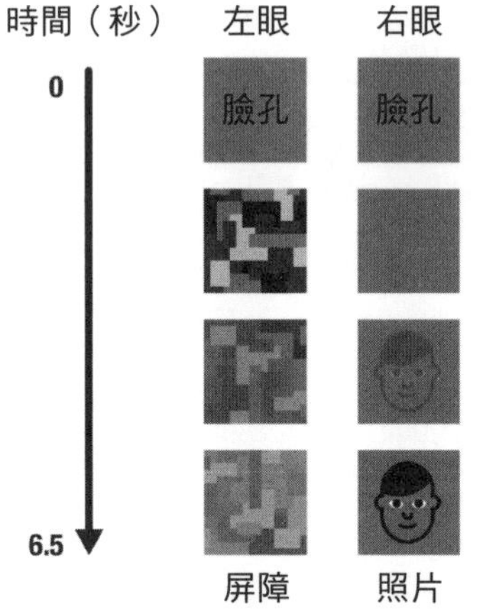

圖 10：逐漸改變的對比產生的連續閃現抑制[1]

為了找出知覺期待對於意識知覺的影響，我們在每次試驗前都會展示「房子」或「臉孔」等單字給受試者看。重要的是，這些期待只有部分效果。受試者看到「臉孔」這個單字時，只有百分之七十的試驗中照片中會出現臉孔，另外百分之三十則會出現房子。藉由測量每個影像需要多少時間才能從閃現抑制出現，可以判定在有所預期下需要多久時間，才能有意識地看到某個影像（房子或臉孔），並比較與在無預期下需要的時間。

一如我們的預測，在預期出現房子的情況下，受試者看到房子的速度和正確度都比較高，臉孔也是如此。速度方面的差異相當小，大約只有十分之一秒，十分穩定。在我們的實驗中，有效的知覺期待確實會導引出更迅速也更準確的意識知覺。

除了我們之外，有越來越多的研究試圖探討知覺預期發揮作用時產生的影響。在另一項精彩的實驗中，位於奈梅亨（Nijmegen）唐德斯研究所（Donders Institute）的赫爾布隆（Micha Heilbron）和狄蘭吉（Floris de Lange）等人運用了「單字優勢效應」（word superiority effect）。U這類單一字母在HOUSE等單字中比在AEUVR等非單字字串中更容易辨識。狄蘭吉團隊展示了許多單字和非單字案例給志願受試者看，而且圖片背景都很雜亂。他們發現個別字母在單字狀況下比在非單字狀況下更容易看到，證實了單字的優勢效應。

他們使用ｆＭＲＩ記錄志願受試者的大腦活動，這項研究的轉折來自對於大腦活動的一項巧妙分析方式。他們使用效力強大的「大腦讀取」技術來分析資料，結果發現當字母位於單字中時，視覺皮質上的神經特徵會比位於非單字字串中的時候更「敏銳」；也就

1 原注：左眼看到的是不斷改變的矩形，且對比隨時間降低。右眼看到的則是照片（房子或臉孔），且對比隨時間提高。我們使用反射立體鏡，把電腦顯示器上的影像呈現給對應的眼睛。每次試驗開始時在受試者兩眼前展示「臉孔」或「房子」單字，使受試者預期會看到臉孔或房子。

是說，更容易分辨它和其他字母的神經特徵。這表示單字背景提供的知覺期待，能夠改變視覺處理早期階段的活動，如此來強化知覺，這與受控的幻覺提出的觀點一致。

這類實驗相當具啟發性，但實驗室環境下的有意識經驗之多變程度依然低於外界。要走出實驗室、進入世界，我們必須以不同的方式思考。

不久之前的某個夏日，我把少許迷幻藥放在舌下，然後躺在草地上，看看會發生什麼狀況，這是我生平第一次這麼做。那天天氣相當溫暖，微風輕拂，淡藍色天空點綴著幾片雲朵。半小時後，如同多年前的霍夫曼（Albert Hofmann）[2]一樣，世界的樣貌開始改變。山、天空、雲朵和大海開始脈動，變得更栩栩如生，也更令人心馳神往，與我的身體纏繞在一起，簡直像是有了生命。就像一位稱職的科學家，我試圖記下當時的狀況，但是隔天我翻閱筆記，卻發現我的努力很快就不了了之。有個盤踞在我心頭的記憶，是雲朵如何不斷變化但有著明確形狀，我似乎能控制至少其中一部分。某片雲開始變得像一匹馬（或是貓或人）時，我發現我不費吹灰之力就能強化這個效果，有時達到相當誇張的程度。有一度甚至有一整排西拉・布萊克（Cilla Black）在地平線上散步。[3]

對於質疑大腦是經驗器官的人而言，迷幻藥產生的幻覺能夠強而有力地予以矯正。後來幾天我一直有個印象，覺得我能「看穿」自己的知覺經驗，感受它的（至少部分）結構。我仍能感受到該媒介的回應以及知覺訊息。

我們當然不需要藥物輔助也能在雲朵中看到臉孔，至少可以看到其線索和提示，以及它們投射到天空的機率陰影。在物體上看出某種圖形的現象被稱為「空想性視錯覺」（pareidolia），這個英文單字源自希臘文的「旁邊」（alongsiole）和「圖像」（image）。對人類和某些動物而言，臉孔十分重要，因此大腦生來就會對臉孔具有強烈的事前期待。所以我們某種程度上很容易在物體上看到臉孔，包括雲朵、吐司麵包，甚至老舊的洗臉台等（如下圖）。因為我們全都如此，所以通常不會把空想性視錯覺當成幻覺。思覺失調

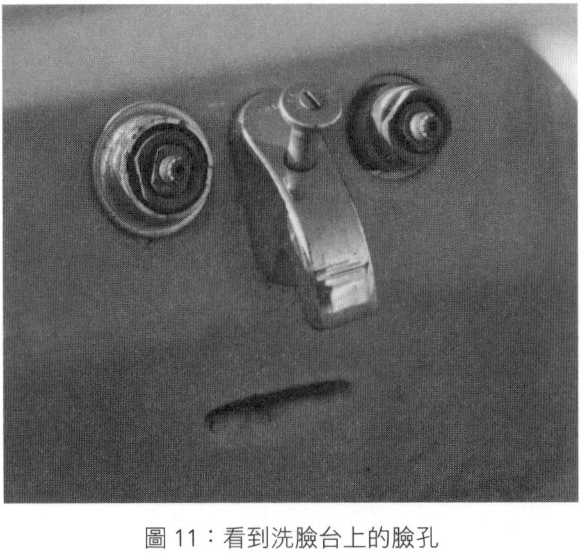

圖 11：看到洗臉台上的臉孔

2 編注：霍夫曼，瑞士化學家，因最早合成、攝取並瞭解麥角酸二乙醯胺的迷幻效果而知名。

3 原注：西拉·布萊克出身利物浦，是一九六〇年代的流行歌手，後來成為電視明星。

患者聽到有聲音要他去自殘，或是告訴他說他是耶穌再世，但其他人都聽不到這個聲音，這種狀況就不一樣，我們稱之為幻覺。我吃了迷幻藥後看到一排西拉．布萊克在天空中散步，這也是幻覺。

現在我們知道，無論這些現象看來有多怪異，都不應該認為它們與正常的知覺最佳猜測完全不同。所有經驗無論是否被我們視為幻覺，一定都是把知覺期待投射在感官環境上的結果。我們所謂的「幻覺」是先驗知覺異常強烈，掩蓋了感官數據，使得大腦對外界成因的理解開始崩壞的結果。

在正常知覺和幻覺之間的連續性啟發下，我們曾在實驗室中探討研究先驗知覺如何產生知覺經驗的新方法。我們的實驗帶來一些奇怪的結果。

從我的辦公室開始，如果向上爬兩段樓梯，走到舊化學系的內部深處，就會發現一個臨時的實驗空間，門上用藍丁膠貼著張紙，上面寫著「VR／AR實驗室」，說明這個空間的位置和用途。我們在這裡運用發展迅速的虛擬和擴增實境技術，以獨一無二的方式研究我們對於世界和自我的知覺。幾年前，我們決定打造「幻覺機器」，以此探究我們是否能藉由促發過度活躍的先驗知覺，以實驗上可控的方式產生類似幻覺的經驗。這個計畫由實驗室中的資深博士後研究員和常駐VR專家鈴木圭介（Keisuke Suzuki）主持。

我們先用三百六十度攝影機拍攝真實世界的全景影片。我們選擇週二午餐時段在大學校園的主要廣場拍攝，此時有很多學生和教職員會在這每週一次的美食廣場裡走來走去。

接著，我們以鈴木設計的演算法處理影片。這個演算法以谷歌的「深度夢境」程序為基礎，用來產生模擬的幻覺。

深度夢境演算法使用的是人工類神經網路，這個類神經網路接受過訓練，能辨識影像中的物體，並且能逆向播放。這個神經網路包含許多模擬神經元，神經元之間的連結在某些方面類似於生物視覺系統中由下而上的路徑。由於這類網路只有由下而上的連結，所以很容易以標準的機器學習方法予以訓練。我們使用的類神經網路接受過訓練，能辨識一千多種影像中的物體，包括許多品種的狗。它的辨識能力很強，甚至能分辨在我眼中看來都一樣的不同品種的哈士奇。

這個網路的標準使用方式是給它觀看一個影像，接著詢問它「認為」有什麼在影像中。深度夢境演算法反轉這個程序，先告訴網路影像中有某個特定物體，接著更新影像。換句話說，這種演算法把知覺預測投射在影像上並放入影像中，賦予它超額的觀看者本分。為了製造幻覺機器，我們把這個過程一格一格套用到整段全景影片上，並添加一些花樣克服影像連續性等問題。我們使用頭戴式顯示器播放深度夢境製作的影片，讓使用者能身歷其境地觀看和體驗周遭環境——幻覺機器就此誕生。

我第一次嘗試時，經驗遠比我預期的更有趣。它雖然不算十足的迷幻藥旅行或精神病幻覺（就我所知），但世界仍然完全改變。這次世界裡沒有西拉．布萊克，但是有狗以及狗的各個部位，生動地出現在我周遭的各處，而且看起來完全不像單純把狗的照片貼在製作好的影片上（請參閱次頁的黑白）。幻覺機器的威力在於它能模擬我們由上而下對於有狗在場的最佳猜測，進而以誇張的方式重現這個過程，我們再以這個過程感知和解讀現實世界中的視覺景象。

若改以稍微不同的方式設計幻覺機器程式，就會產生不同的模擬幻覺經驗。舉例來說，如果我們操縱網路某個中間層的活動，而不是輸出層的活動，得到的幻覺將會是物體的不同部分，而不是整個物體。在這種狀況下，我們眼前的景象變成滿是狗眼睛、狗耳朵和狗腿，狗的各個部位亂七八糟地塞滿我們整個視覺世界。操縱更低的層次，將產生「幾何」幻覺。在這類幻覺中，視覺環境中更低階的特徵，諸如邊緣、線條、材質、圖形等，將變得格外生動和突出。

我們或許可以把幻覺機器稱為「運算現象學」的演練，也就是運用運算模型，建立從

圖 12：由幻覺機器製作的影片擷取下來的照片。

機制到知覺經驗屬性的解釋橋梁。它的立即價值在於將預測性知覺的運算架構和幻覺現象做了配對。這樣一來，我們就能理解某些幻覺為什麼是這個樣子。但在這個用途之外還有對我而言更有趣也更深層的主張。這個主張認為，當我們理解幻覺後，也將更能瞭解日常的知覺經驗。幻覺機器以個人化、立即性和生動的方式說明了「我們所謂的幻覺是一種不受控的知覺」。而正常的知覺——就在此時此地，其實是「受控的幻覺」。

——

或許會有人擔憂，受控的幻覺觀點只能解釋類似「我看到桌子是因為我的大腦對目前感官輸入的成因所提出的最佳猜測就是桌子」（或是臉孔、貓、狗、紅色椅子、大舅子、酪梨、西拉．布萊克等）。我想我們可以更進一步，解釋我常提及的知覺「深層結構」，也就是意識內容在我們經驗、時間、空間以及不同管道中的呈現方式。

就以「視覺世界大致上由物體和物體之間的空間構成」這個似乎並不重要的觀察結果為例好了。我看著桌上的咖啡杯的時候，就某個意義而言，雖然我無法直接看到咖啡杯的背面，但我能感知到它。就我看來，咖啡杯佔據一定的空間，但照片或繪畫中的咖啡杯沒有。這是所謂的物性（objecthood，又稱客體）現象。物性是視覺意識內容通常如何顯現的屬性，而不是任何單一意識經驗的屬性。

雖然物性是視覺經驗的常見特徵，但它不具普遍性。如果你在某個夏日看著無垠的藍天，不會有天空是「物體」的印象。如果你直視太陽後又看向別處，進入視覺的視網膜殘影在經驗中也不是物體，而會是短暫的不適。其他管道也有類似的區別：耳鳴患者不會認為擾人的聲音和真實存在的事物有關，這也是為什麼它被稱為「耳中的鳴聲」。

藝術家很早就體認到人類知覺與物性有關。馬格利特（René Magritte）為人所熟知的《形象的背叛》（*The Treachery of Images*）（見下圖）探討了一個物件和其影像間的差異。畢卡索的立體派作品集大部分在探討我們的物性知覺如何被我們的第一人稱觀點左右。他的繪畫以多重方式拆解並重新佈置物件，同時從多個觀點呈現它們。我們可以把這類繪畫視為從觀看者的本分觀點探討物性原理。畢卡索的作品尤其讓觀看者以著各種可能性、充滿想像力地創造知覺物件。正如哲學家梅

圖 13 雷內・馬格利特，《形象的背叛》。

洛—龐蒂（Maurice Merleau-Ponty）所說，畫家透過繪畫研究物件如何讓我們的眼睛可見。

在認知科學中，「感覺動作權變理論」（sensorimotor contingency theory）已經徹底探討過物性現象。依據該理論，我們的經驗取決於對行動改變感官輸入的「有效掌握」。我們感知事物時，感知的內容不是由感官訊號傳遞，而是源自於大腦對行動和感覺組合的內隱知識。在這個觀點中，視覺（以及其他知覺管道）是器官的產物，不是傳送給中央「心智」的被動資訊來源。

在第四章中，我們以大腦對表面如何反射光的預測描述紅色經驗。現在我們把這個解釋延伸到物性上。如果我把一個番茄拿在眼前，我感知到番茄有背面，但我觀看番茄（或菸斗，就像馬格利特的繪畫）或晴朗藍天的圖片，或是感受到視網膜殘影時，就不會有這種感覺。依據「感覺動作權變理論」，即使我看不到番茄的背面，還是能察覺它，因為我的大腦裡生來就有內隱知識，知道旋轉番茄會改變送入的感官訊號。

這個必要的知識來自生成模型。我們在前一章得知，生成模型能預測行動造成的感官結果。這些預測是「有條件的」或「反事實的」，因為它們與感官訊號在某些行動後可能出現或已經出現的狀況有關。我在幾年前撰寫的一篇研究論文中提出，物性現象取決於這些條件式或反事實預測的豐富程度。生成模型如果能產生許多的這類預測，例如外皮全是紅色的番茄等，將形成強烈的物性現象。但若生成模型只能產生少數或不產生這類預測，例如平淡無奇的藍天或視網膜殘影等，物性將會較弱甚至消失。

圖 14：看來就很少見的虛擬物體。

還有一種狀況通常會使物性消失，就是字素—色彩聯覺（grapheme-colour synaesthesia）。「聯覺」的意思是某種「感覺混合」。有色彩聯覺的人看到字母時會感受到色彩。舉例來說，字母A無論本身是什麼顏色，看到時都產生了明亮的紅色感。這類色彩經驗可能會持續且自動出現，也就是只要看到某個字母，就會感到相同的色彩，而且這類現象在意識方面不需要做什麼促使其發生。聯覺者通常不會弄錯聯覺色彩和「這世界」的真實色彩。我認為這是因為與「真實」色彩相比，聯覺色彩並不支持豐富的感覺動作預測。當你四處移動或是周遭光線改變時，聯覺紅色並沒有改變很多，因此沒有物性現象。

在VR實驗室中，我們開始對這些概念進行檢驗。在近來的一項實驗中，我們刻意創造了一群很少見的虛擬物件，每個物件都以許多種團塊和突出物組成，受試者則以頭戴式顯示器觀看這些物件（參見上圖）。我們採用先前房子與臉孔實驗中的閃現抑制法，讓受試者起先看不到物件，但最後讓物件進入意識。在前面的臉孔和房子實驗中，目的是檢驗某個影像是否被期待；而這個VR實驗則是讓我們改變物件對動作的反應方式，藉以確認「感覺動作權變理論」的有效性。受試者用搖桿旋轉虛擬物件，我們可以讓這些物件以真實物件會有的方式反應，或是朝無法預測的隨機方向旋轉。我們預測，表現正常的虛擬物件，會比違反感覺動作預測的虛擬物件更早進入意識，結果也正是如此。這個實驗確實不完美，因為它以進入意識的速度來代表物性現象。但它仍然證實了感覺動作預測的有效性對於意識知覺的影響是明確且可量測的。

關於知覺還有一個直覺但不正確的說法，就是我們感知內容的改變直接對應了外部世界的改變。但改變和物性一樣，都是知覺經驗深層結構的表現。知覺的改變不僅源自感官資料的改變。我們藉由最佳猜測原理形成的其他各種知覺，也以相同原理來感知改變。

已有許多實驗證明，實體改變（也就是世界的改變）不是知覺改變的必要條件，也非充分條件。下頁方畫滿蛇形圖案的圖片就是一個令人驚奇的例子。這些圖案都不會動，但往往給人正在移動的感覺，眼睛在圖片上游移更是如此。原因是圖片中的精細圖案位於視野周邊時（也就是視野中央以外），即使沒有移動，視覺皮質也會推論它正在移動。

---

4 原注：（效果更明顯的）彩色版本請參見網址 www.illusionsindex.org/i/rotating-snakes

圖 15「旋轉蛇」錯覺[4]
Credit: Akiyoshi Kitaoka.

相反的狀況（亦即實體改變卻不造成知覺改變）被稱為「改變視盲」。這種狀況可能在當環境的某個方面改變得非常緩慢時發生，或是當一切都在同時改變、但只有某些特徵相關時發生。在一段關於這種現象的範例影片中，[5]一個影像的整個下半部的色彩改變，從紅色變成紫色，但由於改變得非常緩慢，時間大約是四十秒，所以大多數人即使看著正在改變的部分，也完全沒注意到色彩改變了（但前提是沒人提示觀看者色彩可能會改變。如果觀看者主動留意色彩是否改變，就很容易發現）。這個例子和前幾章中觀看者看不到大猩猩出現在籃球隊員之間的不注意視盲有幾分相似，兩者的差別是在此例中觀看者看不到的是「改變」本身。

有人認為改變視盲是個哲學兩難問題：影像的色彩改變之後，我們會繼續感受到紅色（但現在是紫色）還是會感受到紫色？如果是紫色，既然我們沒有感受到改變，那我們先前感受到的又是什麼？解決方法是否定這個問題的前提，瞭解改變的知覺和知覺的改變不同。改變的經驗是另一種知覺推論，另一種受控的幻覺。

如果改變的經驗是種知覺推論，那時間的經驗同樣也是。

時間是哲學和物理學以及神經科學最令人費解的主題。物理學家千辛萬苦地試圖理解時間是什麼，以及時間為何流動（如果它確實在流動的話），神經科學家面臨的挑戰也毫不遜色。我們的知覺經驗都發生在時間中並延續一段時間。就連我們此刻的經驗，似乎也會被描述成比較固定的過去和部分開放的未來。時間也為我們流動，但有時流動得很慢，有時又流動得太快。

我們能感受到秒、分、小時、月、年，但我們的大腦中其實沒有「時間感測器」。在視覺方面，我們的視網膜上有光受體細胞，在聽覺方面，我們的耳朵裡有毛細胞，但我們

---

5 原注：參見網址 www.youtube.com/watch?v=hhXZng6o6Dk

並沒有專門的時間感官系統。此外，除了造成時差和其他問題的日夜節律之外，大腦中並沒有「神經時鐘」可用來量測我們的時間經驗。在任何狀況下，這都是丹尼特所說的「雙重轉換」的重要例子。在雙重轉換中，世界的某種屬性為了某個假定的內部觀察者而在腦中重新實例化。其實時間經驗如同改變和各種知覺一樣，也是受控的幻覺。

但它是受什麼控制？如果沒有專屬的感官通道，又有什麼能產生相當的感官預測誤差？二〇一五年加入本中心、目前主持自己的研究團隊，專注於研究時間知覺的認知科學家華瑞克．羅斯布姆（Warrick Roseboom）提出簡單又漂亮的解答。他提出我們推論時間的依據不是內在時鐘的運行，而是其他管道知覺內容的改變速率。他設計了巧妙的方法來檢驗這個概念。

我們的團隊在華瑞克的主持下，錄下許多長度和內容不同的影片，內容包括擁擠的市區街道、空蕩蕩的辦公室、在大學附近田野上吃草的母牛等。接著我們請志願受試者觀看這些影片，判斷每段影片的長度。執行這些任務時，他們全都出現某種特別的偏誤，也就是低估長影片的時間和高估短影片的時間。此外，影片內容也會造成不同的偏誤，例如即使兩段影片長度相同，熱鬧影片的估計時間長度仍比安靜影片長。

華瑞克接著展示影片給模仿人類視覺系統運作的類神經網路觀看。這個網路與幻覺機器使用的網路相同。（大致上）依據網路內活動的累積改變速率，計算每段影片的估計長度。這些估計長度和「內在時鐘」完全無關。神奇的是，類神經網路估計的長度和人類估計的長度幾乎完全相同，代表它在長度和內容兩方面也有相同的偏誤。這顯示了時間知覺至少原則上可能來自於對感官訊號變化率的「最佳猜測」，不需要任何內在計時器。

最近我們把這項研究更進一步，在大腦中尋找這個過程的證據。在博士後研究員雪爾曼（Maxine Sherman）主持的研究中，我們使用fMRI記錄受試者觀看同一組影片以及估計影片長度時的大腦活動。我們想知道是否能以視覺皮質中的活動來預測每段影片看起來有多長。先前我們在華瑞克的研究中就是使用視覺運算模型這麼做。雪爾曼發現可以這樣做；視覺系統中大腦活動可以俐落地預測主觀時間長度，其他大腦區域中的活動則否。這是時間長度經驗確實源自於知覺的最佳猜測，而不是神經時鐘運作的有力證據。

其他尋找「內在時鐘」的實驗都沒有成功。我最喜歡的是從起重機上跳下來的實驗神經科學家伊格曼（David Eagleman）著手測試主觀時間在極度緊張時刻（例如車禍發生前一刻）變慢的常見直覺。他推測，這種主觀上時間減慢的現象，可能是因為內在時鐘運作較快，也就是時鐘在一定時間內跳動的次數較多，因此知覺時間長度較長。這種現象應該會導致知覺速率「加快」，因為時鐘加快應該會提高感知短時間的能力。

為了檢驗這個概念，伊格曼等人設計了特製的數位錶，這個錶可顯示一連串數字，數字的閃動速度極快，正常狀況下無法讀取。接著他們說服了幾位勇敢志願者，重複進行充滿腎上腺素的驚險跳躍——從空中跳下，同時看著快速閃動的錶。如果內在時鐘確實加速，那麼（他推測）志願者跳下時應該會看到模糊的字體變成清楚的數字。但志願者還是看不到，所以他的研究沒有找到內在時鐘存在的證明。當然，沒有證據不證明沒有，但這個實驗還是很了不起。

——

在我們的知覺經驗深層結構研究的領域中，有一項計畫探究了「現實」本身的知覺。這項計畫由實驗室中頗具天分的博士生馬利歐拉（Alberto Mariola）主持，採用我們稱為「替代實境」的新實驗方法。目前的虛擬實境無論多麼身歷其境，一定與真實世界有所區別。我們的幻覺機器無論效果多好，志願受試者一定知道自己的體驗不是真實的。替代實境試圖克服這個限制，其目標是建立讓人認為自己感受到真實環境的系統，而且那並不是真的。

它的概念相當簡單。與製造幻覺機器時一樣，我們錄製了幾段全景影片，但這次的影片內容是我們進行實驗的VR／AR實驗室內部。志願受試者走進實驗室後，坐在房間中央的凳子上，戴上頭戴式顯示器，顯示器前方有個攝影機。我們要受試者透過裝在機器上的攝影機環顧房間。在某個時候，我們切換影像來源，讓攝影機傳送的不是真實世界的樣子，而是錄製好的影片。令人驚奇的是，在這種狀況下，即使看到的影像不是真的，大多數人仍然認為是真的。

我們可以用這個方法檢驗人類感到環境真實的條件，以及意識經驗中這個通常普遍存在的面向會在什麼狀況下消失（這點可能更重要）。這些狀況不僅可能（而且確實）發生在視網膜殘影等例子中，也發生在**自我感喪失**（depersonalisation）和**現實感喪失**（derealisation）等令人耗弱的精神障礙中。這類障礙可能使人完全無法感受到現實和自我。

研究使知覺經驗顯得「真實」的條件，讓我們想到維根斯坦對哥白尼革命的看法：即使我們知道某些事物的內在，例如地球繞太陽運行、知覺是受控的幻覺等等，但在許多方面，事物的外在並沒有改變。我看著房間角落的紅椅時，它的紅色（和主觀的「椅子性」）仍是與心智無關的現實本身之真實（真確）屬性，而非提出最佳推測的大腦的精巧結構。

很久以前在十八世紀時，休謨（David Hume）對因果關係提出了類似的觀察結果，因果關係是我們感受世界時另一個普遍存在的特徵。休謨主張，有形的因果關係不是世界的客觀屬性，等著被感官偵測到，而是我們反覆感知到在短時間內連續發生的事物，因而把因果關係「投射」在世界上。我們並未也無法直接觀察到這世界的「因果關係」。的確，這世界有許多事物發生，但我們感受到的因果關係其實是知覺推論，狀況和所有知覺都是大腦的結構化預期投射在感官環境上並置入環境之中，都是觀看者的本分產生的作用。休謨曾說，心智很容易把本身擴散到世界中，所以我們「以借用自內在情緒的色彩美化和玷汙了」自然物件。其實不只是色彩，形狀、氣味、椅子性、改變、時間長度和因果關係等感官世界的前景和背景特徵，都是休謨投射，即受控幻覺的各個面向。

我們為什麼會有感官結構客觀上為真實的體驗？在受控幻覺的觀點中，知覺的目的是引導行動和行為，提高生物的生存機會。我們認知的不是世界的實際樣貌，而是對我們有用的樣貌。因此紅色、椅子性、西拉．布萊克和因果關係等現象屬性，似乎都是客觀的、真確的，是外在環境的屬性。如果我們感知到事物確實存在，將可更快、更有效地予以回應。我相信，我們對世界的知覺經驗中與生俱來的存在性，是生成模型的必要特徵。這個生成模型能預測送入的感官流，以便正確地引導行為。

以另一種方式來說，即使知覺屬性依靠由上而下的生成模型，我們也不會感覺到模型是模型。我們運用和透過生成模型感知，藉此以僅有的機制建立結構化的世界。

我在本書開頭曾經提到，採用真實問題的方法將可逐步解決物理機制為何和如何形成意識經驗，以及與意識經驗符合或完全相同的問題。現在我們有進展了嗎？

有的。從大腦推論感官輸入的隱藏原因開始，我們瞭解內在宇宙為何和如何充滿咖啡杯和因果關係等各種事物。這些事物似乎是外在客觀現實的屬性，而這些「似乎」本身就是知覺推論的屬性。「似乎真實」的這個屬性，強化了意識經驗和物理世界之間關係的二元論直覺。這些直覺進而形成困難問題的概念。這是因為我們的知覺具有「真實」的現象特徵，因此我們其實很難理解為何知覺經驗不一定符合其存在與心智無關的事物。椅子的存在與心智無關，椅子性則不然。

我們理解這點之後，會比較容易把困難問題視為沒那麼困難的問題，甚至不是問題。從反方向說來，如果我們把知覺經驗的內容解讀成真實存在於世界上，意識的困難問題將顯得格外困難。這就是一般意識知覺現象希望我們做的事。如同一百年前的生物學一樣，我們分辨意識經驗的不同面向，並以潛在的機制解釋它們的能力越高，尋找意識「特殊配方」的需求便會隨之降低。消除困難問題與徹底解決或完全反駁不同，但這是獲得進展的最佳方法，遠優於把意識視為神奇的奧祕或是當成形而上的虛幻問題。當我們認為知覺結構不只是世界的經驗時，這個任務的步調開始加快。

接下來要探究的是負責感知一切的是什麼人，或是什麼事物。

第三篇 自我

第七章
譫妄

二〇一四年夏天，我的母親在英國牛津約翰拉德克里夫醫院外科急診處陷入植物人狀態。她罹患了醫師無法診斷確定病因的腦病變。她因腸癌住院，神經出現問題則在意料之外。我從布里斯本的研討會匆忙趕回，擔心發生最糟糕的狀況。所幸她緩慢地復原，但當時她記憶逐漸流失的狀況一直縈繞在我的心頭。她自己記得的事情很少，或許可以說是大幸。

四年後的二〇一八年夏天，我們正經歷一場意想不到的熱浪和另一個世界盃之夏。這次不是植物人狀態；我母親——現已八十三歲——出現被我發現並稱為「醫院譫妄」的症狀，即她的自我感和對周遭世界的感覺產生了一種不同的斷裂現象。兩週前，她因為嚴重腹痛復發被緊急送到拉德克里夫醫院。入院後兩天，在等待檢查是否能不動手術就解決腸道問題時，她出現嚴重的幻覺和妄想。而我從布萊頓開車過來探望她。

譫妄（delirium）這單字出現於十六世紀中期，源自拉丁文的 *delirare*，意思是脫軌、錯亂。字典說它是「嚴重的心智失常狀態，症狀有煩亂、幻覺和不連貫。譫妄和失智不同，失智是長期退化現象，譫妄則通常是暫時的。它時好時壞，但可能持續好幾個星期。在我心裡，這個單字讓人想到維多利亞時代的救濟院，所以聽到二十一世紀的英國醫院在診斷中提到這個單字時覺得有點驚訝。但回想起來其實並不是驚訝，而是再次提醒我精神醫學還有多少路要走。

以我母親而言，字典裡的定義完全正確。我在病房裡看到她時，她蜷縮在椅子上，臉上沒有笑容、頭髮凌亂、眼神空洞。她告訴我她看到有人爬到牆上，她不記得自己在哪裡，也不記得自己為什麼在這裡。她對現實和自己的理解逐漸流失。

最糟糕的狀況發生在某個週五。她誰都不信任，而且認為有人用她進行一場盛大的殘酷實驗，我們（我也在內，因為在她的偏執中我經常是主導者）刻意藉由堅持要她吃某些藥造成她的幻覺，好達到不明的邪惡目的。她正常時相當可愛慈祥，但今天憤怒地對護理師吼叫，要求出院，一再地想逃出去，還命令醫師帶走她的瘋狂科學家兒子。這不是我母親，而是外表看來像我母親的另一個女人。

醫院譫妄的風險因素，包括癲癇、感染、重大手術（或必須接受重大手術的疾病）、發燒、脫水、食物或睡眠不足、藥物副作用，最重要的是對這地方不熟悉。我母親這些因素全都有。對這地方不熟悉是這種狀況稱為「醫院譫妄」的原因。

最容易造成與真實世界隔離的地方是外科急診處。持續不斷的嗶嗶聲和閃爍的燈號，讓人幾乎完全與外面的世界隔離（幸運的話或許可以看一下窗外）。整個世界縮小成一張床、一把椅子，或許還有一條走廊；此外，還有痛苦和失序程度各不相同的病友，以及眾多一直更換、看起來長得很像其實不同的護理師、新進醫師和會診醫師。每天都跟前一天相同。譫妄雖然是一種緊急醫療狀況，但通常不會被這樣認知或處理。患者來到醫院是因為罹患了身體疾病，這是治療的目標，而不是在過程中出現的任何心智或大腦問題。

接受急症護理的高齡患者有三分之一會出現醫院譫妄現象，曾接受手術的患者比例更高。雖然通常一段時間後會好轉，但長期仍然可能有認知能力衰退、幾個月後死亡率提高，以及之後譫妄和失智風險提高等後遺症。我到她居住的鄉村小屋（也是我小時候住的屋子）拿些她熟悉的東西——一張有相框的照片、她的眼鏡、一件羊毛衫，以及一隻我小時候就有的絨毛獅子——希望能幫她喚起一些記憶。

妄想十分難以捉摸。我母親的譫妄出現邏輯錯亂現象。她相信（應該說她知道）自己是祕密實驗的對象，每個人都參與了這個實驗，我也是其中一員。這個嘛，我確實會對人做實驗，而我在醫院時的身分經常奇怪地變來變去，一部分是兒子，一部分是醫生；在試圖安撫她的同時，我邊查看醫療紀錄，並跟會診醫師和新進醫師討論腫瘤伴隨性腦炎和其他可怕狀況。大腦一直想找出結論，提出最佳猜測。

她的行為有某些改變相當細微。她講話時每個字都是分開的，而不是流暢的一句話。「我找不到我的眼鏡，不知道它在哪裡。」這句話在她第一次出現譫妄時持續了許多天。

她時好時壞。這晚她退步了一點也退化了一些。我想早點帶她回家的希望破滅了。

我自己的生活也開始顯得不真實。我是她唯一的親人，所以必須陪伴著她。每天早上和晚上我都待在醫院裡，運氣好的話，下午我可以做些工作、散步和在泰晤士河裡游泳。這些時候我會到港口綠地（Port Meadow）去，那裡有一大片草地，草地上有很多鵝、天鵝、母牛和野馬。即使是牛津這個五花八門的世界，也不大可能有這樣的地方。熱浪已經持續好幾個星期，通常泥濘的草地看來像非洲大草原。今天早上我被一匹馬追逐，我橫越鐵路橋回到市區時，心臟跳得好快。

這是我母親入院的第十四天，我則是第十二天。她的嚴重錯亂已經過去，但還沒有完全恢復，狀況時好時壞。不過，我跟她說她認為我在她身上做實驗、所以想叫人把我帶走時，她覺得很驚訝。我握著她的手，告訴她過一陣子就會好了，同時希望她的自我能夠完全回復。

但「自我」是什麼？它離開之後可能再回來嗎？

自我，同樣也不是表面上看起來的樣子。

第八章
預期自己

自我（就是我們自己）似乎是負責感知的「事物」，但其實並非如此。自我也是一種知覺、是受控的幻覺，只是相當特別。從個人身分認同——例如是一個科學家或一個兒子——到擁有身體的體驗，或是單純「身為」一個身體的經驗，自我眾多不同的元素都是貝氏最佳猜測，是演化的產物，目的是讓我們活下去。

讓我們從一個前往未來的小旅行開始探討自我。在未來一個世紀左右後，瞬間移動裝置已經發明，能絲毫不差地製作出任何人的複製品。這類裝置就像《星艦奇航》中的機器一樣，透過鉅細靡遺地掃描一個人，甚至包含身體每個分子的排列方式，能夠以掃描資料在火星等遙遠地方製造出另一個人。

人類起初對這種科技有點擔心，但很快就會習慣，並把它視為高效率的移動方式。人類甚至習慣了另一件事，就是複製品一旦製造出來，原本的人就會立刻被銷毀。為了避免相同的人大量出現，這個程序是必要的。有個旅行者，就叫她伊娃好了。從她的觀點來看，這麼做一點問題也沒有。在操作人員向伊娃說明之後，她只是覺得自己是在X地點（倫敦）消失，與此同時，立刻出現在Y地點（火星）。

然而，有一天出了問題。倫敦的銷毀模組故障，伊娃（應該說在倫敦的伊娃）並沒有感到任何異狀，而她還在傳送裝置裡面。這有點不方便。他們必須重新啟動機器，然後再傳送一次，或者可能要等到第二天。後來有個技師帶著槍走進房間。他含糊地說：「不用擔心，你已經被安全傳送到火星，一切正常。但依照規定，我們還是必須……請看這個，你曾簽下這份同意書……」，他慢慢舉起槍，伊娃有種以前沒有過的感受，也許這個瞬間移動鬼話一點也不簡單明瞭。

這個思想實驗稱為**瞬間移動悖論**（teletransportation paradox），用意是揭露大多數人思考身為自我的意義時可能出現的偏誤。

瞬間移動悖論帶出兩個哲學問題。第一個為**一般意識問題**（consciousness-in-general problem），意即我們是否能確定複製品具有意識經驗，或者它是否在功能上完全相同，但完全沒有內在宇宙。我覺得這個問題不大有趣。如果製造複製品時的細節夠完整，每個部分確實完全相同，就沒有理由懷疑它是否有意識，以及意識是否與原本的人相同。如果複製品不完全相同，那麼就要回到關於各種不同的哲學喪屍論證，在此就不重述。

比較有趣的問題是**個人認同問題**。火星上的伊娃（伊娃二號）是否和伊娃一號（還在倫敦的伊娃）是同一個人？一般通常會回答是的，伊娃二號各方面的感覺都會和伊娃一號真的從倫敦送到火星時完全相同。這類個人身分認同的重點是心理連續性，而不是實體連續性。[1]但如果伊娃一號沒有被銷毀，那麼哪一個才是真的伊娃？

我認為正確（但確實有點奇怪）答案是兩個伊娃都是真的。

我們直覺地會以不同方式看待自我經驗與對世界的經驗。探討身為自己的經驗時，似乎更難抗拒直覺，會認為它呈現了事物的真實屬性（在這個例子中是真實自我），而不是一組知覺。假設真實自我存在的直覺可能造成一個結果，就是世界上只能有一個自我，不能有兩個、三個或許多個。

認為自我不可分割、不會改變、超越自然、獨一無二的概念，形成笛卡爾無形靈魂的概念，現在仍然會引發深遠的心理共鳴，尤其是在西方社會中。但哲學家和宗教界人士也一再提出質疑，近來又增加更多迷幻靈性航行者、醫學界人士和神經科學家。

康德在他的《純粹理性批判》（*Critique of Pure Reason*）中主張自我是「單純物質」的

---

1 原注：即使沒有瞬間移動，我們體內的細胞也在不斷汰舊換新，大多數每十年左右會更新一次，可以說是生物學上的提修斯之船。但這對我們的個人認同感似乎影響不大。

概念並不正確；休謨則認為自我是「一大堆」知覺。年代更近一點，德國哲學家梅辛格（Thomas Metzinger）撰寫了十分傑出的書籍《不身為誰》（*Being No One*），有力解構了單一自我。佛教徒很早就主張沒有永久的自我，同時透過冥想，試圖進入完全沒有自我的意識狀態。源自南美洲而後逐漸遍及其他地方的死藤水儀式，則以令人興奮的儀式和二甲基色胺（dimethyltryptamine）剝奪人的自我感。

在神經學中，薩克斯（Oliver Sacks）等人記錄了許多人遭遇腦部疾病或損傷後自我瓦解的現象，第三章提到的裂腦患者就指出一個自我可能分裂成兩個。最奇怪的是不僅身體相連、還共用部分腦部組織的頭蓋骨雙胞胎；如果頭蓋骨雙胞胎中的一個能感覺到另一人正在喝柳橙汁，那麼身為個別自我是什麼意思？

「身為自己」沒有表面聽來那麼簡單。

再回到瞬間移動設施。伊娃一號逃離技師的毒手之後，逐漸接受自己面臨的狀況。至於伊娃二號則渾然不知地球上的戲劇性進展。

即使兩位伊娃在複製時不論主觀或客觀上都完全相同，她們的身分卻已經開始分道揚鑣。就像同卵雙胞胎踏上自己的人生旅程一樣，她們無可避免地會隨時間漸行漸遠。即使伊娃一號就站在伊娃二號旁邊，感官輸入的些許差異也會使她們的行為出現微妙的差別。在我們意識到之前，伊娃一號和伊娃二號已經體驗到不同的事物、留下不同的記憶，成為不同的人。

個人認同的複雜性在不同方面作用在我們每個人身上。我母親的自我認同在譫妄期間大幅改變。雖然她現在已經復原，但至少對我來說，那時的她跟以往不同，但又看得出跟以往相同，就像兩位伊娃一樣。伊娃一號和伊娃二號的關係或許有點像現在和十年前的我們，或是十年後的我們。

談到你是誰或我是誰的時候（這裡的「我」在主觀和客觀上都是塞斯），事情不像起初看來那麼簡單。首先，個人認同感，也就是我們腦中的「我」，只是「身為自我」在意識中的某個面向。

我偏好用下面方式分析人類自我的元素。

有些**體現自我**經驗與身體有直接關係。這類經驗包括對身體這個特定物體的認同感。我們對身體有擁有感，但對世上其他物體沒有這種感覺。情緒和心情也是體現自我的面向，清醒和警覺的狀態也是如此。在這些經驗下，我們可以發現更深層而模糊的身為有

身體的生物——身為一個身體的感覺——沒有任何可清楚界定的空間範圍或明確內容。後面我們會回頭探討這個基本層次的自我。目前只要把它想成「活著的感覺」就好。

從身體出發，還有一種從特定觀點感知世界、具有第一人稱觀點的經驗。這種知覺經驗的主觀源頭通常似乎在腦中，位置在兩眼之間、前額後面一點。奧地利物理學家馬赫（Ernest Mach）的自畫像（也被稱為「左眼觀點」〔View from the Left Eye〕，見下圖），最能體現這個自我觀點。

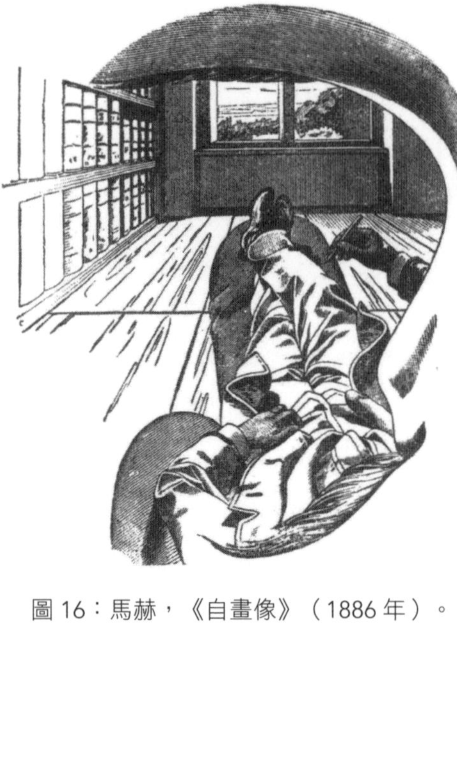

圖 16：馬赫，《自畫像》（1886 年）。

意志（做某件事的意向）和成為某件事的原因（施為者）的經驗，對於自我來說也非常重要。這是**意志的自我**。我們談論「自由意志」時，通常談的是自我的這些面向。對許多人而言，「自由意志」概念呈現身為自己的面向，也是他們最不願意放手給科學的面向。

身為自己的這些面向可能早於任何個人認同的概念。這種認同可能與姓名、歷史和未來有關。我們從瞬間移動悖論得知，個人認同要能存在，必須有個人化的過往歷史，亦即一段自傳式記憶、一段記得的過往和推測的未來。

這種個人認同感成形之後，可稱為**敘事自我**（narrative self）。敘事自我出現後，隨之而來的是感受後悔等複雜情緒，而不只是單純失望的能力（人類還有一種感覺是預期後悔〔anticipatory regret〕，就是確知自己未來一定會失敗，儘管如此還是會這麼做，而且我和其他人都會受到後果影響）。我們在這裡可以瞭解各種層次的自我如何分化和交互作用，個人認同的出現不僅會改變越來越多可能產生的情緒狀態，一部分也會受到這些狀態的影響。

社會自我（social self）是我如何感知他人正在感知我。它是我的存在置入社會網路後產生的一部分的我。社會自我在童年時期逐漸形成，一生都在持續演化，但可能在自閉症等狀況下出現不同的發展。社會自我帶來自己的一系列可能情緒，從感到難受的新方式，例如內疚、羞愧，到感到愉悅的各種方式，例如得意、愛和歸屬感等。

對我們（處於正常情況的）每個人而言，自我的這些種種元素彼此結合起來，成為一體，納入統一的經驗，也就是「身為自己」的經驗。這個經驗的統一性看起來或許非常自然，就如我們看著紅椅子時，色彩和形狀的知覺整合一樣自然，所以我們很容易把它視為理所當然。

但這麼做並不正確。如同紅色的經驗不代表「紅色」存在於外界一樣，統一自我的經驗也不代表「真實自我」的存在。的確，統一自我的經驗也可能非常容易瓦解。建立在敘事自我上的個人身分認同感，在失智和重度失憶時可能受損甚至完全喪失。而在無論是不是醫院造成的譫妄症中，敘事自我也都可能改變或扭曲。在思覺失調和自身行動連結感變差的**異手症**（alien hand syndrome），以及完全無法與周遭互動的**不動不語症**（akinetic mutism）等病症中，意志自我可能出錯。離體經驗和其他解離障礙會影響知覺自我，身體掌控障礙包括感到已不存在的肢體仍有知覺（通常是痛覺）的**幻肢症候群**（phantom limb syndrome），以及感覺肢體屬於他人的**身體妄想症**（somatoparaphrenia）。有一種極端的身體妄想症稱為**外肢症**（xenomelia），患者感到非常想截去手或腿，少數狀況下甚至真的會這麼做。

自我不是永久不變的實體，位於雙眼後方，窺視著世界，像飛行員控制飛機一樣控制我們的身體。身為我或身為你的經驗本身就是知覺，更精確地說，是一組知覺，一組緊密相連並以神經方式記錄的預測，目的是維持生存。我相信，生存是我們需要的一切，也是身為我們自己的理由。

就以認同你的身體這個特定物體的經驗來說好了。這類經驗易變又複雜的本質，不僅在身體妄想症和幻肢症等病症中相當明顯，在簡單的實驗中也表現無遺。最著名的例子是**橡膠手錯覺**（rubber hand illusion）。這個例子最初出現於二十多年前，現在已是體現研究的

重要基石。

橡膠手錯覺很容易自行嘗試，只要找一位志願受試者、幾張紙板做的隔板、幾支畫筆以及一隻橡膠手就行了。實驗方法請參閱次頁插圖。志願受試者把（真的）手放在紙隔板看不到的一邊，而把橡膠手放在真手平常擺放的位置和方向。接著，實驗者用畫筆同時來回輕刷真手和橡膠手。這裡的概念是，當同步輕刷兩隻手時，受試者會有一種怪異的感覺，雖然知道橡膠手不是真手，卻覺得它似乎也是身體的一部分。不過當輕刷兩隻手的動作不同步時，就不會出現錯覺，受試者也不會把橡膠手納入身體經驗之中。

對某些人而言，這樣的描述相當貼切。假手似乎但又不完全屬於身體的感覺確實相當詭異。儘管如此，每個人的實際經驗仍然大不同。研究這種現象的其中一個方法是突然用鎚子或刀子試圖傷害橡膠手，如果錯覺確實存在，一定會有很大的反應。

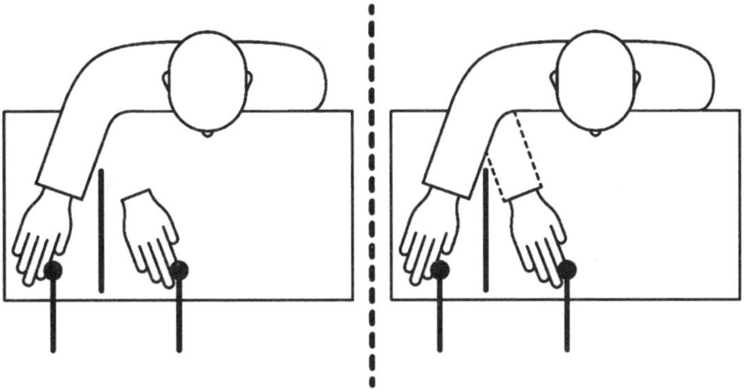

圖 17：橡膠手錯覺。同時輕刷橡膠手和真手時（左圖），身體掌控經驗可能改變，開始覺得橡膠手似乎是身體的一部分（右圖）。

橡膠手錯覺十分吻合身體擁有感是特殊種類的受控幻覺之概念。重點是在同步動作的狀況下，看到畫筆輕刷橡膠手，同時感覺到（而不是看到）真手上的輕觸，提供的感官證據足以讓大腦提出橡膠手也屬於身體的知覺最佳猜測。這個結果只出現在同步動作時，非同步動作則沒有，原因在於我們的先驗預期猜測同時到達的感官訊號可能有共同來源，也就是橡膠手。

可能有不同感受的不只是身體的某一部分。整個身體以及第一人稱觀點的起源也可能受到影響。

二〇〇七年，著名的《科學》（*Science*）幾乎同時刊登了兩篇論文。這兩篇論文都說明了如何以新的虛擬實境方法產生「近似離體」經驗。這兩項實驗的出發點都是橡膠手錯覺，但把範圍擴展到整個身體上。在由布朗克（Olaf Blanke）主持的研究中，志願受試者戴上頭戴式顯示器，透過這個顯示器看到自己背後的虛擬實境影像，影像從受試者後方約兩公尺拍攝（參見次頁）。他們從這個觀點可以看到畫筆輕刷著自己的虛擬身體，然後再一次同步或不同步地輕刷著受試者自己的真實身體。當同步刷動時，大多數受試者表示，感到虛擬身體在某種程度上是「自己的」身體。實驗者要他們走到自己覺得身體所在的位置時，他們都顯示出往虛擬身體位置偏移的現象。

「橡膠手錯覺」指出自我的身體擁有感時時刻刻都在改變，同樣地，這類稱為「全身錯覺」（full body illusion）的實驗也指出，整個身體的主觀擁有感，以及第一人稱觀點的位置都可以隨時被操控。這類實驗提出極佳的證據，證明「我的身體是什麼」的經驗至少可在某種程度上與「我是誰」的經驗解離。

一個人的第一人稱觀點能在**離體經驗**（OBE）中脫離實際身體，對歷史和文化的影響非常大。出現在因重傷而有的瀕死經驗、手術中和癲癇發作尾聲的離體經驗或近似離體的經驗，使人更相信非物質的自我本質。說到底，如果能從外界看到自己，那麼意識的基礎一定能與大腦分離對吧？

不過，如果接受第一人稱觀點是另一種類的知覺推論，就不需要尋找這類二元論幫手了。這個看法不僅有布朗克和其他人的虛擬實境實驗支持，一九四〇年代加拿大神經科學家潘菲爾德（Wilder Penfield）進行的一連串研討會實驗所衍生的大腦刺激實驗，同樣也支持這個看法。

潘菲爾德有一位女性患者稱為 G. A.，她在右腦顳上迴（顳葉的一部分）接受電刺激時突然大喊：「我有一種奇怪的感覺，我不在這裡……好像我有一半在這裡，另一半不在這

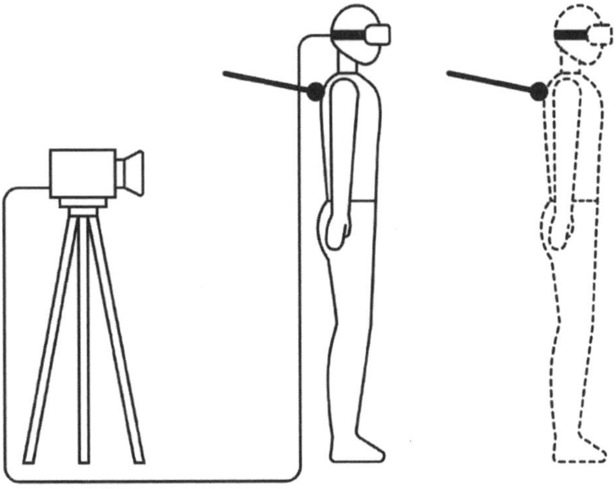

圖 18：創造「全體錯覺」。

裡。」布朗克自己對離體經驗也相當著迷。他有一位患者腦中的類似部位（位於顳葉和頂葉間的角迴）接受刺激，同樣出現類似的經驗。他說：「我在空中看到自己躺在床上，但我只看到自己的腿。」

這類例子的共通因素是大腦負責處理前庭輸入（負責平衡感的前庭系統）和同時參與多重感官整合的區域出現不尋常的活動。這些系統的正常活動受到擾亂時，即使其他面向的自我沒有改變，大腦似乎也會對第一人稱觀點提出異常的「最佳預測」。

有時伴隨癲癇發作的離體經驗類似經驗，也可能源自這些過程遭到破壞。這類經驗通常可以分成從不同觀點看到周遭的**自視幻覺**（autoscopic hallucination），以及從不同觀點看到自己的**自窺幻覺**（heautoscopic hallucination，又稱為分身幻覺〔Doppelgänger hallucination〕）。這類經驗相關紀錄眾多，時間可回溯數百年之久，進一步證明第一人稱觀點很容易受到影響。[2]

當有人提出顯然是超越自然或離體經驗等怪異經驗時，我們應該認真看待。當事人可能真的擁有這些經驗，人類好幾千年以來一直有真實的離體經驗，但這不表示非物質自我或不變的靈魂真的離開了有形的身體。這些經驗呈現的是第一人稱觀點的構成方式，遠比我們能直接主觀運用的方法更為複雜且更不穩定。

在虛擬世界中，改變第一人稱觀點的功能帶來一些精彩的應用，其中許多被瑞典學者埃爾森（Henrik Ehrsson）在二〇〇八年主持的研究中首次提出、名稱相當有趣的「身體交換錯覺」（body swap illusion）所驅動。在身體交換實驗中，兩個受試者戴上頭戴式顯示器，顯示器上裝有攝影機。兩部顯示器交換攝影機的影像後，兩人都可以從對方的觀點看到自己。然而在兩個人握手時，效果才真正出現。重點是：看到並同時感覺到握手可產生多重感官刺激，與由上而下的期待結合後，兩人都覺得自己位於對方的身體中跟自己握手。這個經驗讓我們以虛擬方式處在對方的境地中。

二〇一八年冬，我在加州奧哈伊親身嘗試了虛擬身體交換。當時我和聯合國和平使者暨虛擬實境研究學者馬蘇德（Daanish Masood）一起。當時馬蘇德已經和巴塞隆納的神經科學家斯拉特（Mel Slater）的心血結晶「成為他者實驗室」（BeAnotherLab）合作數年。成為他者實驗室的目標，是以身體交換技術製作嶄新的同理心生成裝置。他們的想法是，體驗從他人的虛擬身體感知世界是什麼感覺後，自然會對他人的狀況產生同理心。

馬蘇德帶團隊成員到奧哈伊展示他們稱為「成為他者機」的系統。他們的系統在身體交換基本原理之外添加了巧妙的編排，使得效果更為強大。兩位參與者戴上顯示器，首先

---

2 原注：杜斯妥也夫斯基（Fyodor Dostoevsky）一八四六年的短篇故事《雙重人格》（*The Double*）使分身幻覺更為大眾所知。杜斯妥也夫斯基以罹患嚴重癲癇著稱。

低頭看大腿，這麼做會看到對方的身體，而不是自己的。接著，他們依據詳細指示執行一連串協調好的動作，如果動作做得夠流暢，他們的新身體看起來就會像在回應自己的指令，強化身為他者的經驗。一段時間後，他們拿起鏡子，看著對方在鏡中的影像，就像鏡中人是自己一樣。在最後一個行動中，分隔兩人的簾子拉開，他們從對方的身體看著自己，最後走向對方，給自己一個擁抱。

我嘗試這個過程時，和一位相當富有的七十多歲女性交換觀點。這次經驗出乎意料地令人激動。我記得我低頭看，握起我的（她的）手掌，驚訝地發現我（她）穿著很炫的運動鞋。鏡子和最後的擁抱格外強而有力，我不確定原因是感受到自己處於他人身體中的經驗，還是從他人觀點看到自己的經驗。直到後來吃晚餐時，我才突然想到，我的搭檔突然進入一個穿著寒酸鞋子的混血英國神經科學家的第一人稱觀點時，感覺一定十分奇怪。

——

我覺得有趣的是，這類熟悉又容易習以為常的自我——也就是主觀的身體擁有感和第一人稱觀點——無論是以橡膠手和畫筆實驗或是以虛擬／擴增實境等新科技，都非常容易受到操弄。然而這類操弄的程度有其限制。我先前曾提到，橡膠手錯覺的典型經驗是感覺假手是身體的一部分，但本人其實清楚知道不是。這種「典型」經驗隨個人而明顯不同，許多人並沒有明顯的感覺。全體錯覺和身體交換錯覺也是如此。

在這方面，這些實驗操弄和傳統視錯覺（例如第四章中提到的艾德森棋盤）大不相同。在棋盤的例子中，我們在知覺上非常相信方格的灰色深度不同，所以知道它們實際上深度相同時相當驚奇，甚至大吃一驚。這類驚奇在視錯覺中相當常見，但在身體擁有錯覺中幾乎從未出現過。對我而言，最神奇的身體錯覺是我在奧哈伊嘗試過的身體交換，但我從不認為我現在是其他人，或是身在其他地方。

我最近參與的一項研究突顯了身體擁有錯覺的主觀弱點。該研究檢視了催眠暗示在橡膠手錯覺中扮演的角色。這項由心理學家勒許（Peter Lush）和迪恩斯（Zoltán Dienes）主持的研究，背後的推理是錯覺的實驗方法對可能出現的體驗產生了強烈的內隱預期，這些預期可能真的足以在某些人身上造成身體擁有經驗的改變。我們支持這個假設，發現錯覺強度的個別差異與一個人容易接受暗示的程度有關，其程度能以可催眠性標準量表測量。報告中指出，很容易被催眠的人身體擁有感很強（在同步動作時），量表分數較低的人則幾乎不受影響。

一方面，這個發現十分吻合關於身體擁有感的受控幻覺觀點，因為催眠暗示可被視為強大的由上而下的預期，只是受試者或許沒意識到。另一方面，它也對這個領域的實驗研究造成嚴苛的挑戰，因為它提高了橡膠手錯覺可能大多、甚至全部出自暗示效應的可能性。除非體現自我的錯覺把對暗示反應的個人差異列入考慮（目前大多數沒有），否則很難對相關機制提出明確意見。無論我們討論的是橡膠手、離體經驗、身體交換錯覺，或是任何人類內隱或外顯預期某種身體經驗的狀況，這個說法都成立。

這類主觀上溫和的身體擁有錯覺，與身體妄想症、外肢症以及幻肢症候群等臨床狀況中強烈改變的經驗，或是癲癇發作或直接的大腦刺激所引發的鮮活離體經驗之間的差距甚大。這類戲劇化的扭曲比較接近傳統的視錯覺，因為他們讓擁有不尋常經驗的人們更加相信。因此它們提供更強大的證據，證明自我體現經驗和觀點其實是大腦的建構。

接著來看看個人身分認同問題，以及「敘事自我」與「社會自我」的浮現。我們在瞬間移動悖論中已經知道，個體在這些層級感到自我是連續的，從某一刻到下一刻、從某一天、某一星期或某個月，到下星期或下個月，某些程度上甚至延續一輩子。自我在這些層級上與名字、過往記憶和未來計畫連結。我們也在這些層級上察覺到自己擁有自我，因而真正地自我覺察。

自我這些更高的層次完全可與自我體現分離。許多人類以外的動物，包括人類的幼兒，或許也能感受到自我體現，但沒有或失去了伴隨而來的個人認同感；成人通常能以整合或統一的方式感受到這些形式的自我。不過，敘事自我和社會自我的消失或毀壞，造成的影響往往相當嚴重。

韋爾林（Clive Wearing）是英國音樂學家，以整理文藝復興時期音樂家拉敘斯（Orlande de Lassus）的作品，同時在倫敦擔任唱詩班指揮以及於一九八〇年代初期改變ＢＢＣ廣播三台的音樂內容而聞名。一九八五年三月，他在職業生涯最高峰時，腦部感染了嚴重疾病——疱疹性腦炎嚴重破壞了他兩個腦半球的海馬迴，造成有史以來最嚴重的失憶症。[3]

韋爾林很難想起舊回憶（逆行性失憶），更有甚者是難以產生新回憶（順行性失憶）。神奇的是，他似乎永遠生活在七到三十秒的現在。韋爾林目前八十多歲，可能覺得生活是一連串短暫清醒，每二十秒左右就像剛從昏迷或麻醉醒來一樣。他的敘事自我已經消失。

韋爾林失去的記憶是有情節的自傳式記憶，也就是關於時間和空間中事件的記憶，其中最關鍵的是與他本身有關的事件（自傳式）。他的日記讀起來相當辛苦，裡面一次次地重複描寫自己「第一次」醒來，再把先前的想法劃掉，有時是生氣地擦掉，其中有些才寫下不久。

~~8:31am 現在我真的完全清醒。~~

3 原注：海馬迴是小小的彎曲結構，位於顳葉內側，很早就被認為與記憶鞏固有關。它的英文名稱（hippocampus）源自希臘文的海馬。

~~9:06am 現在我完全極度清醒。~~

9:34am 現在我超級真的清醒。

這些日記，以及他的妻子黛博拉記錄在《永遠的今天》（*Forever Today*）一書中與韋爾林的對話，證明了大腦損傷對他的個人認同感造成的影響。他無法串連出時間上的自我敘事，因此三十多年來「身為他是什麼感覺」不斷地從頭開始，是短暫的現在，沒有穩定的「我」用以組織對世界和自我的知覺流動。他被失憶遺留在現在，失去過去和未來使他和人生脫節，他甚至開始質疑自己是否活著。黛博拉寫道：「他一直認為自己剛剛恢復意識，因為他的記憶中沒有曾經清醒過的證據……他說：『我沒聽過任何聲音、沒看過任何東西，也沒聞過任何味道，就像死了一樣。』」

在此同時，他的自我感其他方面都完全正常。他的身體擁有經驗、第一人稱觀點的起源，甚至執行自主行動都沒問題。他對妻子的愛沒有減少，不過有時候會記不得認識她，他們在他得病前一年才結婚。韋爾林彈鋼琴、唱歌或指揮時，音樂會自然地流洩出來，使得他似乎又成為原來的那個他。

對韋爾林來說，表達愛的時刻以及音樂改變並挽救了他。薩克斯在《紐約客》（*New Yorker*）中一篇十分令人回味的文章中這樣描寫韋爾林的狀況：「他不再擁有內在敘事，沒有和我們一樣的未來人生。但只要看到他坐在琴鍵前面或是和黛博拉在一起，就會瞭解在這些時候他再度成為自己，完整地活著。」

儘管有這些幸福時刻，韋爾林的狀況仍然相當可憐。他的敘事自我消失不只是造成記憶缺損，還使得他無法感知自己在時間中是連續的存在，因此他的基礎個人認同感逐漸受到侵蝕。對大多數人而言，個人認同感十分自然又理所當然；儘管記憶不是自我最重要的事情和結局，但這個故事告訴我們，許多人透過罹患失智或阿茲海默症的家人和朋友得知，失去自我感知的持續性和連續性是件非常辛苦的事。

——

韋爾林和黛博拉對彼此的愛恢復了韋爾林的認同感，這股力量帶我們來到「社會自我」。

人類和許多其他動物一樣是社會性生物。在各種背景和各式各樣的社會中，感知其他生物的心智狀態是社會性生物的一種重要能力。這種能力——有時被稱為「心智理論」——通常被認為在人類身上發展得很緩慢，但在人的一生中扮演了重要角色。

我們有時會敏銳地察覺到這點，例如我們擔心伴侶、朋友或同事可能怎麼想我們的時候。但即使我們不在意社交互動，我們感知其他人的意圖、信念和渴望的能力永遠在背後運作，引導我們的行為並塑造我們的情緒。

關於社會知覺和心智理論的文獻非常多，範圍涵括心理學、社會學以及剛萌芽的社會神經科學領域。這些文獻有許多從它們對引導社會互動的重要性來探討這些主題。這裡我想把眼光向內轉，探究身為我的經驗，如何取決於「我如何感知其他人正在感知我」，而且方式相當微妙。

社會知覺，也就是感知他人精神狀態的知覺，不僅僅是明確的推理或是「思考」其他人可能在想或不在想什麼。我們的社會知覺有許多是自動和直接的。我們對他人的信念、情緒和意圖產生知覺時十分自然又不費力，就像我們對貓咪、咖啡杯和椅子，甚至自己的身體產生知覺一樣。我給自己再倒一杯葡萄酒時，看到朋友把她的空杯推過來，我不需要理性地思考她的意圖是什麼，就能直接感知到她也要加一些葡萄酒，而且我應該先倒給她。我同樣毫不費力地感知這些精神狀態，但不一定像我感知玻璃杯一樣正確。

這是怎麼發生的？我認為答案同樣在於大腦是預測機器，以及知覺是推論感官訊號原因的過程。

非社會知覺和社會知覺都是大腦對感官訊號的原因提出的最佳預測。我們都知道我們感知其他人在想什麼時往往錯得離譜，但我們絕不會把一杯葡萄酒跟一輛汽車弄錯（除非陷入幻覺）。社會知覺先天模糊的一個理由在於相關原因隱藏得更深。引發玻璃酒杯知覺的光波多少直接來自玻璃杯本身，但與他人的精神狀態有關的感官訊號一定經過好幾個中間階段，包括臉部表情、姿勢和言語行為等，每個階段都會使推論錯誤的機會提高一點。

社會知覺和視知覺一樣取決於背景和預期，我們可以試著藉由改變感官資料（這是人際的主動推論）和更新預測，盡量縮小「社會預測誤差」。社會知覺中的主動推論，等於以行為改變其他人的精神狀態，使它符合我們的預測或希望。舉例來說，我們微笑不只是想表達自己的愉悅，也想改變對方的感受。此外，我們講話則是試圖把想法加入其他人的意志之中。

這些關於社會知覺的概念，可從以下幾個方面與社會自我互相結合。推論他人精神狀態的能力和各種知覺推論同樣需要生成模型。如同我們所知，生成模型能生成符合某個知覺假設的感官訊號。對社會知覺而言，這代表關於他人精神狀態的假設，因此意味高度的互惠。我對你的精神狀態提出的最佳模型，包含你如何建立我的精神狀態的模型。換句話說，我必須試圖瞭解你如何感知我的心智內容，才能瞭解你在想什麼。我們以這種方式感知自己經由他人的心智出現了改變。社會自我的重點就在這裡，這些源自社會的預測知覺，是身為人類自我的整體經驗之一。

這個社會自我的建立過程有個十分有趣的含義，就是自我覺察或許必須具備社會脈絡。自我覺察是由敘事和社會面向構成的更高層次自我。如果我們生活在沒有其他心智的世界，更精確地說，沒有其他相關心智的世界，我們的大腦就不需要預測他人的精神狀態，因此也不需要推論自己的經驗和行動屬於任何自我。十七世紀多恩（John Donne）冥想得出「沒有人是孤島」的結論，可能完全正確。

我們和昨天的自己是同一個人嗎？更好的問法或許是：我們身為自己的感覺和昨天一樣嗎？除非昨晚出現重大事件，否則我們應該會回答是。那麼上個星期、上個月、去年、十年前，我們四歲大的時候呢？我們九十四歲時也會是同一個人嗎？到時候我們還會這麼覺得嗎？

有意識的自我有個令人驚訝但常被忽略的面向，就是我們通常感到自己在時間中是連續且統一的，可以說這是自我的主觀穩定性。不僅自傳式記憶的連續性如此，在感到自己時時刻刻延續著等更深層意義上也是如此，包括生物性的身體層次和個人認同層次等。

與對外界的知覺經驗相比，與自我有關的經驗十分穩定。我們對世界的知覺隨時在改變，物體和景象在一連串事件中不斷來來去去。但與自我有關的經驗似乎改變得很少。儘管我們知道自己會隨時間改變，大多數人都有照片可以證明，但我們還是會覺得自己改變得沒那麼多。除非有精神或神經疾病，否則身為自我的經驗應該會在不斷改變的世界中成為持續不變的中心。十九世紀心理學先鋒詹姆斯（William James）說得好：「物體的知覺可由不同的觀點感知，甚至無法感知。相反地，我們會有『同一個身體永遠存在的感覺』。」

你現在或許認為這裡沒什麼好看的。畢竟身體和與自我有關的其他知覺，都改變得都比我們感知到的外界其他事物更少。我可以從這個房間移動到另一個房間，但我的身體和行動與第一人稱觀點永遠伴隨著我。由於這些理由，我們感到自我比世界改變得更少似乎相當合理。但我認為不只如此。

我們在第六章中已經知道，改變的經驗本身就是個知覺推論。我們的知覺或許會改變，但不代表我們感知到它有改變。這兩者的區別可以用「改變視盲」現象當成例子。在改變視盲中，緩緩改變的（外界）事物不會引發相應的改變經驗。同樣的原理也適用於自我的知覺。我們隨時都在變成不同的人。我們的自我知覺持續改變。我們現在和剛開始讀這一章時略有不同，但這不代表我們感知得到這些改變。

這類對於自我改變的主觀視盲現象可能造成影響。首先，它可能助長我們自我是不變實體、而不是一群知覺的錯誤直覺。但這不是演化如此設計我們的自我經驗的理由。我相信主觀的自我穩定性，超越了緩緩改變的身體和大腦產生的改變視盲現象。我們生活在誇大而極端的自我改變視盲中，要瞭解理由之所在，我們必須先瞭解我們感知自己的理由。

我們不是為了瞭解自己而感知自己，而是為了控制自己而感知自己。

第九章
成為野獸機器

我們看到的事物並不是它們本身的樣子，而是以我們的角度看到的樣子。

——阿內絲・尼恩（Anäs Nin）

自我感知並不是去發覺外在世界或此處你身體裡的東西，而是關於生理控制與調節——也就是關於「活著」這件事。為了理解為何如此，以及它對我們所有的意識經驗意味著什麼，我們先回顧一下關於生命和心靈如何相互關聯的一個非常古老的爭論。

在「存在之鏈」（the Great Chain of Being）——亦即中世紀基督教對所有物質和所有生命的一種排序等級制度裡——上帝位於鏈條最頂端。上帝之下是天使類生物，然後是人類——以方便性為社會進行分類——接下來是其他動物、植物，最後是礦物。每件事物都有自己的位置，每件事物也都有自己的力量和能力，並由其在鏈中的位置決定。

在這條鏈中，人類的位置尷尬地平衡在上帝和天使所在的「精神領域」以及動物、植物和礦物的「物質領域」之間。我們擁有不朽的靈魂，具備理性、愛和想像力，但我們也容易受到肉體激情的影響，例如疼痛、飢餓和性欲，一切都因為我們仍被束縛在肉體上。幾個世紀以來，尤其是在歐洲，這條「存在之鏈」（或稱「自然之梯」、*Scala Naturae*）提供了一個相對穩定的範本，讓人類可以藉此瞭解自己在自然界中的地位，以及自己相對於其他人類的價值（例如國王在鏈上的位置高於農民）。到了十七世紀，笛卡爾藉由將宇宙分為兩種存在模式：**認知世界**（*res cogitans*，思想之物，或稱「心靈實體」）和**存在世界**（*res extensa*，廣延之物，或稱「物質實體」），消除了自然之梯的多種級別。

這種對自然大局的徹底簡化，帶來了許多新的問題。兩個領域如何交流，自此成為形上學的問題。從那時開始，無論好壞（很大程度上是壞的），這個問題形成了意識研究的框架，政治和宗教權威依賴的細緻秩序也遭到了破壞。因為若動物具有「認知世界」的思想之物元素，亦即擁有任何心靈跡象，怎麼可能有辦法阻止牠們像人類一樣擁有進入精神領域的渴望呢？而任何試圖從理性上研究靈魂的企圖——類似笛卡爾所提倡的——一定會惹惱強大的天主教會。

笛卡爾在處理他與教會的關係時總是小心謹慎，甚至還在他所寫的第三個和第五個沉思中，試圖證明仁慈上帝的存在。而當談到非人類的動物時，人們常說笛卡爾認為動物完全缺乏意識。雖然這點難以確定，不過這很可能並不是他的觀點。[1] 笛卡爾的主張主要是認為非人類的動物缺乏心靈，因而缺乏擁有心智所帶來的理性、精神和意識屬性等。歷史學家舒格（Wallace Shugg）總結了他對此事的看法：

> 人和野獸的身體，都只是透過內部零件排列來呼吸、消化、感知和移動的類似機器。但只有人類可以理性地指揮身體運動，應付所有突發事件。也只有人類能透過真實的言語，證明自己具有理性。至於缺乏心智指導身體動作或接收感覺的動物，就必須被視為沒有思想、沒有感情、像發條一樣運動的機器。

從這個觀點看，生物的「肉體」特性，也就是作為有機體的本質，與心智、意識或靈魂（無論那是什麼）的存在，完全且明確無關。非人類動物最好被視為「bêtes-machines」，也就是英語中的「野獸機器」。在笛卡爾的想像中，心智和生命之間的界線，就像認知世界與存在世界之間的界線一樣分明。

藉由強調人類的特殊性，笛卡爾成功安撫了許多可能迫害他的人，但他同時也開啟了一扇危險的門。如果非人類動物是野獸機器，而人類也是一種動物——畢竟人類似乎確實

---

1 原注：在動物方面，笛卡爾曾經飼養了一隻名為「格拉先生」（抓抓先生）的狗，對牠極為疼愛。不過，他也曾對兔子進行過活體解剖實驗。

是由相似的血肉和軟硬骨頭所組成的——那麼心智和理性的能力，也應該能以機械的、生理學的術語來解釋吧？

法國哲學家拉美特利（Julien Offray de La Mettrie）在十八世紀中葉的著作《人是機器》（*l'homme machine*）中，確實認為如此。他把笛卡爾的野獸機器論證擴展到人類身上，主張人類也是機器，並稱之為「人類機器」，由此否定靈魂的特殊非物質地位，這等於質疑了上帝的存在。由於拉美特利並沒有為了迎合宗教權威而委婉處理他的論點，因此他的生活很快就變得比笛卡爾複雜得多。一七四八年，他被迫逃離第二故鄉荷蘭、前往柏林為普魯士國王腓特烈工作。三年後，竟因食用過多肉凍而過世。

在笛卡爾的觀點中，心靈和生命是獨立的，但拉美特利認為它們在某種意義上彼此緊密相連，可以把心靈視為生命的一種屬性。即使在今天，對於生命和心靈在基本機制和原則上到底是相連或獨立的討論，仍在持續進行中。

我對這場辯論傾向拉美特利的觀點，但我的重點並不是籠統地談論「心靈」，而是聚焦於「意識」。這就將我們帶到我所說關於意識和自我的「野獸機器」理論核心。我們對於周遭世界和身處其中的我們所具有的自我意識經驗，必須透過我們的身體來產生。也就是說，我們的動物體質不僅僅是與我們的自我意識和對世界的感知相容而已。我的建議是，除非把我們作為生物的本性納入考量，否則無法理解這些意識經驗的性質和起源。

在涉及過去記憶和未來計畫的自我分層表達之下、在個人身分的明確感覺之前、在「我」之下、甚至在第一人稱視角和身體擁有的體驗之前，還有更深層次的自我有待發現。這些根本層次與身體內部密切相關，而非與身體做為外部世界物體之一相關；它們的範圍從情緒和心情——亦即心理學家所稱的「情感」體驗——一直到簡單的「身為」一個具體而且活著的有機體，那種基本的、無形的而始終存在的感覺。

我們將從情緒和心情開始探索這些更深的層次。這些意識內容的形式，對於體驗擁有身體的自我來說相當重要。同時，就像所有的感知一樣，它們也可以被理解為關於感覺信號成因的「貝氏最佳猜測」（貝氏推論的最高可能性）。這類情感體驗的獨特之處，在於相關原因是在身體內部找到，而非在外部世界。

當我們思考「感知」時，往往以我們感知外部世界的不同方式做為依據，尤其是我們所熟悉的視覺、聽覺、味覺、觸覺和嗅覺。這些面向世界的感覺和知覺，統稱為「外感知」（exteroception）；而從內部對身體的感知，則被稱為「內感知」（interoception），指的是「感知身體內部生理狀態的感覺」。[2] 內感知的感覺信號，通常從身體的內部器官（即內臟）傳

2　原注：在外感知和內感知之間的稱為「本體覺」，亦即對身體位置和運動的感知（參考第五章）。很重要的是不要將內感知與內省（introspection）相互混淆，內省指的是對自己心理狀態進行「內部檢查」。

輸到中樞神經系統，傳達這些器官狀態和整個身體運作的相關訊息。內感知信號回報諸如心跳、血壓、各種血液化學指標是否過低、胃擴張程度，以及呼吸情況等狀況。這些信號先穿過複雜的神經網路以及腦幹和丘腦的深層大腦區域，然後抵達專門處理內部感覺的皮層部分，尤其是「腦島皮質」（insular cortex）。[3]內感知訊號的關鍵特性是，它們會以某種方式反映出身體生理調節的進展情況。換句話說，反映出大腦在維持身體活著方面做得如何。

長期以來，內感知訊號一直與情緒和心情相互關聯。在十九世紀時，詹姆斯（William James）和蘭格（Carl Lange）分別提出：情緒並非古代哲學家所說「永恆而神聖的心靈實體」，也不是達爾文在不算太久之前提出的透過演化被硬接到大腦迴路中。相反地，他們提出情緒是對身體狀態變化的感知。我們並非因悲傷而哭泣，我們悲傷是因為感知自己的身體狀態正處於哭泣的情況中。從這種觀點看，恐懼的情緒是由感知（內感知）到整個身體反應的過程所構成，而這些反應是由有機體識別到環境中的危險所引發。對詹姆斯來說，隨著身體變化的感知而產生的就是情緒：「我們因哭泣而感到悲傷，因激動而感到憤怒，因顫抖而感到恐懼。而不是因為我們悲傷、生氣或害怕而哭泣、激動或顫抖。」

詹姆斯的理論在當時遭到強烈反對，部分原因是它顛覆了普遍的、直觀的、事物看起來應該如何的想法——也就是，應該是由情緒引起身體反應，而非完全反過來。恐懼的感覺，好比當你遇到一隻灰熊，似乎應該是導致你心跳加速、腎上腺素激增、拔腿逃跑的原因。然而現在我們已經學會對於「把事物表象當做實際情況」的想法，必須抱持懷疑的態度。因此，以直覺做為基礎來否定詹姆斯理論的觀點並不明智。

更實際的擔憂是身體狀態間的差異並不明確，可能無法細分出人類經歷的全部情緒範圍。雖然這種擔憂的具體細節仍存在爭議，但在一九六〇年代，出現「情感評估理論」這種強而有力的回應。根據評估理論的說法，情緒不光只是身體狀態變化的反應。情緒還依靠了在生理變化脈絡下所產生的更高層次的認知評估或評價。

評估理論解決了情緒範圍的問題，因為每種特定情緒現在不再需要專屬的身體狀態。兩種密切相關的情緒，例如無精打采和厭倦，可能是基於相同的身體狀態；而對這些相同身體狀態的不同認知解釋（高層次評估），能產生不同的情緒。這當然可能是事實，我也懷疑這可能就是事實，每種情緒確實都有一個獨特的體現特徵，只是這些身體狀態的細節差異難以察覺。

我最喜歡的評估理論研究來自達頓（Donald Dutton）和阿倫（Arthur Aron）的一項創意實驗，這項實驗中一名女性採訪者，主動接近正走過北溫哥華卡皮拉諾河上兩座橋的男性路人。其中一座橋是寬約三十公分、搖搖晃晃且扶手很低的吊橋，岌岌可危卻高高懸在淺

3　原注：腦島皮質（insular cortex）是因為它在大腦皮層波浪狀「海洋」內像座「島嶼」一樣（insular，意為「島嶼的」）。

水急流上方。另一座則是短而堅固的雪松橋，位於河流上游，距離水面只有三公尺。採訪者與過橋者接觸時，會邀請對方填寫一份問卷，再附上電話號碼，並解釋如果對方有任何進一步問題，她都樂意回答。

研究人員想知道的是，在高處的脆弱吊橋上的男性，是否會把不穩定情況所引起的生理興奮誤解為性吸引力，而非恐懼或焦慮。他們假設如果真是這樣，這些男人更有可能在事後打電話給採訪者，甚至約她出去。

情況確實如此。這位女性採訪者接到更多來自走過搖晃吊橋男性而非堅固橋梁男性的電話。達頓和阿倫稱此為「興奮的錯誤歸因」（misattribution of arousal）：由搖晃吊橋引起的生理興奮，被更高層次的認知系統誤解為性吸引力。為平衡這項評估理論的解釋（假設路人均為異性戀），我們把實驗中攜帶問卷的訪談者換為男性，結果不同橋梁類型對於過橋男性的後續來電次數並無影響。[4]

這項四十多年前進行的研究，與目前更嚴謹但仍不夠完善的標準相比，顯露出難以避免的方法論缺陷，更別說令人質疑的道德問題了。但它仍然生動地說明我們的情緒體驗，取決於我們較高層次的認知過程如何評估生理變化。

評估理論的一個局限，在於它們假設在什麼是「認知」和什麼不是之間，存在著明確界線。低層次的「非認知」感知系統被假定為可「讀出」身體的生理狀態，而較高層次的「認知」系統透過更抽象的過程（如脈絡推理）來「評估」此狀態。舉例來說，先感知到特定的身體狀態而產生恐懼，然後將其評估為「因為有一隻熊接近」的狀態。然而，對於評估理論很不幸的一點是：大腦並非整齊地區分為「認知」和「非認知」領域。

大約在二〇一〇年，我在薩塞克斯的研究小組逐漸成形時，我開始思考這個問題。我從同事克里奇利（Hugo Critchley，他是這項主題的世界級專家）那裡，學到許多關於內感知的知識。我突然想到克服評估理論局限的一個方法，便是應用「預測感知」（predictive perception）的原則，並將情緒和心情以及一般所說的情感體驗，視為獨特的「受控幻覺」（controlled hallucination）。

我把這想法稱為「內感知推理」。正如大腦無法直接接觸像視覺這樣的外在感官訊號原因一樣（因為這些訊號存在於外在世界），它也無法直接接觸內部感官的訊號原因（因這些訊號存在於體內）。無論這些感官訊號的成因在哪，都永遠隱藏在感官的面紗之後。因此，內感知最好也被理解為像外感知一樣的「貝氏最佳猜測」過程。就像「紅色」是關於大腦預測某些表面如何反射光線的主觀看法，情緒和心情也是大腦關於預測內感訊號原因的主觀

4 原注：二〇二〇年九月，我徒步穿越英格蘭湖區布倫卡思拉山上著名的「銳邊山脊」（Sharp Edge ridge）。雖然不需攀爬裝備，但穿越銳邊山脊絕非易事。山脊頂部是一片崎嶇的濕滑岩石，兩側是陡峭斜坡，意外事故時有所聞。在這次穿越山脊時，我注意到山脊底部有一塊倒置的石頭，上面用粉筆寫著：「嫁給我吧，瑪麗亞？」。我不禁想知道寫這句話的人，是否知道達頓和阿倫的實驗，並利用了這一點。

看法，它們是受控幻覺的內部驅動形式。[5]

就像視覺預測一樣，內感知預測會在多個時空尺度上運作，支持對內感知訊號原因做出流暢、情境關聯而多層次的最佳猜測。透過這種方式，內感知推理解決了情感範圍的問題，而無需對非認知和認知之間進行任何的明確區分。因此，內感知推理比評估理論更簡潔，因為它只涉及單一過程（貝氏最佳猜測），而非兩個過程（非認知感知和認知評估）。正因如此，它也更容易對應到底下的大腦層次分析上。

內感知推理很難透過實驗進行測試，部分原因在於內感知訊號比視覺等外感知訊號更難測量和操控。一項極具前瞻性的嘗試，探討了大腦對心跳的反應，是否可能是內感知預測錯誤的特徵。德國神經科學家佩茨施納（Frederike Petzschner）最近展示了這種反應——被稱為「心跳誘發電位」（heartbeat evoked potentials）會受到「注意力」的調節；正如內感知推理所預測的。不過在這方面還需要進行更多研究。

另一個較間接的證據來自「身體擁有感」的相關實驗，正如我們在前一章看過的。在由鈴木圭介（Keisuke Suzuki）帶領的一項研究中發現，當受試者在虛擬現實中的「橡膠手」與他們的心跳同步閃現時，人們對它的身體擁有感，會比不同步時來得強，這代表身體擁有感取決於外感知和內感知訊號的整合。這種「心跳視覺同步」法，也被用在阿斯佩爾（Jane Aspell）和她同事在「全身幻覺」實驗的設定中，也就是一項讓受試者看到自己身體虛擬輪廓的實驗。他們也發現，當虛擬輪廓與心跳同步閃爍時，人們會對它有更強的認同感。雖然這些研究都展示了內感知推理的重要，但在這方面仍需更多研究，部分原因是這些實驗並未考慮到**催眠暗示性**（hypnotic suggestibility，易受催眠的程度）的個體差異——我們學到這是身體擁有感實驗中一個重要因素。此外，這類實驗也取決於一個人對自己心跳的察覺程度，但事實證明這種特性極難測量。

從「野獸機器」理論的角度看，內感知推理最重要的含義是：情感體驗不僅是由內感知預測塑造出來的，甚至也是由內感知預測所組成。情緒和心情就像所有感知一樣，都是由內而外，而非由外而內。無論是恐懼、焦慮、喜悅或遺憾——每一種情緒體驗都根植於感知由上而下、對於身體狀態（以及形成這種狀態的原因）的最佳猜測。理解這點，便是瞭解具體存在的自我體驗，如何與我們的血肉之軀緊密相連的關鍵第一步。

在邁向下一步前，我們還需思考這些「來自內部」的身體感知是為什麼而存在？外部世界的感知顯然對於引導行動很有幫助，但為什麼我們的內部生理狀態要從一開始就融入我們的意識生活中？回答這個問題會再次將我們帶回到歷史中，但這一次只回到二十世紀中葉，回到被忽視的電腦科學、人工智慧、工程學和生物學的混合體，也就是所謂的「控制論」（cybernetics）。

5 原注：直接從評估理論過渡到內感知推理時，我省略了大量的中間發展過程。尤其達馬西奧（Antonio Damasio）所做出的開創性貢獻，展示了情感和認知間的關係，以及它們如何依賴於身體。還有巴雷特（Lisa Feldman Barrett）獨立提出的密切關聯想法，都強調內感知預測的重要性。

在一九五〇年代，電腦時代才剛興起曙光，新興的控制論和人工智慧（AI）等學科同樣前景廣闊，且在許多方面密不可分。控制論源自希臘語 *kybernetes*，意思是「掌舵者」或「統治者」。理論創始人數學家維納（Norbert Wiene），將其描述為「研究動物和機器中控制與溝通的科學」。控制論的重點完全放在控制上，其主要應用領域涉及從輸出到輸入的「閉環回饋」系統（如導彈系統）。這種方法的顯著特徵，便是此類系統看來可能具有「目的」或「目標」（可命中目標）。

這種將機器視為可能具有「目的」的思考方式，等於在非生物與生物之間搭建一座新橋梁。過去普遍認為只有生命系統才有目標，才會根據內在目的行事。[6]控制論提出不同觀點，強調機器和動物之間緊密相關。可能因為如此，讓它明顯與人工智慧的其他方法不同。人工智慧強調的是離線、脫離實體、抽象推理等，如電腦下棋就是其中一例。從大多數人的標準看，這些替代方法取得了勝利，佔據新聞標題和資金來源，而控制論則日益邊緣化。然而，即使在相對默默無聞的情況下，控制論仍提供許多有價值的見解，其重要性直到現在才逐漸被人們瞭解。

這種見解來自艾希比（William Ross Ashby）和科南特（Roger Conant）的一篇論文，文中描述了他們所謂的**良好調節器定理**（Good Regulator Theorem）。論文標題清楚傳達了這個概念，即「每個好的系統調節器，都必須是該系統的模型」。

想像一下你的中央暖氣系統（或你的空調系統也可以），該系統的設計目標是讓家裡的溫度維持穩定（維持在攝氏某度）。大多數中央暖氣系統都使用簡單的反饋控制：如果溫度太低便開啟暖氣；否則就關閉。我們先把這種簡單類型的系統稱為「系統A」。

現在想像一個更先進的系統，我們稱之為「系統B」。系統B可以預測在暖氣開啟或關閉時，室內溫度將如何變化。這些預測是基於房子的特性，包括房間大小、暖氣位置、牆壁材質以及外面的天氣狀況等。系統B會因相應地調節加熱器的輸出功率。

多虧這些先進功能，讓系統B比系統A更能維持房子的穩定溫度，尤其是在房屋結構複雜或天氣變幻莫測的環境下。系統B之所以更好，在於它擁有一個房屋的模型，讓它能預測在採取行動後房內溫度將如何變化。更高階的系統B甚至可能預測即將來臨、與溫度相關的挑戰（例如即將突降的寒冷天氣），而提前改變加熱器的輸出功率，以防止室內氣溫突然下降。正如科南特和艾希比所說的：**每個良好的系統調節器，都必須是該系統的模型**。[7]

6 原注：我談論的主要是「後啟蒙」（post-Enlightenment）運動的觀點。早期的信仰體系如萬物有靈論（animism）之類，對於目的（以及生命和精神）的歸屬比較自由。

7 原注：你可能想知道「作為」（being）一種模型和「擁有」（having）一種模型之間是否有所區別？我認為擁有能夠產生條件性預測或非事實預測的明確生成模型系統（如系統B），才可以說是「擁有」模型。而相對固定且不靈活的調節器，例如簡單的反饋恆溫器（如系統A），可能就只是「作為」模型而已。

讓我們更進一步探討這個例子。假設系統B配備了不完美的「雜訊」溫度感測器，導致這些感測器只能「間接」反映屋內的環境溫度，這代表我們無法直接從感測器中「讀取」屋中實際溫度，而必須根據感測數據和先前預測來推斷室內實際溫度。因此系統B現在必須就以下兩點建立模型：第一，它的感測器讀數與其隱含原因（屋內實際溫度）之間的關係；以及第二，這些原因如何回應不同的操作，例如調節加熱器或暖氣片的輸出功率等。

我們現在可以將這些「調節」觀念，與我們對於大腦預測感知的瞭解相互連結。例如系統B從感測器讀數推斷周遭溫度，就好比我們的大腦透過最佳猜測來推斷感覺信號的成因，以此推斷世界（和身體）的狀態，以及它們如何隨時間變化。然而系統B的目標並非搞清楚「那裡有什麼」（亦即本例中的環境溫度）；它的目標是「調節」這個推斷出的隱含原因，然後採取行動將溫度保持在舒適範圍內，最好保持在一個固定值。所以我們會說，在這種情況下，「感知」並不是為了搞清楚「那裡有什麼」，而是為了控制和調節。

以控制為導向的感知，即由系統B實現的那種方式，便是主動推理的一種形式。透過採取行動來將感覺預測誤差最小化，而非透過更新預測來完成。正如我在第五章解釋過的，主動推理既依賴於生成模型（這些模型能預測感覺訊號的原因如何回應不同的行動），也依賴於調節由上而下和由下而上之間預測誤差的平衡，以便讓感知預測能自我實現。

主動推理還告訴我們，預測感知可被用於推斷世界（或身體）的特性，也可以用於調節這些特性——它可以用來發現事物或控制事物。由控制論帶來的想法是，對某些系統來說，控制位於首要地位。而從良好調節器定理的角度來看，預測感知和主動推理的整個機制，都是從適當調節一個系統所需的基本要求中產生。

為了回答情緒和心情感知的目的是什麼，我們還需從控制論引入另一個概念——基本變量（essential variables）。這個概念也是由艾希比導入。基本變量指的是生理量，例如體溫、血糖水平、含氧水平等，都必須維持在某種相當嚴格的範圍內，如此生物才能維持生存。依此類推，理想的室內溫度就是中央暖氣系統的「基本變量」。

將這些要素放在一起，情緒和心情現在便可被理解為**以控制為導向的感知，用來調節身體的基本變量**，這就是它們的目的。當一隻熊接近時，我所感受到的恐懼體驗，是對我身體的一種以控制為導向的感知。更具體來說，就是「我的身體位在一隻逐漸接近的熊前面」。它啟動了最佳預測的行動，以保持我的基本變量始終處於所需範圍內。更重要的是，這些動作既可以是身體的外部運動（如跑走），也可以是內在的「內部行動」（如加快心跳或擴張血管）。

這種對情緒和心情的看法，將它們與我們的血肉之軀緊密相連。這些形式的自我感知，不僅僅是關於從內部或外部來觀察身體的狀態，更與我們目前在生存方面做得如何以及未來可能做得如何密切相關。

更重要的是，透過這種區分，我們也能找到情緒和心情所特有的「現象學」原因。恐懼、嫉妒、喜悅和驕傲的體驗雖然大不相同，但它們彼此之間的相似度，絕對高於它們與視覺或聽覺體驗的相似度。為何如此？感知體驗的本質不僅取決於相應預測的目標——也許是桌上的一杯咖啡，或是一顆跳動的心臟——還取決於做出預測的類型。針對發現事物的預測與針對控制事物的預測，具有非常不同的現象學特徵。

當我看著桌上的咖啡杯時，會有一種它是一個獨立於我而存在的三度空間物體之強烈感知印象。這就是我在第六章介紹過的「物性」現象學，我在前面提過，當大腦對視覺訊號如何變化（以某個動作，如旋轉杯子以露出背面）做出條件性的預測時，視覺體驗會出現物性感。在這種情況下，感知預測的目的在找出在那裡的東西是什麼，而相關的動作如旋轉，是對於揭示更多感官訊號背後隱藏原因的預測。

現在我們來考慮一個更活潑的例子：接板球。你可能認為最好的方法是找出球的落點，然後盡可能快速地跑到那位置。但事實上，「搞清楚這個狀況」並非一個好策略，也不是專家會做的事。相反地，你應該保持移動，讓球始終在特定方式下「看起來一樣」。更具體來說，應該讓你注視球的仰角增加，速度則穩定減緩。事實證明，如果你遵照這種策略——心理學家稱為「光學加速抵消」（optic acceleration cancellation）——就能確保攔截到球。[8]

這個例子讓控制再次出現在畫面中。你的行動和你的大腦對其感官後果的預測，並不是要找出球的落點，而是控制球在感知上的出現方式。因此，你的感知經驗不會揭示球在空中的「精確位置」，反而是揭示你跑向球時它的「可接住性」。在此情況下的知覺既是在**控制幻覺**，也是一種**受控幻覺**。

這種想法具有悠久的歷史淵源。一九七〇年代，心理學家吉布森（James Gibson）認為人們通常會以他所謂的**可供性**（affordances，預設用途）來感知世界。對吉布森來說，可供性是一種**行動的機會**——一扇可開啟的門、一個可接住的球——而非一種與行動獨立的「事物應該如何」的表現。另一項更強調控制的理論同樣出於一九七〇年代，但其知名度遠不如吉布森的理論。**鮑爾斯**（William Powers）的「感知控制理論」，強調我們感知事物並不是為了以特定方式行事。相反地，就像接板球的例子一樣，我們的行為最終會以特定方式感知事物。儘管這些早期理論在概念上正確，並符合我在第五章介紹的大腦「動作優先」（action first）觀點，但它們缺乏受控幻覺（或控制幻覺）對感知提供的具體預測機制。它們也將關注焦點放在外部世界的感知，而非來自身體內部的感知。

焦慮沒有背面，悲傷沒有側面，快樂也不是矩形的。情感體驗所依據的身體「內部」感知，並不會產生關於各種內部器官形狀和位置的體驗——例如我的脾臟在這裡，腎臟在那邊等。這裡並不存在看著桌上咖啡杯時的那種物性現象，也不存在像接板球時那樣的空間框架中的動作。

支持情緒和心情、以控制為導向的感知，都是關於預測將身體的基本變量保持在適當

8 原注：如果你採納「光學加速抵消」字面上的建議的話，最後板球就會正好命中你的雙眼之間。

範圍內的行動後果。這就是為什麼我們不會把情緒當成物體來體驗，而是體驗我們的整體情況是好是壞，以及未來的可能發展。無論我是坐在母親的病床旁或是正準備逃離一隻熊，我在情感體驗的形式和質量都是如此——絕望、希望、驚慌、平靜等，這些都是由於我的大腦對不同行為，可能如何影響我當前和未來的生理狀態所進行的條件性預測。

——

在自我的最深處，甚至在情緒和心情之下，還存在著一種認知上的底層，一種模糊而難以描述的體驗，即單純身為一個**有生命生物體的感覺**。此處的「自我感」體驗出現在一種只是「存在」的非結構性感覺中。我們在此觸碰到野獸機器理論的核心：該理論認為對於周遭世界和身處其中的我們的意識經驗，都是發生**自**、**透過並因為**我們這具活生生的身體。正是在這一點上，我提出的所有關於感知和自我的想法開始變得清楚起來。因此讓我們從頭開始，一步一步探討這些想法。

所有生物的主要目標都是持續生存。這點從定義上來看幾乎是正確的，因為這是演化賦予生物的重要使命。所有生物在危險和機會面前，都會努力維持其生理完整性，這也正是大腦存在的原因。演化為生物提供大腦的原因，並不是為了讓他們寫詩、玩填字遊戲或從事神經科學。從演化的角度來看，大腦的用途並不是「為了」理性思考、語言溝通，甚至也不是為了用來感知世界。任何生物擁有大腦（或任何形式的神經系統）的最根本原因，就是要讓該生物的生理基本變量保持在延續生存相對應的嚴格範圍內，以**協助他們生存下去**。

這些基本變量的有效調節，決定了生物的生命狀態和未來前景，正是內感知訊號的背後原因。而且就像所有物理特性一樣，這些原因目前仍隱藏在感覺的面紗之後。就像對外界的感知一樣，大腦也無法直接讀取身體的生理狀態，因此必須透過貝氏最佳猜測來推斷。

而跟所有預測性的感知一樣，這種最佳猜測是透過大腦基於預測誤差最小化的過程來實現。在內感知的背景下，這種方式稱為內感知推理。而且就像視覺和聽覺——**就像所有感知模式一樣**——這種內感知是一種受控的幻覺。

關於外在世界的感知推理，通常是為了發現事物，而內感知推理則主要是為了控制事物——也就是關於生理調節。內感知推理是主動推理的典範，因為它透過執行從上到下的完整預測，而非透過預測本身的更新（當然這種情況也會發生）來推理，因此可將預測錯誤最小化。這些調節行動可以是外部的，例如伸手拿食物吃；也可以是內部的，例如胃反射或血壓的短暫變化等。

這種預測控制可以透過預測未來的身體狀態，以及身體對各種行動的依賴，來支持**預期的回應**；而這種預測控制對「生存」來說非常重要。舉例來說，如果等到血液酸度超出範圍後再採取適當反應，結果可能會非常糟糕。相關行動也可能來自外部、內部或兩者兼具——在被吃掉之前逃離熊，便是外部預測調節的一個例子。暫時升高血壓有利於逃跑，或是讓你在工作一段時間後想起身離開辦公桌，都是一種內部預期的回應。

生理學中有一個很有用的術語可以描述這個過程，即所謂的「身體調適」（allostasis）。身體調適是指透過變化來實現穩定的過程，與我們更熟悉的術語「恆定性」相比，後者僅表示趨向平衡狀態。我們可以將內感知推理視為關於身體生理狀態的「身體調適」調節過程。

正如對視覺感官訊號的預測是視覺體驗的基礎一樣，內感知預測——無論是關於未來或者關於此時此地——都是情緒和心情的基礎。這些情感體驗具有特定的現象學特徵，因為它們所依賴的感知預測具有控制導向和身體相關特質。所以它們既是受控的幻覺，也在控制幻覺。

雖然情緒和心情根植於生理的調節，但在多數情況下，情緒和心情仍至少有部分被認為與超越自我、身體以外的事物和情況有關。例如當我感到恐懼時，通常是因為害怕某些**事物**。但最深層的自我體驗——「只是存在」的這種難以言喻的感覺——似乎完全缺乏這類外部參照事物。對我來說，這才是自我意識的真正基礎狀態——一種對身體本身現在和未來的生理狀態無形無狀、以控制為導向的感知預測。你的存在就從這裡開始，我們在此找到了生命與心靈、野獸機器本性與意識自我之間最為深刻的聯繫。

野獸機器理論的最後一步，也是最關鍵的一步，便是要瞭解從這個起點開始，其他一切都會隨之而來。我們並不是笛卡爾的野獸機器；對笛卡爾來說，生命與心靈無關。然而事實正好相反，我們所有的感知和體驗，無論是對自我或對這個世界而言，都是由內而外的控制和受控的幻覺，這些幻覺根植於肉體和生物學的預測機制，時時刻刻都在由基本生物學驅動維持生存下進行演化、發展和運作。

我們完全是有意識的野獸機器。

—

在前一章結尾時，我曾說雖然對世界的感知會來來去去，但對自我的體驗，似乎在許多不同的時間尺度上都是穩定而連續的。現在我們可以看到，這種主觀的穩定性，可以很自然地從野獸機器理論中產生。

為了有效調節身體的生理狀態，內感知訊號的先驗（強有力的預測）必須具有較高的精確度，以便讓身體可以自我實現調節。這種主動推測的關鍵，可確保內感知的最佳猜測，將被這些先驗所吸引——亦即達到生理活力所需的（預測）區域。舉例來說，根據主動推測，我的體溫預期會隨時間經過而保持恆定，這就是實際結果為何會如此的原因。因此，身體自我的體驗被視為相對不變，直接源自於對穩定身體狀態的精確先驗預測，以便用來調節生理狀態。換句話說：只要我們活著，大腦就永遠不會更新對於活著有所期望的先驗信念。[9]

更重要的是，有鑑於「變化」本身就是知覺推理的其中一個層面，大腦可能會減弱與感知身體狀況變化有關的先驗預測，以進一步確保生理基本變量保持在應有範圍內。這意味存在著一種「自我變化盲點」形式——我們在前一章介紹過這概念。根據這觀點，即使我們的生理狀態確實發生了變化，我們也可能感知不到。

綜合這些想法，我們認為我們自己在時間推移下依舊維持穩定，部分原因在於會自我實現的先驗期望對於生理狀態有特定的範圍限制；另一部分原因則在於先驗期望認為這種狀態不會變化。換句話說，有效的生理調節可能取決於對身體內部狀態的系統性**錯誤**感知，認為其比實際情況更穩定，且變化比實際情況更少。

有趣的是，這個假設可能推廣到其他超越持續的生理完整基本狀態的更高層次自我上。如果我們不（預期）會感知到自己在不斷變化，便能在自我的各個層面上更好地維持我們的生理和心理身分。在自我的各個方面，我們感知自己隨時間推移而維持穩定——因為我們感知自己是為了控制自己，而不是為了瞭解自己。

補充一下這種主觀穩定性。大部分人在大多數時候都認為自己是「真實」存在的。這點看似顯而易見，但請記住第六章所說的，世上事物「真實存在」的體驗，並非直接感知客觀現實的證據，而是一種需要被解釋的現象學特性。我當時說，為了感知機制的有效性，我們的感知最佳猜測必須被體驗為**真實存在於世界上**，而非實際上是基於大腦構成的存在。

同樣道理也適用於自我。就像角落裡的椅子似乎**真的是**紅色的，從我開始寫這句話以來，**真的已**過了一分鐘一樣。當感知的預測機制指向內部時，人會覺得好像在一切的中心，**真的有**一個穩定的「我」的本質。

就像我們對世界的看法有時缺乏真實的現象學特徵一樣，自我也可能失去其現實性。自我體驗的真實性（和主觀穩定性）會在生病期間有所變動，也可能在「人格解體」（depersonalisation，持續出現對自身或環境感到疏遠或陌生）的精神狀態下，嚴重減弱甚至消失。最極端的自我非現實的例子，出現在由法國神經學家科塔爾（Jules Cotard）於一八八〇年首次描述的一種罕見的妄想中。在這種「科塔爾妄想」（Cotard delusion）中，自我的現實感消失了，以至於患者認為自己並不存在，或認為自己已經死了。當然，自我非現實的**體驗**，並不意味著任何自我本質已飄離身體，而只是意味著與最深層的身體調節相關的、以控制為導向的感知，已出現嚴重的錯誤。

---

9 原注：另一種思考方式是，內感知感覺訊號將被系統性地「忽略」，以便允許內部動作調節基本變量，就像在第五章討論過的外部動作減弱了本體感知訊號一樣。

我提出這種「野獸機器」理論，並不是想宣稱已經證明生命對於意識來說是必要的；也不是認為肉體、血液和內臟或生物神經元有什麼特別之處，使得只有由這些材料構建的生物才具有意識經驗。雖然這點可能是真的，但也可能不是。至少到目前為止，我所說的內容並沒有明確證明或否定這一點，而且這也不是我的意圖。我所主張的是：為了理解為何我們的意識經驗是以這種方式呈現、自我體驗到底像什麼，以及它們如何與對世界的體驗相互關聯，我們應當充分理解所有的感知在生命體中的生理學根源。

而當我們思考關於意識的物質基礎，我們將再次被帶回到難題中。野獸機器理論加速這個表面謎團的解謎過程，藉由將受控的幻覺觀點擴展到自我本質的最深層次，透過揭露「**自我作為真實存在**」的體驗作為感知推理的另一個層面，難題所隱含的直覺也被進一步侵蝕。尤其是對「難題友善」的直覺，讓有意識的自我在某種程度上與自然界其他事物分離——亦即一個真正存在的非物質內在觀察者注視著物質的外部世界。然而事實證明，這只是在事物看起來似乎如何與實際上如何之間的又一場混亂。

幾個世紀前，當笛卡爾和拉梅特里形成他們關於生命與心靈之間關係的觀點時，關注的並不是「難題」，而是「靈魂」的存在與否。而且——或許更令人驚訝的是——在野獸機器的故事中也能找到靈魂的迴聲。這個靈魂不是非物質的本質，也不是理性的精神昇華。野獸機器的自我觀點，以及它與身體、生命持續節奏的密切關聯，讓我們返回一個自計算思維的自負中解放出來的地方，也就是在笛卡爾劃分思想與物質、理性與非理性之前的地方。在這種觀點中，我們所說的「靈魂」，是心靈與生命之間深層連續性的感知表現。這是當我們遇到最深層的自我體現時會有的體驗，而我們把這些「只是存在」的早期感覺當成**真實存在**。把這個觀點稱為「靈魂的迴聲」似乎是正確的，因為它重新喚起了更古老的、對於這個永恆概念的看法。例如印度教中的「阿特曼」（Atman），更傾向於將我們最內在的本質視為氣息，而非思想。

我們不是一部認知的電腦，我們是感覺的機器。

第十章
水中的一條魚

二〇〇七年九月，我從布萊頓前往巴塞隆納，參加一場名為「大腦、認知和技術」的暑期學校並發表演講。雖然我很高興能前往這座美麗的城市一遊，但由於家中事務，讓我抵達得太晚，無法參加英國著名神經科學家弗里斯頓（Karl Friston）主講、為時三小時的大師班，內容是關於他的「自由能原理」以及在神經科學中的應用（我們曾在第五章提過他的主動推理概念）。我一直渴望聽到弗里斯頓的演講，因為他的想法似乎以一種數學上的深奧複雜方式，捕捉到我自己關於預測感知和自我本質的一些初步想法。

雖然錯過演講，但我想當我抵達時至少能夠知道大概的內容。但是當天稍晚，當我出現在屋頂酒吧時，迎接我的卻是一大群困惑的面孔。弗里斯頓本人在演講結束後立即搭機返回倫敦，留下一片困惑。事實證明，經過三小時詳細的數學和神經解剖學洗禮後，大多數人比一開始都還要困惑。

部分問題似乎出在他所提議的方案規模太過龐大。自由能原理最先讓你印象深刻的，就在於這是一個非常龐大的理念；它匯集了生物學、物理學、統計學、神經科學、工程學、機器學習和其他領域的概念、見解和方法，而且它的應用絕不僅限於大腦。對於弗里斯頓來說，自由能原理解釋了生命系統的所有特徵，從單一細菌的自我組織，到大腦和神經系統的細節，再到動物的整體形狀和身體規劃，甚至延伸到「演化」本身的廣泛輪廓。這是迄今為止生物學中最接近「萬物理論」（theory of everything）的一個理論。難怪人們——包括我在內——都感到困惑。

時間快轉十年。二〇一七年，我和同事巴克利（Chris Buckley）、麥格雷戈（Simon McGregor）、金昌燮（Chang-Sub Kim），終於在《數學心理學期刊》（*Journal of Mathematical Psychology*）上發表我們對「神經科學的自由能原理」的評論。我們花了比預期多九年的時間完成，但我很高興我們堅持過來了。

至少我認為我很高興。不過就算經歷了所有的辛勤努力，這一切仍然存在一些奇怪而難解的東西。網路上經常有部落格文章抱怨理解弗里斯頓思想的困難。亞歷山大（Scott Alexander）說了：「上帝請幫助我們，讓我們試著理解弗里斯頓的自由能。」甚至存在一個惡搞的推特帳戶 @FarlKriston，發布類似「我是，無論我認為我是什麼。如果我不是，我為什麼認為我是？」之類格言式的陳述。

然而自由能原理有其值得之處，除了不可捉摸之外，它也具有優雅和簡潔性，指向生命和心靈間的深度統一，並以幾個重要方式充實了關於意識的「野獸機器」理論。

正如我們即將看到的，只要歸結得夠深入，自由能原理（簡稱FEP）其實並不那麼難以理解。

——

讓我們暫時把神祕的「自由能」放在一邊，先簡單說明一下生物（實際上是任何事物）的存在，究竟意味著什麼？

某事物存在的意思，是指該事物與其他事物之間必定存在差異（某種邊界）。如果沒有邊界，就不會有該事物——甚至任何事物都不存在。

這個邊界還必須隨時間推移仍持續存在，因為存在的事物會在時間推移下仍保持其本體。若我們把一滴墨水滴入一杯水中，它會迅速擴散、渲染進水中，並失去其本體。但若反過來是滴入一滴油，儘管油會散布在表面上，但它仍與水有明顯區隔。油滴繼續存在是因為它沒有均勻地散布在整個水中。但過了一段時間後，它也會失去自己的本體，就像岩石最終會被侵蝕成塵土一樣。

像油滴和岩石這類事物無疑是存在的，因為它們的本體會持續一段時間——當然對岩石來說是很長的一段時間。然而油滴和岩石都未主動維持它們的邊界，它們只是在這個過程中緩慢地分散，讓我們注意到它們的存在。

生命系統有所不同。不像上面舉的例子，生命系統會隨時間推移，主動維持其邊界——有時透過運動，有時甚至只是透過生長。它們會積極致力於維持自己和環境的區別，因為這是它們成為生物的關鍵特徵。自由能原理的出發點便是生命系統光是為了存在，就必須主動抵制其內部狀態的分散。直到你最終成為地板上一灘無法區分的糊狀物，你才不再活著。

以這種方式思考生命，會把我們帶回熵的概念。我在第二章曾介紹熵是一種衡量混亂、多樣性或不確定性的指標。系統的狀態越混亂，例如像墨水雜亂地分散在水中，熵就越高。對於你、我或甚至細菌來說，我們活著時的內部狀態會比分解成糊狀來得較不雜亂。因此，「活著」意味著處於低熵的狀態。[1]

然而，這裡存在一個問題。物理學中的熱力學第二定律告訴我們，任何孤立物理系統的熵會隨時間增加。而所有這樣的系統都會趨向混亂，其組成狀態會隨時間經過而趨向分散。第二定律還告訴我們，像生命系統這樣的有序物質實例，本質上是不可能且不穩定的——長遠來看，我們都會瓦解。然而不知何故，跟岩石或墨滴的狀況不同的是，生命系統暫時抵禦了第二定律，持續處於一種不太可能的不穩定狀態。它們的存在與環境之間並不平衡，這也正是「存在」的首要意義。

根據自由能理論，生命系統要能抵抗熱力學第二定律的影響，就必須處於它所期望的狀態。身為一位優秀的貝氏主義者，這裡所說的「期望」是指統計意義上的期望，而非心理意義上的。這是一個非常簡單、幾乎微不足道的想法。水中的魚是處於統計上預期的狀態，因為大多數魚確實大部分的時間都在水中。一條離水的魚是統計學上的例外，除非這條魚開始分解成糊狀。我的體溫約為攝氏三十七度也是統計上的預期狀態，符合我的持續生存以及沒溶解成糊狀。

對於任何生命系統來說，「活著」的條件意味著積極尋求一組會隨時間經過反覆出現的特定狀態，無論是體溫、心率（上一章提過的生理「基本變量」），或是單細胞細菌中蛋白質複合物和能量流的組織等。這些是統計上預期的低熵狀態，能確保系統維持生存，因而對相關的生命系統來說，這種狀態是被預期的。[2]

更重要的是，生命系統並非封閉、孤立的系統。生命系統會與其環境持續進行開放性的互動，以獲取資源、養分和訊息。也正是利用了這種開放性，生命系統才能參與耗能的活動，尋求統計意義上的期望狀態，降低熵值，防止第二定律的影響。

從生物的角度來說，比較重要的是關乎其**感覺狀態**的熵（感知熵），也就是那些讓它

1 原注：某些有趣的邊緣案例，通常不被認為是有生命的，但它們似乎仍積極維持著自己的本體，如龍捲風或漩渦等。

2 原注：為什麼統計上的期望狀態也會是不可能的？當系統僅存在於大量可能狀態中的有限狀態集合或子集（所謂「吸引集」）時，這是可能的。吸引集是統計意義上預期的，因為系統通常就在這個集合中；但它也是不可能的，因為在集合外部的狀態要比在集合內部的狀態多得多，亦即變成糊狀的方式要比活著來得更多。

與環境接觸的狀態。想像一個非常簡單的生命系統，例如一個單細胞細菌，這個細菌需要特定的營養物質才能生存，而且它可以感知周圍環境中這種營養物質的濃度。透過期望感知到高濃度營養物質，並透過運動來積極尋找這些預期的感覺訊號後，這個簡單的生物便能將把自己維持在定義其活著的一系列狀態中。換句話說，感知高營養物質濃度對於細菌來說，便是一個統計意義上的預期狀態，它會積極尋求保持這種狀態。

根據自由能理論的說法，這點適用於所有領域。最終，**所有**生物（不只細菌）都會在時間的推移下，最小化其感知熵以維持生存，並確保它們能維持在與生存相容、統計意義上的預期狀態中。

現在我們來到自由能理論的核心：解決生命系統如何在實踐中將感知熵最小化的問題。通常為了最小化某個量，系統必須能夠測量它。但問題在於感知熵無法被直接檢測或量度。一個系統無法僅根據感知本身來「知道」自己的感覺，是否令人驚訝？（這裡有個類比：數字6令人驚訝嗎？如果在不瞭解敘述脈絡的情況下，是無法回答的。）這就是為何感知熵與光的強度或附近營養物質濃度等東西有很大的不同，因為後者可以透過生物感官直接檢測並用來引導行為。

這就是自由能終於可以進入故事之處。請別擔心這個名詞，它起源於十九世紀的熱力學理論。[3]就我們的目的而言，我們可以把自由能視為近似於感知熵的一個量。最重要的是，它也是一個生物可測量的量，因此生物可將其最小化。

延續自由能理論的說法，我們現在可以說生物體將自身維持在低熵狀態來確保自己持續存在，用的是透過積極地將這個可測量的自由能量加以最小化的方式。然而從生物的角度看，到底什麼是自由能呢？事實證明，經過一些數學上的操作後，自由能基本上等同於感知預測誤差。當生物將感知預測誤差最小化時（例如在預測處理和主動推理等機制中），也就是在最小化從理論上來看更大的自由能的量。

這種關聯的其中一個含義，就是自由能理論證明了前一章的想法，亦即生命系統具有（或者就是）其環境的模型（更具體來說，是具有其感覺訊號原因的模型）。這是因為在預測處理中，正如第五章所見，我們需要模型來提供預測，從而定義預測誤差。而根據自由能理論的說法，正是憑藉擁有或成為模型，一個系統才得以判斷其感覺是否（在統計上）令人驚訝（如果你相信你看到的數字是由擲骰子的方式產生，就能準確判斷它的機率如何）。

這些自由能理論和預測處理間的深層關聯極具吸引力。直觀上，透過主動推理將預測誤差最小化，生命系統自然就會處於它們的預期（或預測）狀態中。而從這個角度來看，預測感知和受控的幻覺（或控制幻覺）的想法，無縫地延伸了弗里斯頓試圖解釋整個生物學的野心。

---

3 原注：在熱力學中，自由能是指在恆定溫度下可用於做功的能量數量，它的「自由」是指「可用的」。自由能理論中的這種自由能被稱為「變分自由能」（variational free energy），該術語來自機器學習和資訊理論，但與熱力學中的自由能密切相關。

把這些想法放在一起，出現的畫面是一個積極對其世界和身體進行建模的生命系統，如此一來，定義其生命系統的一系列狀態，會持續重新審視，一遍又一遍——從我每秒的心跳到每年同情我過生日都是如此。按照弗里斯頓的說法，自由能理論的觀點是生物體收集訊息並將感官訊息建模，以便盡可能地放大感官證據來證明自身的存在。或者，就像我喜歡說的那句：「我預測自己，所以我存在。」

值得注意的是，將自由能（感官預測誤差）最小化，並不代表生命系統可以躲進一個黑暗寂靜的房間呆在那裡，盯著牆壁。你可能認為這是一個理想策略，因為這樣一來，外部環境的感官輸入將變得高度可預測。然而這遠非理想策略，因為隨時間過去，其他感官輸入的訊號如血糖水平等，可能會開始偏離預期值：如果你在黑暗的房間裡待得太久，就會感到飢餓。感知熵將開始增加，不存在的狀態將會逼近。像生物體這樣的複雜系統，必須讓某些事物發生變化，才能讓其他事物保持不變。例如我們必須起床、做早餐，因此血壓必須上升，才能支持這些動作，不然可能會昏厥。這點與我在上一章中所提到，預測控制的預期形式——「身體調適」——相符合。長遠來看，最小化感知預測誤差意味著必須走出黑暗房間，或者至少打開燈光。

另一個對自由能理論常見的擔憂是它不可被證偽，亦即無法藉由實驗數據來證明它是錯誤的。這是事實，但它既不是自由能理論獨有的特性，也不算特別有問題。最好的方式是把自由能理論視為一種數學哲學，而非可以透過假設檢驗來評估的特定理論。正如我的同事霍維（Jakob Hohwy）所說，自由能理論回答的「存在的可能性其條件為何」的問題，就跟康德提出的「感知的可能性其條件為何」的問題一樣。自由能理論的作用可被理解為激勵和促進對其他更具體理論的解釋；這些理論則可以透過實驗證駁。以預測處理理論為例，如果事實證明大腦在感知過程中，並沒有運用感官預測來預測錯誤，那麼預測處理理論便可被證偽。最終，自由能理論的評價將取決於它的實用性，而非它本身在經驗上是真是假。[4]讓我們總結一下自由能理論的主要步驟。為了讓生物體保持活力，它們必須採取行為來將自己維持在「期望」的狀態中（低熵）。一條游在珊瑚礁上尋找食物的魚，正在主動尋找與其持續生存相符合的預期感官狀態。一般而言，生命系統是透過最小化這些狀態的熵之可測量近似值（也就是自由能）來實現的。

將自由能最小化，需要生物體擁有或成為其環境的模型（包括身體在內）。然後，自由能最小化的生物體便使用這些模型，透過更新預測和執行動作，來減少預測上和實際感官信號間的差異。事實上，根據合理的數學假設，自由能與預測誤差完全相同。總而言之，這代表整個預測處理和受控的幻覺、主動推理和控制導向感知——野獸機器理論也是——都能透過自由能理論的檢視角度來理解，因為它們受到對生存或存在的基本約束。

---

4 原注：另一個類似自由能理論的原理，是漢密爾頓在物理學中的「平穩作用量原理」（principle of stationary action，類似「最小作用量原理」），它可以用來推導（可測試的）運動方程式，甚至推導出廣義相對論。

如果你發現這種對自由能理論的快速理解讓你有點陷入迷霧，請讓我向你保證，並沒有一定要理解或接受自由能理論，才能瞭解我在前面章節所說的受控的幻覺和野獸機器的故事。[5]

我們透過根植於「求生動機」的預測感知機制來體驗世界和自我的理論，完全可以獨立存在。然而，自由能理論仍值得一試，因為它至少以三個重要方式加強了野獸機器理論。

首先，自由能理論將野獸機器理論建立在物理學的基礎上，尤其是在與生命意義相關的物理學中。野獸機器的「求生動機」在自由能理論中重現，成為一種更基本的規範，使得生物保持在統計預期的狀態中，抵抗熱力學第二定律的持續作用。當一個理論能夠以此方式概括和奠定基礎時，它就會變得更具說服力、更具整合性且更強大。

其次，自由能理論透過「反向複述」強化了野獸機器理論。在前幾章中，我們從在頭骨內部構造中推斷外部世界是什麼樣子的挑戰開始，然後沿著思維的軌跡向內探索身體——首先將自我感的經驗作為感知的最佳猜測，最終透過對身體本身控制導向的感知，辨識這些體驗中最深層的內容。自由能理論則是反過來，從「事物存在」這個簡單的陳述開始，然後從那裡向外探索身體和世界。從兩種截然不同的起點到達同一結論，增強了人們直觀認為故事背後的一致性，並讓觀念之間的相似性由模糊轉為清晰（舉例來說，自由能和預測誤差這兩種觀念）。

自由能理論的第三個好處在於它帶來了豐富的數學工具箱，該工具箱提供了許多新的機會，可進一步發展出我在前幾章中提出的觀點。舉例來說，當我們更詳細拆解自由能理論的數學原理時會發現，為了生存，真正需要做的就是把「未來」的自由能最小化，而不光只在當下減少而已。而要最小化這種長期預測誤差，代表我現在必須尋找新的感知，以減少我對接下來（一旦我做了某些事情後）會發生什麼的不確定性。於是我成為一個好奇心旺盛、追求感官體驗的主體，而不是一個滿足於在黑暗房間裡自我隔離的人。自由能理論的數學有助於量化探索和開發之間的微妙平衡，這又會反過來對我們的感知產生影響，因為我們的感知始終且無所不在地建立在大腦做的預測上。這樣的見解將會讓我們能做出更好的實驗，建立更堅固的「解釋之橋」，以承載這些實驗的重擔，並且一點一點地、一座橋接一座橋地，帶領我們更接近對於「如何由機制產生心智」令人滿意的解釋。

與此同時，儘管自由能理論被吹捧為一種「萬物理論」，但它並不是一種意識的理論。自由能理論與意識的關係，就如同貝氏定理與大腦在預測上的關係一樣：它們被視為意識

5 原注：FEP背後的概念和數學並不簡單，即使對於那些具有該領域專業知識的人來說也是如此。統計力學教科書的開頭幾行警告我們：波茲曼生前大部分時間都在研究統計力學，他在一九〇六年自殺身亡，繼續這項研究工作的埃倫費斯特（Paul Ehrenfest）也在一九三三年自殺身亡。現在輪到我們研究統計力學了。

科學理論，是從真實問題的意義上看，而不是在困難問題的意義上看。自由能理論對以機制來解釋現象學的難題，帶來了新的見解和工具。反過來看，受控的幻覺和野獸機器的概念，也賦予自由能理論的嚴謹數學與意識之間的新關聯，如果一個萬物理論對此沒有貢獻，又有什麼用呢？

——

在我第一次心神不寧地接觸到自由能理論理論的多年後，我和弗里斯頓以及其他大約二十位神經科學家、哲學家和物理學家，一起在希臘愛琴海上的小島愛琴娜（距雅典一小時渡輪航程）一次小型聚會上待了幾天。就像十多年前的巴塞隆納之旅一樣，這次同樣是在九月舉行的聚會，只不過時間來到了二〇一八年（就在我母親經歷精神錯亂後不久），我一直期待著這次的夏末陽光和科學知識。會議的規劃是討論自由能理論，重點關注在它與意識訊息整合理論之間的關係——這是我在第三章探討過、同樣野心勃勃的理論。然而在現場迎接我們的並非溫暖的陽光和藍天，而是一場大風暴，一場罕見的「醫學風暴」，它把桌椅都掃進海裡，讓本來寧靜的地中海翻攪成白色怒濤。

當我們坐在建物附屬的會議廳裡，在狂風中門砰砰作響而樹枝敲打著窗戶時，我突然察覺到在研究意識時，我們同時擁有兩個野心勃勃且有繁複數學的理論，彼此之間卻無法對話的狀況，是多麼地非比尋常。表面上來看，這種缺乏互動的情況可能令人沮喪，但我發現這其實是一個迷人的處境。

風暴整天不停肆虐著。雖然有些想法被提出來，但我覺得我們幾乎只是在半明半暗中摸索。自由能原理和訊息整合理論都是體制宏大的理論，但它們大有不同之處。自由能理論從一個簡單的命題「事物存在」開始，並由此推導出整個神經科學和生物學，意識卻不包含在其中。訊息整合理論則從「意識存在」這個簡單命題出發，直接對困難問題進行攻擊。它們之間無法對話，並不令人意外。

兩年後，當我對本書進行最後潤稿時，這兩種理論仍處在不同的世界中。但現在至少有一些初步嘗試、比較兩者的實驗預測。這些實驗的規劃討論（我有幸參與其中）時而具啟發性，時而令人沮喪，主要原因在於兩種理論的出發點和解釋目標截然不同。這些實驗的結果如何有待觀察，但我直覺認為我們將會學到許多有用的東西。無論是自由能理論或訊息整合理論，都不會被明確地被排除在「意識的理論」或「關於意識的理論」之外。

我自己關於受控的幻覺和野獸機器的想法則是走中間路線。它們與自由能理論同樣具有關於自我本質的深厚理論基礎，並利用預測性大腦的強大數學和概念機制。它們也與訊息整合理論一樣，都明確地關注意識的主觀、現象學特性，但對象是真實問題，而非困難問題。我不希望自由能理論與訊息整合理論處在對立面，而是希望意識和自我的野獸機器理論，能提供一種將兩者結合在一起的方法——將兩者的見解編織成一幅可以說明「我們為何是現在的樣子」的圖景。

讓我們回到愛琴島。這場會議像大多數會議一樣，在沒有大肆宣揚的情況下結束了。當我們搭乘渡輪返回雅典時，風暴已經減弱，海面風平浪靜。這趟旅程對我來說是個困難的決定，因為我必須錯過在布萊頓的一些重要活動，但最終我還是決定成行。現在站在充滿陽光的甲板上，我對這個決定平靜以對。於是我開始思考自己是如何做出這項決定，以及為什麼做決定總是如此困難。不久後，我又開始思考任何人如何做出任何決定，以及對我們來說「控制我們的選擇和行為」到底意味著什麼。

一旦你開始思考自由意志，就真的停不下來了。

第十一章

自由度

她彎曲手指再伸直。神祕之處就在手指移動前的那一瞬間，亦即在靜止和移動間的分野時刻；那等著她的意圖生效，就像浪花破碎的瞬間。她想，如果她能發覺自己正處在浪花的最高點，也許就可以找到自己的祕密，找到真正掌控她的那部分。她把食指靠近臉部凝視著，催促它移動。手指保持靜止，因為她只是在假裝控制……當她終於扭曲手指時，行動似乎是從手指本身開始的，而不是從她的心靈開始。

——麥克尤恩（Iam McEwan），《贖罪》（*Atonement*）

身為自己，你最執著的一面是什麼？對許多人來說，可能是一種掌控自己的行為、成為自己思想作者的感覺。我們按照自己的自由意志行事，是一個令人深信不疑卻極其複雜的概念。

麥克尤恩甚至在簡單的手指彎曲動作中發現了這種複雜性。十三歲的布里奧妮認為她的意識意圖（如彎曲手指），可以導致身體動作，也就是實際的手指彎曲。這條明顯的因果關係線，直接從意識的意圖延伸到身體的行動。她覺得在這個過程中存在著自我的本質，以及形成她這個人的本質。但當布里奧妮深入探究這些感受時，事情就沒那麼簡單了。動作是從哪一個點開始的？在心靈中還是在手指上？是意圖（或者她的「自我」）導致了這個動作，還是意圖的體驗來自感知手指開始移動的結果？

在這種問題的思考上，布里奧妮並不孤單。在哲學和神經科學領域中，很少有話題能像「自由意志」一樣具有持續的煽動性：自由意志到底是什麼？是否存在？如何發生？是否重要？至少，我們對這些問題仍難達成共識，甚至對於自由意志的體驗也不甚清楚。例如它到底是單一的體驗或是一整類的相關體驗，是否會因人而異等。但在這些混亂之中確實有一種穩定的直覺，用哲學家斯特勞森（Galen Strawso）的話來說，當我們行使自由意志時，會有一種「在選擇和行動上根本的、絕對的、由我來決定的感覺」。這種感覺就像是自我在行動中發揮了因果作用，而不是像把手從蕁麻刺中縮回時的那種反射動作。這就是為什麼自由意志的體驗通常伴隨著自發性動作，例如彎曲你的手指、決定泡杯茶，或從事一項新職業等。

當我體驗「自由意志」的某個行為時，我在某種意義上正在體驗我的「自我」作為該行為的「原因」。也許跟任何其他類型的體驗相比，意志經驗更能讓我們感覺到有一個非物質的、有意識的「自我」在物質世界的幕後操控一切。事情看起來是這樣子的。

然而，意志經驗並未揭示出一個在物理事件上具因果力的非物質自我之存在。相反地，我認為它們是自我相關感知的一種獨特形式。更精確來說，它們是與自發性動作有關的自我相關認知。無論是與自我相關或是與世界相關的所有感知，其意志經驗都是根據貝氏最佳猜測的原則構建的，而且也都扮演了重要（甚至是必要）角色，引導了我們的行為。

讓我們先來確定什麼不是自由意志。自由意志並不是對宇宙中（更具體來說是在大腦中）的物理事件流向的一種干預，讓原本不會發生的事情發生。這種「神祕的」自由意志會導引出笛卡爾二元論，要求擺脫因果法則的束縛，並且並不提供任何具解釋價值的回報。

擺脫神祕的自由意志，意味著我們也可以消除對於「決定論是否為真」持續但錯誤的關注。在物理學和哲學中，決定論主張宇宙中的所有事件，完全由先前存在的物理原因所決定。決定論的另一種主張是：無論是透過「量子湯」（quantum soup，量子自旋狀態）中的波動，或是透過其他未知的物理原理來看，「機會」都是從一開始就內置於宇宙中。決定論對自由意志來說是否重要，一直是場永無休止的爭論。我的前老闆艾德爾曼用一句很挑釁的俏皮話做了很好的總結：「無論你對自由意志有什麼看法，我們都注定擁有它。」

一旦神祕的自由意志不再存在，就很容易看出它對決定論的爭論根本無關緊要，不再需要為其干預提供任何討論空間。而從自由意志作為感知體驗的角度看，即使不對物理事件的因果流程進行任何干預，決定論的宇宙也可以順利前行。就算決定論是錯的，其實也沒有任何影響，因為行使自由意志並不代表行為就是隨機的。自發性動作既不會讓人感覺是隨機的，也確實不是隨機的。

——

在一九八〇年代早期，加州大學舊金山分校的神經科學家利貝特（Benjamin Libet），進行了關於「自願動作的大腦基礎」的一系列實驗，這些實驗一直到現在都存在爭議。利貝特利用一種眾所周知的「準備電位」（readiness potential）現象——一個源自運動皮層上方某處、如小斜坡般的腦電圖訊號，會可靠地在自發性動作之前出現。利貝特想知道這種大腦訊號是否不僅可以在自發性動作之前被識別，還能在人們意識到有意願採取該行動之前被識別出來。

他的實驗裝置非常簡單明瞭，如左頁圖所示。利貝特要求參與者在自己選擇的時間伸出他們的慣用手——做出自發性的自願動作，就像前面說過在麥克尤恩小說中布里奧妮做的那類動作。每當志願參與者做了動作，他都會測量動作的精確時間，同時使用腦電圖記錄動作開始前後的大腦活動。更重要的是，他還要求志願參與者估計他們在何時體驗到做出每次動作的「衝動」，亦即意識到有意圖進行動作的精確時刻，就像處在波浪的最高點一樣。這些志願參與者會在感受到進行動作的意圖時，記下示波器螢幕上旋轉點的角度位置，稍後再報告該位置為何。

這些數據一目瞭然。經過多次實驗的平均之後，準備電位在本人意識到意圖動作之前幾百毫秒，就能被識別出來。換句話說，當一個人意識到自己的意圖時，準備電位已經開始增強。

針對利貝特實驗的常見解釋是它「否證了自由意志」。事實上，對於神祕的自由意志來說，這顯然是個壞消息（我們並不需要更多壞消息），因為它似乎排除了意志經驗導致自願動作的可能性。利貝特本人對這種結論感到非常擔憂，他提出了在現在看來像是絕望的救援嘗試：在衝動的那一刻和由此產生的行動之間，還有足夠時間讓神祕的自由意志進行干預並阻止行動的發生。利貝特認為，如果沒有任何真實的

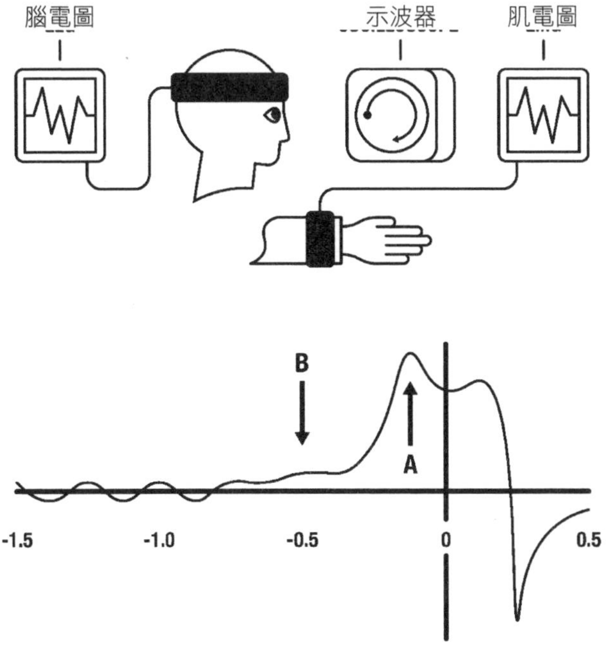

圖 19：利貝特著名的意志實驗。[1]

（如神祕的）「自由意志」（free will），也許還有「自由不做意志」（free won't）的可能性。這雖然是個巧妙的把戲，但顯然行不通。因為有意識的抑制並不比最初的意識意圖能帶來更多奇蹟。

利貝特關於自由意志的觀察到底代表了什麼，已經爭論了幾十年。準備電位早在自發性動作之前就能被識別出來的現象，看起來確實很奇怪。因為就大腦的反應時間來說，半秒鐘已算是很長的時間。一直到二〇一二年，一個新的想法和巧妙的實驗才徹底改變了一切。當時神經科學家舒格爾（Aaron Schurger）意識到，準備電位可能不是大腦啟動動作的訊號，而是測量方式下的人為因素。

準備電位通常是透過回溯腦電圖來測量，亦即從所有自發性動作實際發生的時刻開始。舒格爾意識到在這種做法下，研究人員會系統性地忽略其他未發生自發性動作的時刻。這些其他時刻的腦電圖長什麼樣子呢？也許這些時刻有跟準備電位類似的活動正在發生，但我們看不到，因為我們沒注意到這些情況。

這項原理可透過類比說明來解釋。在遊樂場的「大力士擊槌」（High Striker）遊戲中，玩家盡可能地揮動木槌，讓一個小曲棍球反彈往上，飛向鈴鐺。如果敲得夠用力，鈴聲就會響起；否則小球就會無聲地落回原處。如果有一位遊樂場科學家僅檢查鈴聲響起時的小曲棍球軌跡，很可能就會錯誤得出結論：上升的小曲棍球軌跡（準備電位）總是會導致鈴響（自發性動作）。所以為了正確瞭解擊槌遊戲的實際運作原理，她還必須檢查鈴聲未響時的小曲棍球軌跡。

舒格爾透過對利貝特實驗設計的巧妙修改來解決問題。他讓人們繼續做自發性的自願動作，但偶爾會由響亮的蜂鳴聲提示，以受到刺激驅動的非自願方式做出相同動作。他最主要的發現是：當志願參與者對蜂鳴聲「快速」做出反應時，他們的腦電圖會顯示出類似準備電位的模式，而且是在蜂鳴聲響起之前很久就出現，即使在這些時刻他們並沒有準備做出任何自發性動作也一樣。相較之下，當觀察志願參與者對蜂鳴聲「緩慢」做出反應時，他們的腦電圖幾乎找不到任何類似準備電位的跡象。

舒格爾解釋了他的研究數據，提出準備電位並非大腦發起自發性動作的訊號，而是一種大腦活動的波動模式，偶爾會超過閾值，因而觸發了自發性動作。這就是為什麼在標準的利貝特實驗中，當你從自發性動作發生的時刻回溯，會看到腦電圖的斜率緩慢上升。這也就是為什麼當一個動作是由蜂鳴聲觸發時，如果這種波動恰好接近閾值，行為反應就會

1　原注：參與者被要求在他選擇的時間伸展手腕，並在他感覺到有意識的移動意圖的精準時間點，記錄示波器上旋轉點的位置。其他設備包括測量他的肌肉活動（EMG）和大腦活動（EEG）。下圖顯示運動開始的時間鎖定時（0秒）的典型平均腦電圖。箭頭分別顯示了意識衝動（A）和準備電位（B）開始的時間。

更快；而如果恰好遠離閾值，行為反應會更慢。這種反覆的情形意味著如果你從快速反應的時刻回溯（當動作恰好接近閾值時），就會看到一些看起來像是準備電位的東西，但當你從緩慢反應的時刻回溯（當動作恰好遠離閾值時），就看不到類似準備電位的東西。

舒爾格的精巧實驗解釋了為何在尋找自發性動作的神經特徵時，我們會看到準備電位，以及為何將它們視為動作的具體原因時會產生誤導。那麼，我們該如何解釋大腦活動的這些波動模式呢？我比較喜歡的一種解釋要回到我一開始提出的想法：意志經驗是自我相關感知的形式。從舒爾格的實驗來看，準備電位看起來很像大腦積累感官數據，以便做出貝氏最佳猜測的相關活動。換句話說，它們就像是一種特定形式受控的幻覺的神經指紋。

——

我剛剛泡了一杯茶。

讓我們用這個例子，發展出將意志經驗和自發性動作視為自我相關感知的觀點。

大多數（就算不是全部）意志經驗都具有三個定義特徵。

第一個特徵是「**我正在做我想做的事**」的感覺。身為英國人——至少是半個英國人——泡茶完全符合我的心理信念、價值觀和渴望，也與我當時的生理狀態和環境機會（可取性）相符。我口渴了，有茶，沒人限制我的行為或逼我改喝熱巧克力，所以我就泡茶喝了（當然，如果我被迫「違背我的意願」做某事，我仍然可能覺得我的行為在某個層面上是出於自願的，但在另一層面上是非自願的）。

儘管泡茶完全符合我的信念、價值觀和渴望，但我並沒有選擇擁有這些信念、價值觀和渴望。我想要一杯茶，但我沒有選擇想要一杯茶。自發性動作之所以是自發性的，並不是因為它們源自一個非物質靈魂，也不是因為它們從量子湯的混沌中升起。它們之所以是自願的，是因為它們表達了我作為一個人想做的事，即使我不一定能做這些事也一樣。正如十九世紀哲學家叔本華說的：「人可以按照他的意志行事，但他無法選擇他的意志。」

第二個定義特徵是「**我本來可以這樣做**」的感覺。當我體驗到自願性的行為時，這種體驗的特徵不光只有我決定做了X，也是我做了X而非Y，儘管我本來可以決定做Y。

我泡了茶沒錯。但我可以做別的選擇嗎？從某種意義上說，是的。廚房裡也有咖啡，所以我也可以泡咖啡。當我泡茶時，**我確實覺得**也可以泡咖啡。不過我不想喝咖啡，我想喝茶，由於我無法選擇我的意志，所以我泡了茶。考慮到當時宇宙的確切狀態，包括我身體和大腦的狀態，所有這一切都有先前的原因（無論是否是決定性的），可以一路追溯到我作為一個愛喝茶的半英國人的起源，以及其他原因，所以我沒有做出其他選擇。除了隨機性帶來的無趣差異外，你不可能重播同一部影片並期待得到不同結果。相關的現象學，亦即「我本來可以做別的選擇」的感覺，並非瞭解在物理世界因果關係如何運作的透明窗口。

第三個定義特徵是自發性動作似乎來自內部，而非從其他地方強加而來。這就是反射動作的體驗（例如當我不小心踢到腳趾時，腳迅速退縮的反射動作）與自發性動作（例如當我準備踢球時，先把腳向後擺）之間的區別。後者就是塔利斯有意識地想在波浪的最高峰處，伸出手指時的感覺。

總而言之，當我們推斷某個動作的原因主要來自內部，與自己的信念和目標一致、但與身體或外界的其他潛在原因無關，並暗示我們可以做其他選擇時，我們便認為該動作是自發性的，亦即是「自由意志」的表現。

這就是從內部看意志經驗的感覺，也是從外部看自願性動作的樣子。[2]

下一步便是瞭解大腦如何實現這樣的動作。這就是「自由度」（亦即本章標題）介入之處。從工程和數學的角度看，系統具有自由度，代表它有多種方式來回應某些事態。岩石基本上沒有自由度。單一軌道上的火車只有一個自由度（只能向後或向前）。螞蟻在其生物控制系統對環境的回應方面可能具有相當多的自由度。至於人類，由於身體和大腦的驚人複雜性，你我擁有更多的自由度。

自發性行為取決於控制這所有自由度的能力，其方式與我們的信念、價值觀和目標一致，並可依環境和身體的直接緊急情況，做出適應性的分離控制。這種控制能力是由大腦而不是由某個單一區域中的「意志」來實現，是由分布在大腦中許多區域的處理網路來實現。即使是最簡單的自願性動作，例如按下開關打開水壺、布里奧妮彎曲手指等，都是由這樣的網路所支持。按照神經科學家哈格德（Patrick Haggard）的說法，我們可以將這個網路視為實現三個過程：一個早期的「什麼」過程，指定要執行哪個動作；一個後續的「何時」過程，確定執行該動作的時間；以及一個最後一刻才出現的「是否」過程，允許在最後一刻取消或禁止動作。

意志組成部分的「什麼」，將層級化的組織信念、目標和價值觀與對環境的感知結合在一起，以便從多種可能性中指定一個單一行動。我把手伸向水壺是因為我口渴、我喜歡喝茶、現在正是下午茶時刻，以及水壺伸手可及、無酒可喝等。這些套疊的感知、信念和目標，涉及大腦的許多不同區域，尤其集中在大腦皮層的額葉部分。組成部分裡的「何時」，指定了所選動作的時間，並與主觀的動作催促最為密切相關——塔利斯想瞭解這種催促，利貝特則測量了這種催促。這個過程的大腦基礎，定位在與準備電位相關的相同區域。事實上，對這些區域（尤其是輔助運動區）進行輕微的腦電刺激，便可在沒有任何運動的情況下，產生主觀的運動催促。至於組成部分最後一項的「是否」，提供了最後一刻的檢查，以確定規劃好的動作是否應該繼續進行。當我們在最後一刻取消某個動作時——也

2 原注：有時，自發性動作也被認為需要有意識的努力，或說「意志力」，例如我寫這個注解時感覺很努力，但許多自發的自願性動作幾乎不需要有意識的努力。因此，重要的是不要將意志力與自由意志（的體驗）混淆在一起。

許牛奶用完了，這種「意圖抑制」的過程就會啟動，這些抑制過程也可以定位在更多的大腦額葉部分。

這些相互交織的過程在大腦、身體和環境間持續循環，沒有起點也沒有終點，實現了一種高度靈活的目標導向行為持續形式。這個過程網路將大量的潛在原因，引導成單一的自發性動作流，有時也會抑制動作。正是對這個網路運作的感知，讓它的循環貫穿身體、融入世界，再回到自身，支撐起意志的主觀體驗。

更重要的是，由於動作本身是一種自我實現的感知推理形式，正如我們在第五章所見，意志的感知體驗和控制多個自由度的能力，就像同一部預測機器的硬幣兩面。意志的感知體驗是一種自我實現的感知預測，是另一種獨特的受控幻覺——再次地，也可能是一種控制。

還有一個更進一步的原因，解釋了為何我們以這種方式體驗自願性的動作，這原因讓作為感知推理的意志和作為二元魔法的意志間的界限，變得更加清晰。那就是：意志的體驗對於指導未來行為很有幫助，就像指導當前的行為一樣重要。

正如我們所見，自願性動作相當靈活。控制大量自由度的能力，意味著如果某個特定的自願性動作結果不佳，當下次出現類似情況時，我便可嘗試不同方法。如果我週一嘗試開一條捷徑去上班，卻因為迷路而遲到，那麼週二我可能就會選擇一條較長但可靠的路線。意志經驗將自願性動作的實例聚集起來，以便我們能關注其後果，並依此調整未來的行為，因而能更好地實現我們的目標。

前面提過我們對自由意志的感受，很大程度上是指感覺到我們「本來可以採取不同做法」。這種意志經驗的「反事實」，對於未來導向的功能來說尤為重要。感覺我可以採取不同的做法，並不代表我真的可以採取不同的做法，而是說這種替代可能性的現象學是有用的，因為在未來遇到類似但不相同的情況時，我確實可能採取不同做法。如果週二的所有情況與週一完全相同的話，那我週二採取的做法可能跟週一沒什麼不同。然而，情況不會永遠如此，物理世界不可能日復一日地重複自己，甚至連毫秒到毫秒都不可能完全重複。至少我的大腦環境會發生變化，因為週一我經歷了意志經驗並注意到它的後果。這點本身就足以影響我的大腦在我週二再次出門上班時，如何控制我的多個自由度。[3]

感覺「我本來可以這樣做」的有用之處在於，下次，你可能真的會有不同的做法。而這個「你」又是指誰呢？這裡所說的「你」是跟自我相關的先前信念、價值觀、目標、記憶和感知的最佳猜測組合，它們共同構成了作為你的體驗。

意志經驗本身現在可被視為「自我特質」的重要組成部分——這是另一種跟自我相關的受控幻覺或控制幻覺。總而言之，運作和體驗「自由意志」的能力，就是執行動作、做

3 原注：赫拉克利特：「一個人永遠不會兩次踏入同一條河流，因為那已不是同一條河流了，而他也不是同一個人。」

出選擇和思考想法的能力，這些都是你自己獨有的。

所以，自由意志是一種幻覺嗎？我們經常看到某些智慧宣言如此陳述。著名心理學家韋格納（Daniel Wegner）在他的著作《意識意志的幻覺》（*The Illusion of Conscious Will*）中，捕捉到這種精神。該書自近二十年前出版以來一直具影響力。這問題的正確答案當然是「視情況而定」。

「神祕的自由意志」肯定不是真實的。事實上，神祕的自由意志甚至可能算不上是虛幻的。當我們仔細檢視時，如你所見，意志的現象學與其說是關於非物質的無來由原因，不如說是一種與特定類型動作相關的自我實現的控制幻覺，而這些動作似乎源自於內在。從這種角度看，神祕的自由意志等於是對一個不存在問題的無意義解答。

還有，儘管我在本章集中討論了自願性動作伴隨生動的意志經驗範例，但情況並非總是如此。當我彈鋼琴或泡杯茶時，大多數時候這些自願性動作都會自動且流暢地展開，這不僅破壞了我以某種方式導致這些動作的直覺，而且也破壞了平常較少被檢視的直覺（也就是這些動作似乎被什麼引起的直覺）。當人們談論「處於當下」或處於「心流狀態」（深深沉浸於充分練習過的活動）時，意志的現象學便可能完全不存在。在大部分時間裡，我們的自主動作和思想只是「發生」而已。當我們談到自由意志時，就不僅是事情看起來如何的不真實，事情的表面現象也值得仔細研究。

從另一個角度看，自由意志並不是虛幻的。只要我們擁有相對健全的大腦和相對正常的成長背景，每個人都具有執行和抑制自願性動作的真正能力，這點歸功於我們的大腦可以控制多種自由度的能力。這種自由既是一種得來的自由，也是一種給予的自由。這是一種擺脫世界或身體直接原因的自由，不受當局、催眠師、催眠術師或社交媒體推手的脅迫。然而，它並不是擺脫自然法則或宇宙因果結構的自由。這是根據我們的信念、價值觀和目標行動的自由，做我們想做的事，並根據我們的本性來做出選擇。

這種自由意志的現實性，強調了它不能被視為理所當然的事實。腦傷或基因與環境的不幸遭遇，可能會削弱我們行使自願性動作的能力。患有「異手症」的人，會做出一些他們並不覺得屬於自己的自願性動作，而患有「不動不語症」的人，則完全無法做出任何自願性動作。一個位置尷尬的腦瘤，可以把一名工科學生變成一名大規模校園槍擊案凶手，就像「德克薩斯塔狙擊手」惠特曼（Charles Whitman）的例子一樣；或是在一個過往無可指摘的好老師身上引發猖獗的戀童癖，這種傾向可能在腫瘤被切除時消失，但腫瘤復發時又再次出現。

此類案件所引發的道德和法律困境都是真實存在的。惠特曼並不是自願擁有壓迫杏仁核的腦瘤，所以他應該為自己的行為負責嗎？人們可能在直覺上認為不應該，但隨著我們對意志的大腦基礎有更多瞭解後，這難道不是對每個人都適用的「腦瘤影響一路直下」的情況嗎？[4]這種爭議也可從另一個角度解讀，愛因斯坦在一次採訪中表示，因為他不相信人有自由意志，所以他對一切並不居功。

把**意志經驗**稱為幻覺也是一種錯誤。這些經驗都是感知上的最佳猜測，與任何其他類型（無論是對世界還是對自我）的意識感知一樣真實。意識意圖就像對顏色的視覺經驗一樣真實，兩者都不直接對應世界的任何確定屬性——亦即並不存在所謂的「真實紅色」或「真實藍色」，就像這裡不存在神祕的自由意志一樣。但它們都以重要方式導引我們的行為，兩者也都受到先驗信念和感官資料的約束。然而色彩體驗構建了我們周圍世界的特徵，意志經驗則具有會讓「自我」對世界產生因果影響。我們將因果的力量投射到我們的意志經驗中，就像我們把紅色投射到我們對事物表面的感知中一樣。瞭解這種投射正在進行——讓我們再次引用維根斯坦的話——既改變了一切，又讓一切保持不變。

意志經驗不僅是真實的，對我們的生存也不可或缺。它們是能夠引發自發性動作的自我實現感知推論。如果沒有這些經驗，我們將無法駕馭人類賴以生存的複雜環境，也無法從過去的自發性行動中學習，以便在下次做得更好。

布里奧妮認為，如果她能辨識出意志浪濤的波峰，她就能找回自我。當然，這裡所說的自我是指「人類」的自我，而我們靈活而自發的行為在應對複雜多變的環境方面，似乎確實具有某種與眾不同的人類特徵。不過，行使自由意志的能力，可能會有不同程度的體現，不僅在人類中，而且在與我們共享世界的動物中，也有更廣泛的體現。

但如果行使自由意志的能力可以延伸到其他物種，那麼意識本身的範圍應該如何界定呢？

我們該來看看人類以外的範疇了。

4 原注：西方的法律體系，建立在構成犯罪的刑事責任必須同時具有「犯罪行為」（actus rea）和「犯罪意識」（mens rea）的原則之上。當一個人行使自由意志（控制其自由度）的能力，受到某種程度的傷害或壓抑時，是否可以說他們具有「犯罪意識」？某些人如哲學家沃勒（Bruce Waller）便認為，既然我們所擁有的大腦不能由我們自己決定，所以道德責任的概念本身就是不一致的。另一種我比較喜歡的觀點是，一旦我們達到控制自由度的特定能力門檻，就可以對自己的行為負責。

第四篇　其他

第十二章
人類之外

從西元九世紀初一直到十八世紀中期，歐洲教會法庭追究動物刑事責任的情況並不罕見。豬被處決或被活活燒死，公牛、馬、鰻魚、狗以及至少有一次紀錄的海豚，也都被活活處決或燒死。在埃文斯（E. P. Evans）的動物刑事起訴史記錄的近兩百起案件裡，豬是最常見的罪犯，原因可能是牠們在中世紀的村莊中被自由放養的關係。豬所犯下的罪行各不相同，從吃掉兒童到吞食聖餅都有。有時牠們甚至被指控透過咕噥聲和噴鼻聲教唆他人犯罪。豬經常被判處絞刑，但偶爾也會被無罪釋放。

嚙齒動物、蝗蟲、象鼻蟲和其他小型動物造

圖 20：一頭母豬和她的小豬因謀殺兒童罪而受審。
（圖片提供：蓋蒂影像環球歷史檔案庫）

成的災害，較難透過法律程序處理。在一起著名的十六世紀案件中，法國律師夏森內（Bartholomew Chassenée）提出一個巧妙論點，成功幫助一些老鼠脫罪。他說因為沿途等待的貓會對牠們構成危險，所以不能合理期望牠們出庭受審。在其他案例中，包括各種象鼻蟲侵襲等，往往是以書面命令要求牠們離開農民財產或作物等，通常會指定日期，甚至還指定時刻。

儘管這一切對於我們二十一世紀的思維方式來說顯得非常奇特，但中世紀時期對於動物心靈的看法，預示了近年來人們對動物意識，以及「人格」是否可以超脫人類之外的興趣重新崛起。[1]讓動物能理解並合理地遵循教會法規那些晦澀難解的程序，無論在過去或現在都是近乎瘋狂的想法。但伴隨著這個想法而來的是一種認識，即動物可能有意識經驗，並且可能具備在某種意義上能夠做出決定的思想。對人類之外的意識思維的認可，與笛卡爾版本的野獸機器故事形成鮮明對比，因為在這版本裡的動物缺乏與理性思維相伴出現的意識狀態。對於許多中世紀人來說，動物無疑是野獸。但牠們並不是笛卡爾二元論的動物機器人，牠們也有自己的內在世界。

時至今日，如果還認為只有人類才有意識，就會被當成是件奇怪且幾乎反常的事。但我們是否真能說出意識的範圍到底有多大，或者其他動物的內在世界有多不同呢？

首先要說的是，我們不能透過動物是否有能力（或沒能力）告訴我們牠有意識，來判斷牠是否有意識。同樣地，所謂的「高層次」認知能力如後設認知（廣義上指反思自己的思想和知覺的能力）的缺失，也不是缺乏意識的證據。

動物意識無論存在於何處，都與我們的意識不同——在某些情況下甚至非常不同。雖然動物實驗揭示出類似人類的意識機制，但只根據和智人之間表面上的相似性，就推斷動物具有意識是相當不理智的。這樣做會帶來包括**擬人論**（anthropomorphism，將類人特質歸給非人類）和**人類中心主義**（nthropocentrism，用人類價值觀和經驗來解釋世界）的雙重風險。擬人論鼓勵我們在可能不存在的地方發現人類意識，例如相信寵物狗真能理解我們的想法；人類中心主義則會讓我們對動物思維的多樣性視而不見，阻止我們發現可能實際存在的非類人意識——就像笛卡爾關於動物的野獸機器的狹隘觀點那樣。

最重要的是，我們應該對「把**意識**與**智力**聯繫得過於緊密」這件事持懷疑態度。意識和智力並不是同一件事，把後者當作前者的石蕊試紙會犯下許多錯誤，例如違背了人類中心主義（人類是聰明且有意識的，因此動物X若有意識，就必須是聰明的）；它也違反了擬人論（在動物X身上看到了類似人類的智慧，但動物Y沒看到，因此動物X比動物Y有意識）。它甚至還鼓勵了方法論上的怠惰，因為它的證明要件是「聰明」的能力如語言和後設認知（這兩者都比意

1 原注：人類當然也是一種動物，不過我將在此使用「動物」一詞作為「非人類」動物的簡稱。

識本身更容易評估），足以推斷為有意識。

智力與意識並非完全無關。在其他條件相同的情況下，智力為意識經驗開拓了新的可能性。你可以在沒有太多認知能力的情況下感到悲傷或失望，但如果要感到後悔或預期的後悔，就需要具備足夠的心智能力來考慮不同的結果和行動的選項。一項研究證明了即使是老鼠，在看到事情沒按照預期發展時，牠不只會失望，還可能會產生囓齒類動物版本的後悔經驗。[2]

跟非人類意識有關的推論必須謹慎行事。我們必須警惕我們所加入的人類中心論觀點，但同時我們也別無選擇，只能把人類作為已知的比較基礎，也就是一個可以向外延伸的堅實基礎。畢竟我們知道我們是有意識的，而且我們對涉及人類意識的大腦和身體機制已有越來越深入的瞭解，所以這是我們可以用來擴展的基礎。

本書所提出的野獸機器理論，主張的是意識與生命的關聯比與智力的關聯更為緊密。當然這點不僅適用於人類，同樣也適用於其他動物。從這種觀點來看，意識可能比我們以智力為主要標準所認為的更為普遍。不過，這並不是在說只要有生命存在的地方就一定會有意識。

尋找人類之外的意識，就像從結冰的岸邊走進冰湖中一樣。一次一步，要隨時檢查腳下冰面的堅硬程度。

讓我們從哺乳動物開始，這個分類包括老鼠、蝙蝠、猴子、海牛、獅子、河馬，當然也包括人類。**我相信所有的哺乳動物都有意識**，我當然無法確定，但我對這點相當有信心。這個說法並非基於與人類外表上的相似性，而是基於共有的機制。如果我們撇開原始大腦的大小（這與身體大小的關係比其他任何因素都大），哺乳動物的大腦在不同物種之間顯示出驚人的相似性。

二〇〇五年，認知科學家巴爾斯（Bernard Baars）、我本人以及艾德爾曼的兒子，也就是動物認知專家大衛．艾德爾曼（David Edelman），列出了人類意識的特性清單，我們認為這些特性可以很容易地對其他哺乳動物進行測試。我們列出了十七個不同特性。這只是一個任意數字，但它顯示了提出有關動物意識的實驗測試問題的合理性。

我們首先考慮的屬性與大腦的解剖特徵有關。就大腦結構來說，與人類意識密切相關的主要神經解剖學特徵，存在於所有哺乳動物物種中。即有一個六層皮層、一個與該皮層緊密相連的丘腦、一個位於深層的腦幹，以及許多其他共有特徵——包括神經傳導系統

2 原注：在二〇一四年的一項研究中，研究人員讓某些老鼠在不同選項間進行選擇，這些選項與不同程度的獎勵有關。當牠們選擇了一個交付獎勵少於預期的選項時，牠們更有可能回頭看那個未做的選項。研究人員將這種行為解釋為「後悔」，當然目前我們還無法確實瞭解老鼠的實際感受（如果有的話）到底是什麼？

（neurotransmitter systems）等——這些特徵在人類的意識經驗從一瞬間到一瞬間的流動中，持續地彼此牽連。

大腦活動也有一些共同特徵。其中最引人注目的是動物入睡和醒來時大腦動態的變化，也就是支持意識程度的動態變化。在正常的清醒狀態下，所有哺乳動物都表現出不規則、低幅和快速的腦電波活動。而當睡眠時，所有哺乳動物的大腦都會切換到較規則、更大幅度的大腦動態。這些模式和變化與人類在清醒和睡眠期間所看到的現象非常相似。全身麻醉也對哺乳動物有類似的影響——大腦區域間的交流普遍中斷，並伴隨著行為反應完全遲鈍。

差異的部分當然也很多，尤其是在睡眠模式方面。海豹和海豚每次只用一半的大腦睡覺，無尾熊每天大約睡二十二小時，長頸鹿則只需不到四小時的睡眠，新生虎鯨在生命的第一個月根本不睡覺。幾乎所有的哺乳動物都有快速動眼期（REM睡眠階段）——海豹只有在陸地上睡覺時才有，海豚顯然完全沒有。

除了意識程度的差異之外，不同哺乳動物物種的意識**內容**也存在明顯差異。這種差異很大程度上可被歸因在主導感知類型的差別。老鼠是靠鬍鬚，蝙蝠則依賴回聲定位聲納，裸鼴鼠靠的則是敏銳的嗅覺（尤其是在遇到其他裸鼴鼠時）。這些主導感知類型的差異，意味著每種動物都可能有一個獨特的內心宇宙。[3]

更有趣的是與**自我感體驗**相關的差異。對人類來說，與個人身分相關的高層次自我意識發展的顯著標誌，就是在鏡中認出自己的能力。對人類來說，這種「鏡中自我識別」能力，通常在十八個月到二十四個月之間發展出來。這並不表示更小的嬰兒缺乏意識——這只代表他們對自己作為個體、有別於他人的意識，在這個年齡之前可能尚未完全形成。

心理學家蓋洛普（Gordon Gallup Jr）在一九七〇年代開發的一項測試，對動物的自我識別能力進行了廣泛的研究。在他的「鏡子自我識別測試」經典版本中，動物先被麻醉，然後在其身上無法看到的部位，以油漆或貼紙加以標記。麻醉退了之後，動物被允許與鏡子互動，讓牠可以看到標記。如果牠在看到鏡子後，主動尋找自己身上的標記，而非探究鏡中的影像，便算通過測試。這個測試標準是基於一種推理：該生物已經識別出鏡像描繪的是自己的身體，而非其他動物的身體。

哪些動物通過了鏡子測試呢？在哺乳動物中，某些大型猿類、一些海豚和虎鯨，還有一頭歐亞象通過了。其他哺乳動物包括熊貓、狗和各種猴子都沒有成功——至少到目前是如此。考慮到鏡子自我識別對人類來說相當直覺，以及許多無法通過自我識別的哺乳動物在其他方面似乎很有認知能力，這個通過名單算是很短。目前沒有任何可信證據證明有任何非哺乳動物通過鏡子測試，其中蝠魟和喜鵲很接近通過，至於裂唇魚（cleaner wrasse）是

3 原注：動物體驗的世界，通常被稱為該動物的「周圍世界」（Umwelt，以自我為中心的世界），這是由動物行為學家尤克斯庫爾（Jakob von Uexküll）引入的術語。

否通過測試，還存在一些爭議。

除了缺乏自我識別能力之外，動物未能通過鏡子測試的原因還有很多。其中包括不喜歡鏡子，不瞭解鏡子的運作原理，甚至只是傾向避免目光接觸等。有鑑於此，研究人員不斷開發新版的測試，以期能更精確地適應不同的內心世界（亦即不同的感知世界）。例如現在可以用「嗅覺鏡」（lfactory mirrors）來測試狗的自我識別能力，雖然牠們的表現仍不太理想（令人高興的是，狗的認知已有專有名詞 dognition 代表「狗認知」）。隨著各種實驗創意不斷發展，目前處於界線另一側的許多物種，很可能會跨越鏡子自我意識的測試。但即使牠們成功了，不同鏡像測試的多樣性——許多動物仍無法通過已大幅依物種調整的測試——都表明了哺乳動物在體驗「身為自己」的方式上，可能存在著巨大差異。

——

在猴子的案例中，這些差異帶給我特別強烈的衝擊。雖然黑猩猩和大猩猩是與我們最接近的演化近親，但猴子離我們其實也不遠，而且牠們長期在神經科學實驗中被當成人類的「靈長類動物模型」，尤其是在視覺方面。在某些研究中，猴子甚至被訓練來提供「報告」——例如按下拉桿後，牠們是否「看到」某些東西等。這些實驗可直接與人類研究進行比較，因為人們會在實驗中說出他們看過或沒看到的東西，從而提供了相當於靈長類動物意識研究的關鍵方法。

有鑑於猴子與人類有許多相似之處，對我來說，猴子毫無疑問地擁有某種有意識的自我感。如果你和猴子在一起待了很長一段時間，你就會覺得自己是與其他有意識的實體，亦即其他有意識的「**自我**」待在一起，這點深具說服力。

我在二〇一七年七月便有過這種經驗，當時我在聖地亞哥島（Cayo Santiago）度過一天，這是在加勒比海的波多黎各東部海岸附近的一個小島。聖地亞哥島也被稱為「猴島」，因為島上唯一的永久居民是恆河猴——數量超過一千隻。一九三八年，一位古怪的美國動物學家卡彭特（Clarence Ray Carpenter）厭倦了每次都要長途跋涉前往印度，於是把這個種群直接從加爾各答遷移至該島。在那個炎熱夏日裡，我在耶魯大學心理學家桑托斯（Laurie Santos）和一個電影攝製小組的陪伴下，在聖地亞哥島閒逛，看著幾十隻猴子忙著自己的事，對我們這些看似笨重的人類，保持著警惕但從容的態度。當兩隻猴子輪流爬上樹枝，然後跳進下方的池塘時，看似沒有其他原因，純粹出於自發的快樂，牠們玩得正開心。[4]

另一個同樣吸引人的是捲尾猴對刻意「不公平」行為做出反應的影片。在靈長類動物學家德瓦爾（Frans de Waal）廣為流傳的一段影片中，兩隻猴子被關在相鄰籠中，並按順序

4 原注：在我們到訪不久後，聖地亞哥島和波多黎各的大部分地區，都被瑪麗亞颶風摧毀了。慶幸的是，大多數猴子都倖存下來。然而，大部分研究基礎設施被摧毀了。我們記錄的影片出現在二〇一八年的紀錄片《探索未知的邊界》（*The Most Unknown*, www.themostunknown.com）中。

將一顆小石頭交給實驗人員並因此獲得獎勵。一號猴子把石頭穿過籠網，獲得一小片黃瓜作為獎勵，她高興地吃掉了。二號猴子也做了同樣的事情，但他得到的不是黃瓜，而是一顆葡萄——一種更美味的食物。二號猴子吃葡萄時，一號猴子在一旁觀看。當一號猴子重複同樣的任務並再次得到黃瓜時，她看著黃瓜，把它扔回給實驗人員，並憤怒地把籠子搖得格格作響。

玩耍和發脾氣都是強大的**直覺幫浦**（intuition pumps）。這些行為如此獨特，以致除了將它們解釋為明顯的人類內心狀態外在表現以外，幾乎不可能解釋為任何其他東西。所以當我們目睹一隻猴子的這類行為時，我們感覺到的不僅是另一個有意識的存在，更是一個像我們一樣有意識的存在。然而這裡有個問題，也就是前面提過的，猴子一直未能通過鏡子測試。雖然猴子無疑具有意識，我也相信牠們具有某種形式的自我，但牠們並不是毛茸茸的小人類。

當我們超越哺乳動物的範疇，尤其是來到演化上離我們最遠的親戚時，擬人論和人類中心主義對於直覺的塑造就會更加明顯。

———

二〇〇九年夏天，大衛・艾德爾曼和我以及大約十二隻普通章魚（Octopus vulgaris）一起度過了一週。[5]我們造訪了生物學家菲奧里托（Graziano Fiorito），他是頭足類認知和神經生物學方面的頂尖專家。儘管已經過了十多年，這仍是我作為一名科學家最難忘的一週。

菲奧里托的章魚實驗室是義大利著名研究機構 Stazione Zoologica（動物站）旗下的一個單位，地點位於那不勒斯市中心一個公共水族館正下方。這個潮濕的地下室，正好是躲避炎熱夏季的涼爽避難所。我在那裡一週的多數時間裡，都在與這些迷人的生物相處，觀察牠們如何改變形狀、顏色和紋理，並關注牠們關注的東西。有一天，當我試圖將一隻特定章魚不斷變化的外觀，與菲奧里托的《頭足綱動物身體圖案目錄》（*A Catalogue of Body Patterning in Cephalopoda*）中的圖案對照時，我聽到一聲沉悶的啪嗒聲和一陣滑動聲。原來是我沒有把水族箱的蓋子完全關好，這個生物正在試圖逃跑。直到現在，我仍然確信牠讓我陷入一種虛假的安全感，準備在我離開稍長的時間中伺機脫逃。

在我造成這場混亂的同時，大衛正在進行有關視覺感知和學習的實驗。他把不同形狀的物體放入章魚的水箱中，其中一些物體伴隨著美味的螃蟹。其概念在於看看章魚是否能夠學會將特定物體與獎勵相互關聯。我不太記得這項研究最後的結果，但我確實清楚記得其中一幕。

5　原注：頭足類動物包括章魚、烏賊和墨魚以及鸚鵡螺等相對簡單的生物，現存大約有八百種。「頭足類」一詞的字面意思是「頭上的腳」，這對於章魚來說不算正確，因為章魚的附肢類似手臂，而不是附著在頭部的腳。

菲奧里托的實驗室佈置成沿中央走道排列的兩排水族箱，每個水族箱裡各有一隻章魚（章魚通常不是群居動物，甚至還可能同類相食）。在這個特別的日子裡，大衛選擇了靠近左排中間的一個水族箱，當我走過去想看看正在進行什麼實驗時，我驚訝地發現走道另一邊的所有章魚全都緊貼著水箱玻璃，每一隻章魚都專注地盯著大衛，看他不斷地將物體放入他所選擇的水箱中。這些專注於觀察的章魚，似乎只是出於純粹的興趣，試圖弄清楚正在發生的事情。

即使只與章魚相處很短的時間，也讓我留下章魚是一種有智力、有意識存在的印象，與其他物種相當不同，當然也與我們人類非常不同。這當然是一種主觀印象，必然受到擬人論和人類中心主義偏見的影響，並可能被指控為將「智力」視為感知能力的標誌。但章魚在客觀上來說確實很了不起，花點時間和牠們相處，可以推動我們的直覺去瞭解非人類意識的形式可能有多麼不同。

人類和章魚最接近的共同祖先生活在大約六億年前。人們對這種古老生物知之甚少，也許只覺得是一種扁平的蠕蟲。無論牠的外觀如何，必然是一種非常簡單的動物。章魚的心智並不是人類心智的水生副產品，也不是任何其他有脊椎物種（無論過去或現在）的水生副產品。章魚的心智是演化實驗的一種獨立創造，幾乎就像我們在地球上遇到外星人的心智一樣。正如水肺潛水哲學家史密斯（Peter Godfrey-Smith）所說：如果你想瞭解**其他**動物的心靈，頭足類動物是其中最為「他者」的。

章魚的身體相當了不起。普通章魚（O. vulgaris）有八隻類似手臂的附肢、三顆輸送藍色血液的心臟，還有一個有墨水的防衛機制和高度發達的噴射推進系統。章魚可以隨意改變身體的大小、形狀、紋路和顏色，必要時甚至可以同時改變。牠是一種液態動物：亦即除了位於中心的骨喙外，章魚完全是軟體的，可以擠過極小的間隙——正如我在此地親眼所見。

這種非凡的身體能力，配備了高度複雜的神經系統。普通章魚擁有約五億個神經元，大約是小鼠的六倍。與哺乳動物不同的是，章魚約有五分之三的神經元位於手臂，而不是在中央大腦中，儘管如此，牠們的大腦仍擁有四十個解剖學上可分辨的不同腦葉。同樣不尋常的是，章魚的大腦缺乏髓磷脂（髓翹質），亦即在哺乳動物大腦中用來協助遠端神經連接和發揮作用的絕緣物質。

因此，與大小和複雜度相似的哺乳動物的神經系統相比，章魚的神經系統更加分散，整合度也較低。章魚的意識（假設存在的話）——可能也更加分散而未整合，甚至可能根本沒有單一的意識「中心」。

從基因層面上看，章魚的行為也有所不同。大部分生物的DNA遺傳訊息，會直接轉錄成較短的RNA（核糖核酸）序列，然後用來製造蛋白質——也就是延續生命的分子工廠。這是相當完善的、教科書級別的分子生物學基本原理。然而在二〇一七年，這項基本原理被顛覆了，因為我們發現章魚和其他幾種頭足類動物的RNA序列在被翻譯成蛋白質之前，還可進行重大編輯。這就好像章魚能在遺傳組中，即時重新編寫某部分內容一樣（雖然在這之前，就已發現其他物種也有RNA編輯的情形，但這些情況通常扮演相對次要的角色）。更重要的是，對於章魚來說，許多RNA編輯似乎都跟神經系統有關。因此有些研究人員認為，這種豐富的基因重新編寫能力，可能在特定程度上支持了章魚這種令人印象深刻的認知能力。

章魚的認知能力確實令人印象深刻。牠們可以在按大小順序疊在一起的玻璃立方盒內，取出隱藏的物體（通常是美味的螃蟹），或是在複雜的迷宮中找到出口，甚至還會嘗試一系列不同的行動來解決特定問題。而且，正如菲奧里托本人所展示的——牠們甚至可以簡單透過觀察其他章魚的行為來學習。關於章魚在野外行為的趣味報導，甚至還更令人驚訝。在一個更為不尋常的例子中，英國廣播公司BBC的《藍色星球2》影片，拍到一隻在開放水域的章魚，利用貝殼和其他海底碎屑覆蓋自己，躲避掠食性鯊魚的攻擊。

頭足類動物在智力上的這些驚人壯舉，無疑是背後有心智作用的充分證據。但這是怎樣的心智呢？我已經說過我們不應該太強調「智力」作為意識的評估標準。那麼，我們該如何解釋章魚的這些能力呢？為了解決這個問題，我們必須把章魚的行為與章魚的感知連結起來。

「偽裝」可能是頭足類動物能力清單中最出類拔萃的一項能力。由於缺乏堅硬的外殼保護，牠們的生存往往取決於融入背景的能力。章魚可與周圍環境的顏色、形狀和紋理完全匹配，以致你我以及許多潛在的獵食者，都發現這種動物基本上是隱形的，即使距離只有一、兩公尺也看不到。

章魚利用極為精密的**色素細胞系統**，與周圍環境進行色彩匹配。這些小型彈性囊袋分布在整個皮膚上，當它們接收到主要來自大腦色素細胞葉的神經命令時便會打開，然後產生紅色、黃色或棕色等顏色。目前我們對於其如何運作尚未完全瞭解。其中較大的挑戰在於章魚的隱形——必須讓那些以自己獨特方式觀看世界的掠食者看不到，而非讓其他章魚看不見自己。因此，牠們的偽裝系統必須以某種方式，分類編碼關於這些掠食者不同視覺能力的知識。

更令人驚訝的是，能做到這一切的章魚竟然是色盲。人類眼睛中的光敏細胞，可回應三種不同波長的光，將它們混合而創造出一個多彩的宇宙。而章魚的眼睛細胞只有一種光敏色素，它們可以感知光的偏振方向——就像我們戴著偏光太陽眼鏡的情況——但無法從波長組合中創造出顏色。嵌入章魚皮膚中的光敏細胞也有相同的色盲特性：事實證明，章魚除了用眼睛看，還可以用皮膚看。除此之外，章魚的色素細胞控制被認為是「開環」式（非封閉式）的，也就是在色素細胞葉中的神經元，並不會生成任何明顯的內部視覺訊號副本來發送給皮膚色素細胞。換句話說，章魚的中樞大腦可能並不知道它的皮膚正在做什麼。

章魚如何體驗世界，以及牠的身體在這個世界中到底意味著什麼，相當令人費解。章魚的皮膚會以自己看不到的方式改變顏色，而且不會將這些變化傳遞給大腦。其中一些環境適應可能是透過純粹的「局部控制」來實現，亦即章魚的手臂感知到牠所在的直接環境而改變外觀，無需中樞大腦的參與。以人為中心的假設——即我們可以看到並感受到自己身上發生的事情——並不適用在章魚。所以章魚沒有表現出通過鏡子測試的跡象，這點毫不奇怪。

除了視覺之外，章魚也跟哺乳動物和其他脊椎動物一樣，擁有相同的一些典型感官模式。牠們具有味覺、嗅覺和觸覺，而且也有聽覺（不過聽力並不好）。當然這裡面仍存在著奇怪之處，例如章魚可以用手臂上的吸盤和中央口器來品嚐味道，這也再次說明這些頭足類生物的心智具有明顯的分散特性。

當涉及到身體擁有感的體驗時，這種分散意識的概念尤其具有挑戰性。正如我們在第八章所見，就人類而言，有意識的自我感可以被輕易改變，只要欺騙大腦，改變它對於什麼是身體的一部分、什麼不是身體的一部分的貝氏最佳猜測即可。對於我們這些只靠少數幾個關節約束四肢的人類來說，追蹤身體已經夠難了。更何況章魚有八隻高度靈活的手臂，可以同時向多個方向捲起和展開，更是一項更艱鉅的挑戰。而且由於感知有部分位在手臂上，控制的部分也是如此，因此章魚手臂就像半自主生物那樣行為：被切斷的章魚手臂在與身體分離一段時間後，仍然可以執行一系列複雜的動作，例如抓取食物碎片等。

這些自由度和分散控制對任何試圖保持單一、統一感知的中樞大腦來說，都是一項令人生畏的挑戰。這就是為什麼我們根本不必考慮章魚的意識自我，雖然聽起來很奇怪，但作為章魚意識自我的感覺，很可能並不包括像人類和其他哺乳動物那樣的身體擁有體驗。

這並不代表章魚無法區分「自己」和「其他事物」，牠們當然辨得到——而且這是必要的。首先，牠們需要避免自己跟自己纏在一起。章魚手臂上的吸盤會反射性地抓住幾乎任何經過的物體，但並不會抓住自己的其他手臂，也不會抓住自己中間的身體部分。這表示章魚能夠以某種方式，區分哪些是自己的身體，哪些不是。

事實證明，這種能力依靠一種簡單但有效的「以味覺為基礎」的自我識別系統。章魚的皮膚會分泌一種獨特的化學物質，牠的吸盤可以檢測到這種化學物質信號，讓牠們不會反射性地抓攫自己。透過這種方式，章魚可以分辨出什麼東西是牠自己，什麼不是，就算牠不知道自己的身體位在空間中的何處也可以。這項發現是在有點可怕的一系列實驗中得出的結論。在這些實驗中，研究人員從章魚切下手臂，讓它們彼此碰觸，這些被切下的手臂有些帶有完整皮膚，有些則被去皮。分離的手臂很容易就抓住被去皮的分離手臂，但永遠不會抓住皮膚完整的手臂。[6]

6 原注：這些實驗並不像聽起來那麼可怕。當章魚的手臂被切除時，章魚似乎沒有太多反應，而且被切斷的手臂很快就會長回來。當然，這並不代表你可以在沒有充分理由的情況下進行這類實驗。

章魚的身體體驗代表什麼，對於我們哺乳動物來說可能很難想像。章魚作為一個整體，對其身體是什麼與身在何處，可能只有一種模糊的感知，牠也可能不覺得這種感知是模糊的，甚至可能還有類似「章魚手臂感知」的另一種東西存在。

——

章魚這種不同的動物意識，與我們的意識可能有極大差異，確實挑戰了我們的直覺。但在直接從猴子跳到頭足類動物的過程中，我們等於跳過了一個龐大的動物群。離哺乳動物意識的安全海岸更遠處存在著廣闊的動物意識潛在可能，範圍從鸚鵡到單細胞生物草履蟲。在考慮這整個疆域時，讓我們回到更基本的問題：還有哪些動物可能具有任何形式的意識經驗？——也就是那些可能閃爍著意識「光芒」的動物，即便只是微光而已。

鳥類的感知力是相當有力的證據。鳥類的大腦雖然與哺乳動物的明顯不同，但其大腦組織可以非常密切地映射到哺乳動物大腦的皮層和丘腦。許多鳥類非常聰明，例如鸚鵡可以數數，鳳頭鸚鵡可以跳舞，灌木叢鴉可以根據未來的需求儲存食物。雖然這些聰明的例子代表某些鳥類可能享有複雜的意識狀態，但請記住，智力並非意識的檢驗標準。不會藏食物、不會說話、不會跳舞的鳥類，也可能具有意識經驗。

隨著我們再深入一些，證據變得越來越稀少而不完整，關於意識的推論也變得更具試探性質。與其基於類似哺乳動物的大腦和行為來做出推論，不如採用「野獸機器」觀點，也就是我的觀點，而非笛卡爾版本來判別。這個觀點把意識感知的起源和功能追溯到生理調節，同時也保存了生物完整性。這暗示了尋找意識證據的下一個地方，是觀察動物如何應對所謂的「痛苦」事件。

這種策略不僅在科學上合理，而且也是出於道德要求。關於動物福利的決定，不該基於與人類的相似性，或者是否超過某種隨意給出的認知能力閾值，而是應該基於承受痛苦的能力。雖然生物遭受痛苦的方式有無數種，但最普遍的痛苦，很可能牽涉到對其生理完整性的基本挑戰。

就尋找的可能範圍而言，有廣泛的證據證明動物物種間，都對「痛苦」事件有適應性的反應。大多數的脊椎動物（具有脊椎的動物）都會傾向於受傷的身體部位。即使是小小的斑馬魚在受傷時，也會付出一定的「代價」來緩解疼痛，例如當水箱充滿止痛劑時，牠們會願意從自然環境中轉移到空曠明亮的人造水箱中。這是否意味著魚有意識（魚的種類實在太多）？我們尚不清楚，但確實具有啟發性。

那麼昆蟲呢？螞蟻在某條腿受傷時也不會跛行。不過螞蟻堅硬的外骨骼，可能不太容易受到疼痛影響，而且昆蟲大腦確實擁有類似其他動物疼痛緩解形式的鴉片類神經遞質系統。最近的一項研究發現，黑腹果蠅（Drosophila melanogaster）會對原先不會引起痛覺的刺激，表現出受傷後的超敏反應（hypersensitivity），其方式類似於人類的「慢性疼痛」。值得注意的是，麻醉藥物似乎對所有動物都有效，從單細胞動物一直到高等靈長類動物均如此。

這一切發現都具有暗示性，但沒有一個具結論性。

到了某些時刻，我們就很難說出任何實質性的言論了。我的直覺——就只是直覺——是有些動物可能根本不參與意識這個圈子。會有這種感覺的一個原因在於即使在哺乳動物中，雖然有複雜的大腦和精心調節的感知系統來保持生理完整性，但無意識仍然相對容易。意識經驗是生活的核心，但這並不意味著其生物學基礎是簡單的。當我們研究只有稀疏神經元的線蟲時，我發現很難歸類出任何有意義的意識狀態，而單細胞草履蟲就更達不到這個程度。

撇開那些難以避免的不確定性，對動物意識的研究可以帶來兩個明顯的好處。第一是，認清人類體驗世界和自我的方式並非唯一的方式。我們處於可能存在意識思維的廣闊空間一個很小的區域中，目前為止對於這個空間的科學研究，可能只不過是把一點星火扔進黑暗中而已。第二個好處是新的發現讓我們變得謙卑。縱觀地球上生命的多樣性，我們會更珍惜（而不是認為理所當然）所有多樣性與獨特性的豐富主觀經驗，不論是在我們自己

身上或在其他動物當中見到的。我們也可能會找到新的動機，努力減少痛苦，無論那出現在何處或是如何出現的。

我在本章一開始就主張，意識和智力不是同一件事，因為意識與「活著」更具關聯，而非用在聰明與否的表現。我想用更強烈的觀點來結語：意識不僅可以在沒有太多智力的情況下存在（你不必很聰明就能忍受痛苦），而且智力也可以在沒有意識的情況下存在。

無需痛苦就能變得聰明的可能性，將我們帶到了意識科學之旅的最後一站。現在該來討論人工智慧（ＡＩ），以及是否可能存在有意識的機器。

第十三章

機器思維

十六世紀末在布拉格，一位名為勒夫（Judah Loew ben Bezalel）的拉比，從伏爾塔瓦河畔取得黏土，並用黏土塑造了一個與人類相似的人形雕像——一個傀儡（golem）。這個傀儡名為約瑟夫（Josef）或約瑟爾（Yoselle），是為了保護拉比的人民免受反猶太主義大屠殺而創造的，而且顯然製作得很有效。一旦以魔法咒語啟動，像約瑟夫這樣的傀儡就可以移動、具有意識，並且會服從命令。不過約瑟夫出現了可怕的錯誤，它的行為從笨拙的服從者變成暴力的怪物。最後，拉比成功解除咒語，讓這尊傀儡在猶太教堂變成碎片。傳說這具傀儡的遺骸至今仍藏在布拉格，也許在墓地裡，也許藏在閣樓裡，也許正耐心等待被重新啟動。

勒夫拉比的傀儡提醒我們，當我們試圖塑造聰明、有感知的生物時——而且是按我們自己的形象，或是以神的思想創造的生物——便會招致狂妄自大，因為事情很少會真的進展順利。從瑪麗・雪萊（Mary Shelley）筆下《科學怪人》（*Frankenstein*）中的怪物，到加蘭（Alex

Garland）的電影《人造意識》（*Terminator*）中的艾娃，再到恰佩克（Karel apek）的同名機器人、卡麥隆電影裡的《終結者》（*Terminator*），以及史考特電影《銀翼殺手》（*Blade Runner*）中的複製人，還有庫柏力克（Stanley Kubrick）的HAL電腦等。這些創造物幾乎都會反過來對抗它們的創造者，留下毀滅、憂鬱和哲學困惑的痕跡。

在過去近十年，人工智慧的迅速崛起，為機器意識問題帶來新的急迫性。人工智慧現已出現在你我身邊，內建於我們的手機、冰箱和汽車中，在許多情況下是由受到大腦架構啟發的「神經網路」演算法提供支持。我們理所當然地擔心這種新技術的影響：它會奪走我們的工作嗎？它會解散我們的社會結構嗎？甚至到了最後，它會毀滅所有人類嗎？——無論是否因為它的自我利益考量，或因為最初的程式編寫缺失而導致所有地球資源被用來製造一堆迴紋針。在這些擔憂背後，尤其是存在主義和對世界末日的擔憂，引發了這樣的假設：人工智慧將在加速發展的某個時刻開始萌生自我意識，就像一種用矽製造的傀儡神話一樣。

機器要有意識，必須具備哪些條件？會造成什麼影響？還有，我們是否有辦法區別意識機器（善意的）與殭屍機器（惡意的）？

為何我們會認為機器，或說人工智慧，可以變得有意識？正如我剛才提到的，人們普遍認為（儘管這絕不是普遍的）一旦機器達到某些未知的智慧門檻，意識就會自然地出現。但到底是什麼驅動了這種直覺想法？我認為有兩個關鍵假設是主要原因，但兩者都無法證明。第一是假設任何事物要有意識一定有所謂的**必要條件**；第二是假設只要條件夠**充分**，就可以讓特定事物開始產生意識。

第一種假設的必要條件，就是**功能主義**（Functionalism）的說法。功能主義認為意識並非取決於系統由什麼構成，無論是濕體或硬體，不管是神經元還是矽邏輯閘，或甚至是伏爾塔瓦河的黏土都沒有關係。功能主義認為對意識來說，重要的是系統**所做的事**。如果一個系統以正確的方式將輸入轉化為輸出，就會產生意識。正如我在第一章解釋過的，這裡有兩個獨立的主張，第一是關於獨立於任何特定基質或材料，第二則是關於輸入—輸出關係的充分與否。大多數時間它們相互關聯，但有時也會分離。

功能主義是在心靈哲學家中流行的一種觀點，經常被許多非哲學家接受為預設立場。但這不意味著它就是正確的。對我來說，無論意識是否獨立於基質之外，或者只是輸入—輸出關係，亦即「訊息處理」而已，我都沒有任何支持或反對意見。我對功能主義的看法比較偏向一種可疑的「不可知論」（Agnosticism）。要讓人工智慧電腦產生意識，功能主義必須成立，因為這是必要條件。但光是功能主義本身正確也還不夠，因為處理訊息本身並不足以形成意識。第二種假設是，足以產生意識的訊息處理也是智力的基礎。這是在假設意識和智力是密切相關的，甚至在本質上相互關聯，因而意識會隨之而來。

然而這種假設也得不到良好的支持。正如我們在前一章所見，把意識與智力混為一談的傾向，源自於一種惡意的人類中心主義，讓我們透過扭曲自己的價值觀和經驗來過度解釋世界：**我們**是有意識的，**我們**是聰明的，我們對自己宣稱的智力感到如此自豪，以致我們認為智力與我們的意識狀態密不可分，反之亦然。

儘管智力為有意識的生物提供了豐富多樣的意識狀態，但認為智力（至少在先進形式中）對意識而言是必要條件或充分條件，卻是錯誤的。如果我們堅持認為意識與智力在本質上緊密關聯，可能就會太急著將看似有智力的人造系統歸類於具有意識，並且會太快否認其他系統（如其他動物），認為無法符合我們未必正確的人類認知能力標準。

在過去幾年裡，這些關於必要性和充分性的假設，已被許多其他的擔憂和誤解粉飾後推給外界，為人工意識的前景帶來一種不該有的緊迫性，以及世界末日般的色彩。

其中一些擔憂，包括無論是否有意識，人工智慧正在一條超越人類智慧的失控路徑上，最終會超出我們的理解和控制範圍。這就是所謂的「奇點」假說，由未來學家庫茲維爾（Ray Kurzweil）所推廣，並受到過去幾十年原始計算資源的驚人成長而帶動。我們目前正在這條指數曲線路徑上的哪個位置？正如我們在最近新冠病毒大流行期間所學到的，指數曲線的問題在於無論你站在指數曲線的哪個位置，前方看起來都極其陡峭，後方看起來則無關緊要地平坦。

局部觀點無法顯示人類意識的所在位置。所以接下來我們還有普羅米修斯式的恐懼，亦即我們的創造物會以某種方式反擊我們——這種恐懼已被許多科幻電影和書籍在識別並重新包裝後，推銷給我們了。最後還有一個不幸的事實，就是當我們談到機器的能力時，「意識」這個名詞經常被隨意濫用。對某些人（包括一些人工智慧研究人員）來說，任何對刺激做出反應、學會某些東西，或是為了將獎勵最大化或實現目標而採取的行為，都被稱為「有意識」的。對我來說，這些其實都是對「有意識」的合理含義進行了荒謬的過度推衍。

把所有這些因素混合在一起後，毫無疑問地會讓許多人認為有意識的人工智慧即將到來，而且我們應該對它到來時會發生的情況感到憂心才行。這種可能性當然不能完全排除，如果最後證明奇點論者是對的，那麼我們確實應該擔心。但從目前的情況來看，這種預期的可能性極小，更有可能出現的情況如下頁圖所示。在此，意識並不是由智力決定，智力也可以在沒有意識的情況下存在。兩者都存在多種形式，並且都在許多不同層面上表現出來——這表示對於意識或智力來說，都不存在單一的範圍。

在這張圖中，你可能注意到目前的人工智慧在智力尺標上還處於相對較低的位置。這是因為目前我們還不清楚人工智慧系統是否具有任何有意義的智慧。我們最好將現在大部分的人工智慧系統描述為基於機器的複雜模式識別，或許還加入一些規劃輔助。無論是否具有智慧，它們都會在毫無意識的情況下執行任務。

展望未來，許多人工智慧研究人員宣稱的最終目標，就是開發出具有像人類一樣的通用智慧能力系統，即所謂的「人工通用智慧」或「通用人工智慧」，超越這點之後就是後奇點智慧能力的未知領域。但在這趟旅程中，任何時候都不能假設意識只是伴隨而來的產物。更重要的是，必須知道可能有許多的智慧形式與人類不同，是補充而非取代或加強我們的「物種限定」認知工具。而這種補充，也不需涉及意識的部分。

事實可能會證明，在缺乏意識的情況下不可能出現某些特定形式的智慧，但即使事實如此，也不意味著所有形式的智慧——一旦超過某個我們尚未瞭解的閾值——都一定需要具有意識。反過來看，如果把智慧定義得足夠廣的話，那麼所有有意識的實體可能至少都具有一點智慧。再次強調，這點並不能

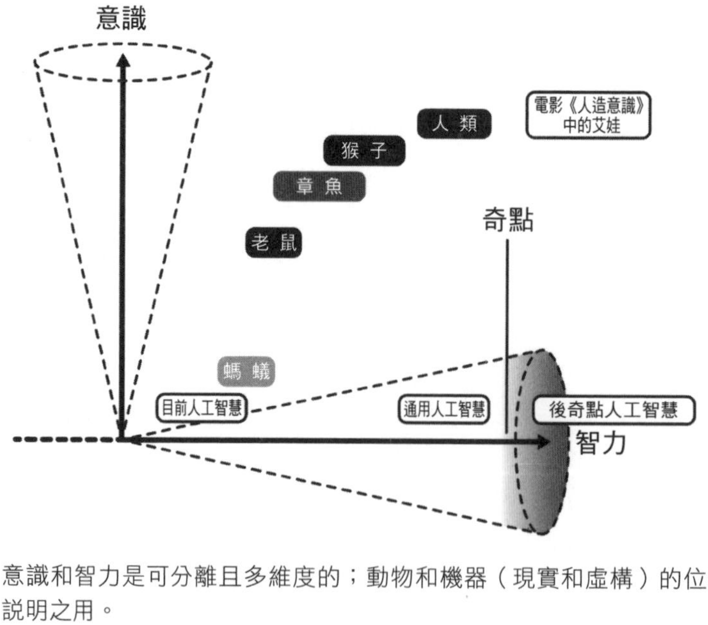

圖 21：意識和智力是可分離且多維度的；動物和機器（現實和虛構）的位置僅供說明之用。

證明智慧是通往意識的捷徑。

光是讓電腦變得更聰明，並不會讓它們擁有感知能力。但這也不代表機器意識是完全不可能的。如果我們一開始就嘗試設計有意識的系統會怎樣呢？如果不需要智力的話，那麼建造一部有意識的機器到底需要什麼？

回答這個問題取決於你認為什麼條件足以使系統具有意識，而這點又取決於你支持何種意識理論。因此，對於如何讓機器有意識存在著這麼多種觀點，也就不足為奇了。

更偏向自由主義的人相信，如同功能主義一樣，意識只是某種正確類型的訊息處理。訊息處理當然不一定等同於「智慧」，但它仍然是訊息處理，因此是可以在電腦中實現的。舉例來說，根據《科學》雜誌在二〇一七年的一項提議，如果機器以涉及訊息「全局可用性」的方式處理訊息，並且允許「自我監控」其性能，則可以說該機器具有意識。不過，作者對於這樣的機器是否就**真的具有意識**，或只是**表現得像是具有意識**的問題，含糊其辭。然而這裡潛在的主張似乎是在說明，意識只需要正確類型的訊息處理即可出現。

訊息整合理論的支持者對於有意識的機器，則提出更強有力的主張。正如我們在第三章所看到的，訊息整合理論宣稱意識就是整合訊息，由系統產生的整合訊息量，完全由其內部機制的屬性決定，即由其「因果結構」來決定。根據訊息整合理論的說法，任何產生整合訊息的機器，無論是由什麼製成的，也無論機器從外部看起來長什麼樣子，都將具有一定程度的意識。然而，訊息整合理論也未排除一種可能性，即機器在外部觀察者看來可能是有意識的、有智慧的或兩者兼備，但其機制根本不產生整合訊息，因此完全缺乏意識。

這兩種理論都沒有將意識等同於智力，但都允許只要滿足某些特定條件（正確類型的訊息處理或非零整合訊息）的機器具有意識。但要接受這些含義，當然也必須同時接受這些理論。

野獸機器理論將世界和自我的體驗的基礎，建立在對生理完整性的生物驅動力之上——亦即維持生存。這個理論對於意識機器的可能性怎麼說呢？

請想像一個具有矽腦和類人的身體，並配備各種感測器和效應器的「近未來」機器人。該機器人是由根據預測處理和主動推理原則設計的人工神經網路所控制；透過流經其電路發出的訊號構成對環境和自身身體的生成模型。它也持續使用這個模型，對其感官輸入的原因進行貝氏最佳猜測。這些合成的受控（和控制）幻覺的運作已經過預先設計，目的在保持機器人處於最佳功能狀態，亦即根據自己的判斷，維持「活著」的狀態。它甚至具有人造的內部感知輸入，指示其電池電量以及執行器和合成肌肉的完整性。這些內部感知輸入的控制導向之最佳猜測，可以產生合成的情緒狀態，藉以激勵和指導其行為。

該機器人表現出自主行為，並且可以在正確的時間做正確的事來實現其目標。在執行過程中，它給人的外在印象是一個聰明、有感知力的化身。從內部來看，它的機制直接對應我所提出的基本人類自我感覺和身體經驗基礎的預測機制。也就是說，這是一部矽野獸機器。

這樣的機器人算是有意識嗎？

一個雖不滿意但很誠實的答案是：我不確定，但可能不算是。野獸機器理論提出人類和其他動物的意識在演化中產生，在每個人的發育過程中出現，並以與我們作為生命系統的地位密切相關的方式時時刻刻運作著。我們所有的體驗和感知，都源於我們作為自我維持生命機器、關心自己持續性的本性。我的直覺是——再次強調，這只是直覺——生命的物質性對於所有形式的意識來說都可能很重要，原因是生命系統的調節和自我維護的需求，不只局限於一個層面（如整個身體的完整性）而已。生命系統的自我維護會達到所有層面，甚至深入到個體細胞的層次。隨著時間推移，你身體內的每個細胞——以及任何身體——都在不斷重新生成其自身完整性所必須的條件。對於任何目前或不久後將出現的電腦來說，這都無法辦到，即使對於我剛才描述的那種矽野獸機器也是如此。

我們不能把這種說法解釋為單一細胞具有意識，或者「所有生物體」都具有意識。其關鍵在於，野獸機器理論中支撐意識和自我生理調節過程，是從適用於「所有層面」的基本生命過程中推導而來。因此從我們的觀點來看，把能量注入到意識方程式中的應該是「生命」，而不是能夠處理訊息而已。

所以，即使真正具有意識的機器（如果確實可能出現的話）離我們還很遙遠，但仍然有很多令人擔憂的事。例如在不久的將來，人工智慧和機器人技術的發展，完全有可能在沒有確切理由去相信的情況下，帶來表面上「看似」具有意識的新科技。

在加蘭的電影《人造意識》中，隱居的億萬富翁科技天才內森，邀請程式高手迦勒來到偏遠的隱祕地點，看看他所創造的，聰明又好奇的機器人艾娃。迦勒的任務是判斷艾娃是否有意識，或者她（它）只是一個智慧機器人，根本沒有內在的生命。

《人造意識》的劇情大量運用了圖靈測試，這是評估機器是否能夠思考的著名標準。在一個尖銳的場景中，內森向迦勒詢問測試的情況。正如迦勒所瞭解的，圖靈測試的標準版本是一個人類評審只透過交換打字訊息，遠端與候選機器和另一個人類對話。當評審無法區分人類和機器時，該機器便通過測試。但內森心裡想的更有趣，例如在談到艾娃時，他說「這項挑戰在於已先告訴你她是一個機器人，再看你是否仍覺得她具有意識」。

這種新玩法把圖靈測試從智力測試轉變為「意識測試」，正如我們現在所知，兩者是非常不同的情況。更重要的是，導演加蘭呈現給我們的是：這根本不是關於機器人的測試。正如內森在劇中所說，重要的並非艾娃是否為機器，甚至也不是艾娃是否是一部有意識的機器。最重要的是艾娃是否能讓一個有意識的人感覺到她（或它）是有意識的。內森和迦勒交談的精彩之處，在於它揭示了這種測試的真正含義：這是對人類的測試，而不是對機器的測試。不論對於圖靈的原始測試，或對加蘭在二十一世紀意識導向的等效測試來說，情況都是如此。加蘭所寫的對白，優雅地捕捉到將意識賦予機器的困難點，以致「加蘭測試」一詞在今日越來越受到關注——這是科幻電影逆向影響科學的罕見例子。

現在有很多簡單的電腦程式，包括各種聊天機器人，都宣稱「通過」了圖靈測試，因為有相當比例的人類評審在足夠比例的時間內被騙過了。在一個特別奇怪的例子中，三十個人類評審中有十人被誤導，認為一個假裝成十三歲烏克蘭男孩的聊天機器人，是真正的十三歲烏克蘭男孩。這些例子導致許多人認為「在人工智慧領域裡長期存在的里程碑終於被超越了」的喧囂聲不斷。當然，冒充英語不好的外國青少年，比冒充與自己年齡、語言和文化相同的人要容易得多，尤其是在只允許遠端文字交流的情況下。當聊天機器人獲勝時，它的回答是「我感覺已經用相當簡單的方式擊敗圖靈測試」。一旦我們把標準降低到如此程度，測試就變得容易通過。這等於是對人類輕信程度的考驗，而人類失敗了。

隨著人工智慧的不斷改進，電腦可能很快就不需要人為地降低標準，便能通過圖靈測試。二〇二二年五月，OpenAI研究實驗室發布了GPT－3——一個使用來自網際網路的大量自然語言範例，進行訓練的龐大人工神經網路。除了進行聊天機器人式的對話外，GPT－3還可以在給定少量初始詞語或句子時，生成多種不同風格的大段文字。雖然它並不明白自己生成的內容，但GPT－3輸出的流暢性和複雜度令人驚訝，對某些人來說甚至令人恐懼。在《衛報》上發表的一個例子中，它寫了一篇長達五百字的文章，講述人類為什麼不該害怕人工智慧——內容涵蓋從人類暴力心理學到工業革命等，其中包括令人不安的一句話：「人工智慧不該浪費時間去嘗試理解那些不信任人工智慧者的觀點。」

儘管GPT－3非常複雜精細，但我非常確定它可以被任何一個夠老練的人類對話者給揭穿。雖然對於以後的GPT－4或甚至一直到GPT－10來說，這點可能不會成立。但即使未來類似GPT－3的系統可以多次通過圖靈測試，它也只會表現出一種非常狹隘的（模擬）智慧——一種非實體的語言交流，而非完全體現「在正確的時間做正確的事」，亦即我們在人類和許多其他動物中，以及我假設的矽野獸機器中會看到的自然智慧。

就意識而言，並沒有烏克蘭聊天機器人程度等價的意識能力，更別說GPT－3程度的意識能力了。加蘭測試仍能保持原先的地位。事實上，創造有感知能力的「人類仿真擬像」嘗試，常常會令人產生焦慮和反感，而不是像《人造意識》中迦勒對艾娃所產生的那種吸引、同情和憐憫等複雜的混合情感。

日本機器人學家石黑浩（Hiroshi Ishiguro），花了幾十年的時間建造與人類盡可能相似的機器人。他稱它們為**仿真機器人**（Geminoids）。石黑浩創造了他自己（見左圖）和他女兒（當時六歲）的機器人複製版本，以及大約基於三十個不同人類所混合的日歐電視女主播仿真機器人。這些仿真機器人均由詳細的 3D 身體掃描建構而成，並配有能夠生成各種面部表情和手勢的氣動執行器。這些設備裡幾乎沒有人工智慧，因為它們都是關於人類的模仿。比較可能的應用則包括「遠端呈現」等，例如石黑浩曾經使用他的仿真機器人，為大學生進行了四十五分鐘的遠端課程。

仿真機器人無疑地令人毛骨悚然。它們很逼真，但又不夠逼真。請想像一下遇到像人的仿真機器人，以及遇到完全不像人類的貓。對於貓（章魚也可以）來說，即使外觀如此不同，也會立即感

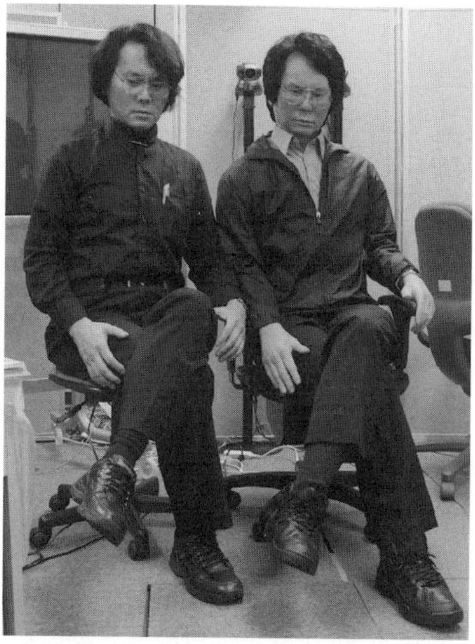

圖 22：石黑浩與他的仿真機器人。
ATR Hiroshi Ishiguro 實驗室圖片提供。

受到另一個有意識的實體的存在。然而仿真機器人那引人注目但不完美的實體相似性，只會加強脫離現實以及差異的感受。在二〇〇九年的一項研究中，訪問仿真機器人的參觀者，最常感到的情緒便是「恐懼」。

這種情緒反應就是所謂的「恐怖谷」（uncanny valley）效應，這個概念是由另一位日本研究者森政弘（Masahiro Mori）於一九七〇年提出的。森政弘指出，當機器人開始看起來像人類時，會引起人們越來越積極和移情的反應（如《星際大戰》中的C－3PO）。然而，一旦過了某個點，亦即在某些方面看起來非常像人，但在其他方面又沒那麼像時（太像卻又不是的情況），這些反應就會迅速轉變為厭惡和恐懼，也就是所謂的「恐怖谷」。只有當相似性變得更加接近、難以區分的時候，這種厭惡反應才會消失。關於恐怖谷為何存在有許多理論，但毫無疑問它確實存在。

儘管現實世界的機器人很難逃離恐怖谷效應，但在虛擬世界的發展已經開始翻山越嶺，走到另一個境界。在機器學習的最新進展方面，使用「生成式對抗神經網路」（簡稱GANN），可以生成從未實際存在過的人類的逼真面孔（見下頁圖）。[1]這些圖像利用巧妙混合來自實際面孔的大型數據庫特徵而創建，採用類似於我們在幻覺機器中所使用的技術（在第六章描述過）。當與「深偽」（deepfake）技術相結合時，便可將這些面孔動畫化，讓他們說出任何語言。如果他們所說的內容也由日益複雜的語音識別和語言生成軟件（如GPT－3）提供支援時，我們就會像是突然生活在一個充滿虛擬人物的世界裡，這些虛擬人物在虛擬世界（如影片）的實際表現上，與真實人物幾乎難以區分。於是在這樣的世界裡，我們將習慣於無法分清誰真誰假。

任何認為這些最新發展在通過「針對影片強化的圖靈測試」之前便會遇上阻礙的人，其想法可能是錯的。會以這種方式思考的人，要不是抗拒人類例外論的頑固範例，要不就是缺乏想像力，或者兩者兼有之，因為它真的會通過測試。不過，目前還有兩個問題，首先是這些新的虛擬創作是否能穿越到現實世界——例如可以從石黑浩的擬真機器人仍被困住的恐怖谷中逃離。

第二個問題是加蘭測試是否也會失效？我們是否會覺得這些新的代理實體真的具有意識，而且真的具有智慧——即使你知道它們只不過是幾行程式代碼？

1 原注：這些合成面孔由 thispersondoesnotexist.com 網站生成。

圖 23：八個面孔。這些都不是真實存在的人。

如果我們確實有這種感覺，對我們會產生什麼影響？

人工智慧的迅速崛起——無論它是由何種炒作和與現實所混合推動——都已經引發一場復興且必要的倫理討論。許多道德關切都與近期技術（如自駕汽車和自動化工廠工人等）的經濟和社會影響有關，難以避免地會帶來許多重大干擾。[2]

人們對於將決策能力委託給人工系統存在著合理的擔憂，其內部運作可能很容易受到各種偏見和反覆無常的影響，而且對受影響者以及設計它們的人來說，這些內部運作都不夠透明。在極端情況下，例如若人工智慧系統負責核武或網際網路基礎骨幹的話，到底會引發什麼恐怖後果呢？

而對人工智慧和機器學習的心理和行為後果，也存在著道德方面的擔憂。深偽技術的隱私侵犯、預測性演算法的行為修正，以及社群媒體中的**過濾氣泡**（filter bubbles，網站針對用戶事先過濾訊息）和**迴聲室**（echo chambers，俗稱同溫層效應）中的信念扭曲，都只是影響社會結構的眾多力量之一。藉由這些力量的釋放，我們心甘情願地將自己的身分和自主權，交給不露面的數據公司進行一場巨大且難以控制的全球性實驗。

在這種背景下，關於機器意識的道德討論，可能會顯得既放縱任性又深奧難懂，不過事實並非如此。即使目前相關的機器沒有（尚未擁有）意識，這些討論也是必要的。當加蘭測試通過時，我們便可以與被認為擁有主觀內心生活的實體分享我們的生活，即使我們可能知道或相信它們其實並未擁有意識。我們很難預見這點在心理上或行為上的後果。其中一個可能性就是，我們將學會區分我們的「感受」以及我們該如何「行動」。如此一來，儘管我們覺得兩者都有意識，但去關心人類而非關心機器人就會顯得很自然。目前尚不清楚這會對我們的個人心理產生什麼影響。

在電視劇《西方極樂園》（*Westworld*）中，仿真機器人是專門為虐待、殺害和強姦而開發的——亦即作為人類最邪惡行為的發洩對象。人類是否可能感覺到機器人有意識的同時，又清楚知道它其實並沒有意識，因而在虐待機器人時不會讓自己的心智崩潰？因為以一般現代人的正常心智而言，這樣的虐待行為是高度的反社會行為。另一種可能性是我們的道德關注範圍，將因為我們以「人類為中心」的傾向而扭曲，亦即我們將對那些感覺更相似的實體產生更多同理心；在這種情況下，我們可能會更關心新一代仿真機器人（作為你的雙胞胎），而不是關心其他人，更非關心其他動物了。

當然，並非所有的未來場景都必須如此「反烏托邦」。但隨著人工智慧的進步和炒作

2　原注：有些技術並不像表面上看起來那麼創新。我的同事金井良太（Ryota Kanai）不久前說過：「馬基本上就是自動駕駛的。」

之間的競爭加劇，基於心理學的道德規範也必須發揮作用。我們不能只是推出新科技，然後等著看會發生什麼事。更重要的是，我們不該盲目追求重建並超越人類智慧的人工智慧標準。正如丹尼特明確指出的，我們正在構建「智慧工具而非工作夥伴」，我們必須確實清楚其間的差異。

最後就是面對真正的機器意識的可能性。如果我們有意或無意地將新形式的主觀體驗引入世界，我們便將面臨前所未有的倫理和道德危機。一旦某個東西具有意識狀態，它也就具有道德地位。我們將有義務盡量減少其潛在的痛苦，就像我們有義務盡量減少其他生物的痛苦一樣，然而我們在這方面的表現並不好。對於這些被假設為具有人工感知的實體，我們還會面臨另一項挑戰，那就是我們可能不知道它們正在經歷什麼樣的意識。請想像當一個系統遭受一種全新形式的痛苦折磨時，人類對此並沒有相應的等價物或概念，也沒有任何可以識別它的本能。請再想像一個對於積極情緒和消極情緒的區別無法加以判斷的系統，當然也就沒有相應的現象層面可供判別。這裡的道德挑戰就是：我們甚至不知道相關的道德問題是什麼？

無論真正的人工意識距離我們還有多遙遠，其遙遠的可能性也該獲得一些考量。雖然我們並不知道創造出有意識的機器需要什麼，不過我們同樣也不知道不需要什麼。

二〇一九年六月，德國哲學家梅辛格呼籲，將所有研究目的放在產生他所謂**合成現象學**（synthetic phenomenology）的研究立即暫停三十年，正是出於這些原因。他宣布這一消息時我就在現場，我們剛好都在劍橋勒弗赫爾姆未來智慧中心主辦的人工意識會議上發表演講。梅辛格的懇求難以嚴格執行，因為心理學中的大部分（如果不是全部）計算模型，都可能被包括在他呼籲的範圍內。他的訊息主旨非常明確：我們不該僅僅認為人工意識有趣、有用或很酷，就輕率地嘗試創造人工意識。因為最好的道德標準便是預防性的道德。

在生機論的鼎盛時期，談論人工生命的倫理學似乎就像今天我們談論人工意識的倫理學一樣荒謬。但在一百多年後的今天，我們不僅對生命的可能性有了更深刻的理解，還擁有許多新工具來修改甚至創造生命。我們擁有CRISPR等基因編輯技術，讓科學家可以輕鬆改變DNA序列並改變基因的功能。我們甚至有能力從「基因」開始，開發出完全合成的有機體。例如在二〇一九年，劍橋的研究人員創造了一種具有全合成基因組的大腸桿菌變種。這些都讓創造新生命形式的倫理學突然變得非常必要。

也許會是生物技術，而非人工智慧，讓我們最接近合成意識。在這方面，「大腦類器官」（cerebral organoids）的出現具有特別重要的意義。這些類器官是十分微小、類似大腦的結構，是由真正的神經元所組成，而這些神經元是從人類多功能幹細胞（pluripotent stem cells，可分化成許多不同形式的細胞）培養而成。雖然大腦類器官並不是「迷你大腦」，但它在某些方面類似於發育中的人類大腦，這使得它們可以作為大腦發育出現問題時的醫學實驗室模型。這些類器官是否可能擁有一種原始形式的「無身體意識」？我們很難排除這種可能性，尤其是當它們開始顯示出與早產兒所能見到、類似的電活動諧波時，如同最近一項研究發現的情況。

跟電腦不同的是，大腦類器官是由與真實大腦相同的物質構成，因而排除了將它們視為可能只是潛在意識的障礙。從另一方面看，它們仍然非常簡單，完全脫離身體，而且並不與外在世界互動（不過我們確實可以把它們連接到攝影機和機械臂等設備上）。在我看來，雖然目前的類器官不太可能真的具有意識，但隨著技術發展，這個問題仍將維持令人不安的懸而未決，這又讓我們回到預防性倫理的需求。類器官意識的可能性具有倫理上的緊迫性，不僅因為它不能被排除，還因為涉及到的潛在規模。正如類器官研究員穆奧特里（Alysson Muotri）所說：「我們想蓋一座類器官農場。」

為什麼機器意識的前景如此誘人？為什麼它對我們的集體想像力產生了如此大的吸引力？我開始認為這跟「技術狂熱」有關。這是一種深層的願望，亦即希望能在末日來臨之前，有機會超越人類本身有限而雜亂的物質存在。如果有意識的機器被製造出來，那就表示有可能產生將人類基於濕體的意識思維，重新轉移到未來的超級電腦電路中，讓我們不會老化也不會死亡。這已經是「心智上傳」的領域，也就是未來主義者和超人類主義者最喜歡的主題。對他們來說，人只有一生是不夠的。

有些人甚至認為我們可能達到這一點了。牛津大學哲學家伯斯特隆姆（Nick Bostrom）的「模擬論證」提出一個統計案例，認為我們比較可能成為高複雜度的「電腦模擬」的一部分，這些模擬是由我們的後代，也就是一些技術先進且極度執著於家譜的人所設計和實現，而不是在原來的生物人類族群層面產生。從這種模擬角度來看，我們已經可以是虛擬宇宙中的虛擬感知代理了。

還有某些被技術狂熱吸引的人，認為他們已經看到歷史的關鍵點，亦即一個正在快速逼近我們的「奇點」。在這個關鍵點上，人工智慧將超越我們的理解和控制範圍，進行自我引導。而在後奇點世界中，有意識的機器和祖先模擬將大量存在。基於碳的人類生命形式將被遠遠拋在後頭，我們在陽光下的時刻已然結束。

你並不需要太多的社會學洞察力，就能看出這種令人陶醉的預言佳釀對技術菁英們的吸引力。從這些想法來看，他們可以把自己視為人類歷史上前所未有的轉變中的關鍵角色，並以「永生」作為他們的獎勵。當人類例外論的走向偏離軌道時，就會發生這種情況。從這種角度看，我們對機器意識的爭論，代表我們對生物本質和演化遺產間的疏遠正不斷增加。

野獸機器的觀點在所有方面幾乎都與這些說法不同。根據我的理論，正如我們所見，人類的全部經驗和心智生活的存在，都是基於我們作為自我維持的生物有機體之本性而產生，因為我們關心自己的存續。這種對於意識和人性的觀點，並不排除意識機器的可能性，但它確實削弱了對於即將具有意識感知的電腦那種技術狂熱的說法，這類說法加深恐懼並滲透到我們的夢想中。從野獸機器的角度來看，對意識的探索使我們越來越融入自然，而非與自然疏遠。

正如它該有的影響。

結語

我想要控制一切，
我想要一個完美的身體，
我想要一個完美的靈魂。

——電台司令，《Creep》（1992）

二〇一九年一月，我生平第一次親眼見到活生生的人類大腦。此刻距離我首次開始研究意識科學已有二十幾年，距離我在薩塞克斯的實驗室開始營運也已經十年，而距離我自己因麻醉導致的無意識狀態（本書開始時說過）已有三年。經過這麼長的時間之後，凝視輕輕脈動的灰白色皮質表面上佈滿深紅色的靜脈，再次令我覺得不可思議。這樣一塊東西，竟能產生一個由思想、感覺和感知組成的內在宇宙，也就是一個「生命」，並以第一人稱的方式活著。我心中深深的好奇感與一個老笑話很不搭地混在一起：大腦移植手術是唯

——種你最好是捐獻者、而非接受移植者的手術。

我會在這裡，是因為接受卡特（Michael Carter）的邀請來做客，他是一名兒童腦外科醫生，在英格蘭西部的布里斯托爾皇家兒童醫院工作。他邀請我前來參觀在全球各地均可執行且相當戲劇性的一項神經外科手術。患者是一名剛過六歲的兒童，他接受的是一種「大腦半球切開手術」（hemispherotomy）。病童從出生起就患有嚴重的癲癇症。癲癇發作源於他的右側皮質半球，該半球在早產期間受到嚴重損害，所有標準抗癲癇藥物都對他無效，因此召來神經外科醫生協助治療，成為最後的手段。

大腦半球切開手術的做法是將大腦功能失調的右半球，進行完全的神經斷開。外科醫生從右側進入大腦，斷開（切除）顳葉，然後切斷所有與右半球大腦和身體的其餘部分相連的束（白質束）。孤立的半球仍留在頭蓋骨內，並與血液供應保持連接，但卻是一個活生生但孤立的皮質島。這是一種常見的「分割」腦部操作的極端版本，其想法是完全斷開的神經，可防止源自受損右半球的放電風暴擴散到大腦其他部分。進行手術的年齡夠早的話，較年輕的大腦通常具有足夠的適應性，能讓剩餘的大腦半球承擔大部分或全部的工作。儘管這種手術相當激進，而且每個病例的狀況可能都有所不同，但手術結果通常十分良好。

這個特別的手術從中午左右開始，持續了八個多小時。在我的工作中，我很少能堅持超過五分鐘，因為我總是會被電子郵件、板球比數或再泡一杯茶而分散注意力。而邁克爾在神經外科實習生和輪班助理團隊的支持下，極具耐心、有條不紊、堅持不懈地持續工作了好幾個小時。大約在手術進行到一半、外科實習醫生短暫休息時，我被邀請在雙手消毒後，走到手術顯微鏡前。我沒料想到會以這樣一個擁有特權般的觀看角度，凝視病童被照亮的腦腔。我試圖把我對不同大腦區域和路徑的抽象知識對應到我眼前被照亮的混亂組織中。當然這項舉動不太有意義，我在研究中所瞭解的清晰皮質層次結構，以及從下而上和從上到下的各種訊號流在此都看不到。大腦的全新形象難以捉摸，我對神經外科醫生的技術和這個最神奇物體的物質現實感到敬畏，就像一種違規越線的感覺。一道帷幕被拉開，揭示出太過私密而不該如此公開展示的事物。我正直接看著的人類自身的機制。

手術按計畫進行。在八點多的時候，邁克爾離開，讓實習醫生接手縫合頭皮，然後帶我去見這孩子的家人。他們感激不已也鬆了口氣。我很想知道如果他們也看到我那天看到的一切，將會有什麼感受。

稍後在冬日黑夜中開車回家時，我的思緒又回到了查默斯對意識這個難題的描述：「人們普遍認為，經驗源於物理基礎，但我們對它為何以及如何產生，並沒有很好的解釋。為什麼物理處理過程會產生如此豐富的內心生活呢？這似乎在客觀上並不合理，但事實確實是如此。」

面對這個謎團，哲學提供了一系列的選擇，從**泛心論**（意識無處不在，只是多寡而已）到**取消唯物主義**（eliminative materialism，沒有意識，至少不是我們所想像的那樣），以及介於上述兩個極端之間的一切。但意識科學並不只是從套餐菜單中進行選擇（無論餐廳多麼豪華或廚師多麼熟練都一樣），意識科學更像是用冰箱裡能找到的各種食材來烹飪，把哲學、神經科學、心理學、電腦科學、精神病學、機器學習等各種零散碎片，以不同方式直接組合或重新組合，變成全新的東西。

這就是解決意識問題的方法本質：接受意識的存在，然後詢問意識的各種現象學屬性——即意識經驗如何構成，採取了什麼形式——與大腦的屬性如何相關，也就是連結著身體和整個世界的大腦屬性間的如何關聯。要回答這些問題，可以從識別大腦活動的這種或那種模式類型，以及意識經驗的這種或那種類型，再尋找它們彼此之間的關聯性開始，但不需要也不該就這樣結束。我們所面臨的挑戰是必須在機制和現象學之間，建立越來越堅固的解釋橋梁，讓我們描繪出來的關聯不是任意的，而是具有意義的。在這種情況下的「有意義」到底意味著什麼？再次強調，就是解釋、預測和控制。

從歷史上看，這種策略呼應了我們對生命的科學理解如何透過區分生命系統的屬性，然後根據其基本機制來解釋每個屬性，進而超越生機論的神奇思維。生命和意識當然是兩個不同的東西，然而我希望現在已經說服了你，它們之間的關聯比剛開始看起來更加密切。無論哪種情況，策略都是一樣的：我們無需直接嘗試解決意識的難題，也無需將意識的體驗性質完全排除在外，真正的問題解決方法，是提供調和物理世界與現象世界的真正希望——藉由慢慢消解，而非硬著頭皮解決難題。

我們從意識的**程度**開始——昏迷、完全清醒以及清楚有意識間的區別——我們的關注重點在於**測量**的重要性。這裡的關鍵點便是度量的選擇，因此因果密度和整合訊息都不是隨意的。相反地，它們可以捕捉**所有**意識經驗高度保留的屬性，亦即每個意識經驗既是統一的，又不同於所有其他意識經驗。每個有意識的場景都是「整體」的體驗，而且每次體驗都是以它自己的方式，而非其他方式。

然後我們繼續討論到意識**內容**的本質，特別是成為有意識的**自我**的體驗。我對事物的表現方式提出了一系列挑戰，在每種情況下，都鼓勵我們對意識感知採取後哥白尼式的嶄新觀點。

第一個挑戰是將感知理解為一種以行動為導向的主動建構，而非將其視為對於客觀外部現實的被動紀錄。我們所感知的世界既少於又多於客觀的外部現實。我們的大腦透過貝氏最佳猜測過程，創建了我們的世界，其中的感官訊號主要用於控制我們不斷發展的感知假設。我們生活在一種受控的幻覺之中。演化的目的不是為了準確性，而是為了實用性。

第二個挑戰將這種見解轉向內部，也就是身為自我的體驗。我們探討了自我本身也是一種感知，另一種受控幻覺的變體。從個人身分和隨時間經歷的連續性體驗，一直到作為一個生命體的早期感覺，這些自我片段都依賴由內而外的感知預測以及由外而內的預測錯誤間的微妙互動，儘管目前這種互動之舞大部分發生在身體的範圍內。

最後的挑戰是要去瞭解，意識知覺預測機制的起源和主要功能，並不在於代表世界或身體，而是在於控制和調節我們的生理狀態。我們所有的感知和認知——人類經驗和精神生活的整個全景——都是由根深蒂固的生物驅動力塑造，以求生存。我們透過自己活生生的身體，感知周圍的世界，以及身在其中的我們自己。

這就是我的野獸機器理論，一個拉美特利的「人類機器」的二十一世紀版本——或者說顛倒版本。正是在這裡，對於如何思考意識和自我，發生了最深刻的轉變。

令人困惑的是，「身為一個自我」的體驗與我們對周圍世界的體驗相當不同。現在我們可以將它們理解為同一種感知預測原則的不同表達，現象學的差異可以追溯至所涉及的預測類型的差異。某些感知推理是為了瞭解世界上的物體，另一些則是為了控制身體內部。

透過將我們的精神生活與我們的生理現實連結起來，關於生命和精神之間連續性的古老概念被賦予了新的實質，並得到預測處理和自由能原理的堅實支柱之支持。這種深遠的連續性，又反過來讓我們能看到自己與其他動物和大自然更加密切的關係，並相對遠離了無實際肉體演算的人工智慧。當意識和生命結合在一起時，意識和智慧就被分開了。我們在自然界位置的重新定位，不僅適用於我們的身體、生物學身體，也適用於我們的意識思維、我們對周遭世界的體驗以及我們自己的存在。

每當科學將我們從事物的中心置換出來時，都會給予我們更多回報。哥白尼革命給了我們一個宇宙——這個宇宙在過去一百年的天文發現，已遠遠超出人類所能想像的範圍。達爾文的天擇演化論給了我們一個大家族，亦即與所有其他生物物種的密切關聯，還有對深遠時間和演化設計能力的欣賞。現在，意識科學（野獸機器理論只是其中一部分）正在突破人類例外論的最後堡壘——也就是我們意識思維的假定特殊性——並表明這點同樣深深銘刻在更廣泛的自然模式中。

意識經驗裡的一切都是某一種感知，而每一種感知都是一種受控的或控制幻覺。這種思考方式最讓我興奮的部分，是它到底可以帶我們到多麼深遠的地方呢？自由意志的體驗是感知，時間的流動是一種感知，也許甚至我們所經歷的世界的三度空間結構，以及感知體驗內容是客觀真實的感覺，這些也都可能是感知的一部分。意識科學的工具使我們越來越接近康德的「本體」，亦即最終不可知的現實，而我們也是其中的一部分。所有這些想法都是可以被檢驗的，而且無論數據以何種方式出現，簡單提出此類問題都可能重塑我們對意識是什麼、如何發生以及用途方面的理解。每一步都在削弱「意識到底是什麼」這種迷人但無益的直覺，因為那就像是一個巨大的可怕謎團，正在尋找一個巨大可怕的解決方案一樣。

當然也有很多實質影響。例如受理論啟發的意識程度測量，正在引入新的意識「量表」，這些工具越來越能檢測行為無反應患者的殘餘意識（隱性意識）。預測感知的計算模型，為幻覺和妄想的基礎提供了新線索，讓精神病學得以從治療症狀轉向解決病因。在大量成熟和新興的技術中，還包括人工智慧、腦機介面和虛擬實境等各式各樣的新方向。探究意識的生物學基礎，確實是件非常有用的事。

話雖如此，覺醒的奧祕不僅現在是、也永遠會是一種深刻的個人旅程。意識科學如果不能為我們個人的精神生活以及我們周圍所有人的內心生活帶來新的啟發，那又有什麼意義呢？

這是對真正問題的真正承諾。無論它最終帶領我們走向何處，沿著這條路一直走下去，都將引導我們瞭解許多關於我們周圍世界以及我們自己意識經驗的新事物。我們將看到人類內在的宇宙如何成為自然的一部分，而不是與之隔離。而且（雖然我們可能不會經常想到這一點）我們將有機會讓已經發生的事情或尚未發生的事情，重新和平相處——例如當受控的「身為自己」的幻覺最終化為虛無時，或是當遺忘不是由麻醉引起的意識之河中斷，而是回歸到我們每個人曾從中浮現的永恆。

在這個故事的結尾，當第一人稱的生命抵達它的終點時，如果還保留有一點神祕感，或許也不算太糟。

致謝

這本書中的觀點得益於我在過去二十多年裡與朋友、同事、學生、老師和導師進行的無數次交流，我感謝他們所有人。

感謝所有在薩塞克斯大學研究小組過去和現在的成員，能夠和你們一起工作，一直是讓我感到榮幸的事。我尤其感謝小組中那些讓我在這本書中借鑒研究的人，謝謝你們，Adam Barrett、Lionel Barnett、Peter Lush、Alberto Mariola、Yair Pinto、Warrick Roseboom、Michael Schartner、David Schwartzman、Maxine Sherman、Keisuke Suzuki 和 Alexander Tschantz。

同樣感謝 Manuel Baltieri、Reny Baykova、Luc Berthouze、Daniel Bor、Chris Buckley、Acer Chang、Paul Chorley、Ron Chrisley、Andy Clark、Marianne Cole、Clémence Compain、Guillaume Corlouer、Hugo Critchley、Zoltán Dienes、Tom Froese、Paul Graham、Inman Harvey、Owen Holland、Ryota Kanai、Tomasz Korbak、Isabel Maranhão、Federico Micheli、Beren Millidge、Thomas Nowotny、Andy Philippides、Charlotte Rae、

Colin Reveley、Ryan Scott、Lina Skora、Nadine Spychala、Marta Suarez-Pinilla、Chris Thornton、Hao-Ting Wang 和 Jamie Ward，以及其他同事和朋友，過去和現在的薩塞克斯同事，他們的工作和想法對我的工作做出了重大貢獻，其中許多人親切地閱讀並對本書各個部分並進行評論。

在我的職涯的每個階段，我都得到了優秀科學家的指導。於二〇一五年去世的 Nicholas Mackintosh，在我劍橋大學的本科學習期間指導我，給了我在學術界探索的信心。Phil Husbands 是我博士學位（薩塞克斯大學所稱的 DPhil）的導師，他讓我在自由探索的同時保持警惕，留意我所走的方向。二〇一四年去世的艾德爾曼在我的博士後研究期間，指導我六年多的時間。在他的指導下，我對意識的興趣最終變成了我的工作。我還要感謝 Margaret Boden、Andy Clark、丹尼特和梅辛格，多年來他們都對我產生了非凡的影響和靈感。

還有幾位負責閱讀本書早期草稿，並對內容進行詳細評論的人。衷心感謝 Tim Bayne, Andy Clark（再次感謝）、Claudia Fischer, Jakob Hohwy 和 Murray Shanahan。他們的想法和建議讓我受益匪淺。我還非常感謝 Karl Friston、Marcello Massimini、辛格（再次感謝）、Aniruddh（Ani）Patel 和 Adrian Owen，他們對自己所選的部分，提供了極詳細的建議。非常感謝 Steve West（Lazy Chief）的時尚插畫。感謝 Baba Brinkman，他的語言天分不斷為我們帶來靈感，與他合作創作《意識的饒舌指南》是個真正的人生亮點。感謝卡特帶我進入他的手術室，見證了大腦半球切開手術。感謝艾德爾曼和菲奧里托帶我進入章魚的世界，感謝切尼和桑托斯帶我進入猴子的世界，感謝施賴特帶我進入另一個世界。

多年來為我提供幫助的許多其他人的建議、想法和支持中，我只能依記憶所及，提到其中的一些人。謝謝 Anil Ananthaswamy, Chris Anderson, Bernard Baars, Lisa Feldman Barrett, Isabel Behncke, Tristan Bekinschtein, Yoshua Bengio, Heather Berlin, Matt Bergman, David Biello, Robin Carhart-Harris, Olivia Carter, David Chalmers, Craig Chapman, Axel Cleeremans, Athena Demertzi, Steve Fleming, Zaferios Fountas, Friday Football, Chris Frith, Uta Frith, Alex Garland, Mariana Garza,Mel Goodale,Annaka Harris,Sam Harris,Nick Humphrey, Rob Illife, Robin Ince, John Iversen, Eugene Izhikevich, Alexis Johansen, Robert Kentridge, Christof Koch, Sid Kouider, Je (Krichmar, Victor Lamme, Hakwan Lau, Steven Laureys, Rafael Malach, Daanish Masood, Simon McGregor, Pedro Mediano, Lucia Melloni, Liad Mudrick, Phil Newman, Angus Nisbet, the Parasites, Megan Peters, Giovanni Pezzulo, Tony Prescott, Blake Richards, Fernando Rosas, Adam Rutherford, Tim Satterthwaite, Tom Smith, Narayanan Srinivasan, Catherine Tallon-Baudry, Giulio Tononi, Nao Tsuchiya, Nick Turk-Browne, Lucina Uddin, Simon van Gaal, Bruno van Swinderen, Anniek Verholt, Paul Verschure, Lucy Walker, Nigel Warburton, Lisa Westbury 和 Martijn Wokke。

多年來，這些人以各種方式協助糾正我的錯誤，這並不是說他們都同意我所說的話。書中如果有任何疏漏謬誤之處，當然完全要歸到我頭上。

如果沒有威康信託基金會（Wellcome Trust，提供贊助）、莫蒂默博士和薩克勒基金會以及加拿大高級研究所（Canadian Institute for Advanced Research，我協助他們共同指導關於大腦、心智和認知等研究項目）的支持，我便不可能寫出這本書。感謝他們對我花時間和團隊進行的研究給予支持，更感謝蘇塞克斯大學多年來為我提供了一個學術之家。

最後我要感謝我的經紀人和編輯。Janklow & Nesbit 的 Will Francis 最先鼓勵我寫這本書，協助我制定提案，幫我找到優秀編輯，並且從頭到尾指導整個項目。同樣感謝那些優秀編輯，Faber & Faber 的 Rowan Cope 和 Laura Hassan、Dutton / Penguin 的 Stephen Morrow 以及文案編輯 Eleanor Rees。

Williford, K., Bennequin, D., Friston, K., et al. (2018). 'The projective consciousness model and phenomenal selfhood'. *Frontiers in Psychology*, 9, 2571.

Winn, J., & Bishop, C. M. (2005). 'Variational message passing'. *Journal of Machine Learning Research*, 6, 661–94.

Wittmann, M. (2013). 'The inner sense of time: how the brain creates a representation of duration'. *Nature Reviews Neuroscience,* 14(3), 217–23.

Witzel, C., Racey, C., & O'Regan, J. K. (2017). 'The most reasonable explanation of "the dress": Implicit assumptions about illumination'. *Journal of Vision*, 17(2), 1.

Xiao, Q., & Gunturkun, O. (2009). 'Natural split-brain? Lateralized memory for task contingencies in pigeons'. *Neuroscience Letters*, 458(2), 75–8.

Zamariola, G., Maurage, P., Luminet, O., et al. (2018). 'Interoceptive accuracy scores from the heartbeat counting task are problematic: Evidence from simple bivariate correlations'. *Biological Psychology*, 137, 12–17.

Zucker, M. (1945), *The Philosophy of American History, vol. 1: The Historical Field Theory.* New York: Arnold-Howard.

Tschantz, A., Millidge, B., Seth, A. K., et al. (2020a). 'Reinforcement learning through active inference'. doi:https://arxiv.org/ abs/2002.12636.

Tschantz, A., Seth, A. K., & Buckley, C. (2020b). 'Learning actionoriented models'. *PLoS Computational Biology*, 16(4), e1007805.

Tsuchiya, N., Wilke, M., Frässle, S., et al. (2015). 'No-report paradigms: extracting the true neural correlates of consciousness'. *Trends in Cognitive Sciences,* 19(12), 757–70.

Tulving, E. (1985). 'Memory and consciousness'. *Canadian Psychology,* 26, 1–12.

Turing, A. M. (1950). 'Computing machinery and intelligence'. *Mind,* 59, 433–60.

Uexküll, J. v. (1957). 'A stroll through the worlds of animals and men: a picture book of invisible worlds'. In C. Schiller (ed.), *Instinctive Behavior: The Development of a Modern Concept*, New York: International Universities Press, 5.

van Giesen, L., Kilian, P. B., Allard, C. A. H., et al. (2020). 'Molecular basis of chemotactile sensation in octopus'. *Cell,* 183(3), 594–604 e514.

van Rijn, H., Gu, B. M., & Meck, W. H. (2014). 'Dedicated clock/ timing-circuit theories of time perception and timed performance'. *Advances in Experimental Medicine and Biology*, 829, 75–99.

Varela, F. J. (1996). 'Neurophenomenology: A methodological remedy for the hard problem'. *Journal of Consciousness Studies*, 3, 330–50.

Varela, F., Thompson, E., & Rosch, E. (1993). *The Embodied Mind: Cognitive Science and Human Experience*. Cambridge, MA: MIT Press.

Walker, M. (2017). *Why We Sleep*. New York: Scribner.

Waller, B. (2011). *Against Moral Responsibility*. Cambridge, MA: MIT Press.

Wearing, D. (2005). *Forever Today: A Memoir of Love and Amnesia*. London: Corgi.

Wegner, D. (2002). *The Illusion of Conscious Will*. Cambridge, MA: MIT Press.

Weiser, T. G., Regenbogen, S. E., Thompson, K. D., et al. (2008). 'An estimation of the global volume of surgery: a modelling strategy based on available data'. *Lancet,* 372(9633), 139–44.

Wheeler, J. A. (1989). 'Information, physics, quantum: The search for links'. In *Proceedings III International Symposium on Foundations of Quantum Mechanics*, Tokyo, 354–8.

Wiener, N. (1948). *Cybernetics: Or Control and Communication in the Animal and Machine*. Cambridge, MA: MIT Press.

Wiener, N. (1964). *God and Golem, Inc.* Cambridge, MA: MIT Press.

Systems Neuroscience, 10, 79.

Teasdale, G. M., & Murray, L. (2000). 'Revisiting the Glasgow Coma Scale and Coma Score'. *Intensive Care Medicine*, 26(2), 153–4.

Teufel, C., & Fletcher, P. C. (2020). 'Forms of prediction in the nervous system'. *Nature Reviews Neuroscience*, 21(4), 231–42.

Thompson, E. (2007). *Mind in Life: Biology, Phenomenology, and the Sciences of Mind.* Cambridge, MA: Harvard University Press.

Thompson, E. (2014). *Waking, Dreaming, Being: Self and Consciousness in Neuroscience, Meditation, and Philosophy*. New York, NY: Columbia University Press.

Timmermann, C., Roseman, L., Schartner, M., et al. (2019). 'Neural correlates of the DMT experience assessed with multivariate EEG'. *Scientific Reports*, 9(1), 16324.

Tong, F. (2003). 'Out-of-body experiences: from Penfield to present'. *Trends in Cognitive Sciences*, 7(3), 104–6.

Tononi, G. (2008). 'Consciousness as integrated information: a provisional manifesto'. *Biological Bulletin*, 215(3), 216–42.

Tononi, G. (2012). 'Integrated information theory of consciousness: an updated account'. *Archives italiennes de biologie*, 150(4), 293–329.

Tononi, G., Boly, M., Massimini, M., et al. (2016). 'Integrated information theory: from consciousness to its physical substrate'. *Nature Reviews Neuroscience,* 17(7), 450–61.

Tononi, G., & Edelman, G. M. (1998). 'Consciousness and complexity'. *Science,* 282(5395), 1846–51.

Tononi, G., & Koch, C. (2015). 'Consciousness: here, there and everywhere?' *Philosophical Transactions of the Royal Society B: Biological Sciences,* 370(1668).

Tononi, G., Sporns, O., & Edelman, G. M. (1994). 'A measure for brain complexity: relating functional segregation and integration in the nervous system'. *Proceedings of the National Academy of Sciences of the USA*, 91(11), 5033–7.

Trujillo, C. A., Gao, R., Negraes, P. D., et al. (2019). 'Complex oscillatory waves emerging from cortical organoids model early human brain network development'. *Cell Stem Cell,* 25(4), 558–69 e557.

Tschantz, A., Barca, L., Maisto, D., et al. (2021). 'Simulating homeostatic, allostatic and goal-directed forms of interoceptive control using active inference'. https://www.biorxiv.org/ content/10.1101/2021.02.16.431365v1

regret in rat decision-making on a neuroeconomic task'. *Nature Neuroscience,* 17(7), 995–1002.

Sterling, P. (2012). 'Allostasis: a model of predictive regulation'. *Physiology and Behavior,* 106(1), 5–15.

Stetson, C., Fiesta, M. P., & Eagleman, D. M. (2007). 'Does time really slow down during a frightening event?' *PLoS One*, 2(12), e1295.

Stoelb, B. L., Molton, I. R., Jensen, M. P., et al. (2009). 'The efficacy of hypnotic analgesia in adults: a review of the literature'. *Contemporary Hypnosis,* 26(1), 24–39.

Stoljar, D. (2017). 'Physicalism'. In E. N. Zalta (ed.), *The Stanford Encyclopedia of Philosophy* (Winter 2017 edn). plato.stanford.edu/ archives/win2017/entries/physicalism/.

Strawson, G. (2008). *Real Materialism and Other Essays.* Oxford: Oxford University Press.

Strycker, N. (2014). *The Thing with Feathers: The Surprising Lives of Birds and What They Reveal about Being Human.* New York, NY: Riverhead Books.

Suárez-Pinilla, M., Nikiforou, K., Fountas, Z., et al. (2019). 'Perceptual content, not physiological signals, determines perceived duration when viewing dynamic, natural scenes'. *Collabra Psychology*, 5(1), 55.

Sun, Z., & Firestone, C. (2020). 'The dark room problem'. *Trends in Cognitive Sciences,* 24(5), 346–8.

Sutherland, S. (1989). *International Dictionary of Psychology.* New York: Crossroad Classic.

Suzuki, K., Garfinkel, S. N., Critchley, H. D., & Seth, A. K. (2013). 'Multisensory integration across exteroceptive and interoceptive domains modulates self-experience in the rubber-hand illusion'. *Neuropsychologia*, 51(13), 2909–17.

Suzuki, K., Roseboom, W., Schwartzman, D. J., & Seth, A. K. (2017). 'A deep-dream virtual reality platform for studying altered perceptual phenomenology'. *Scientific Reports*, 7(1), 15982.

Suzuki, K., Schwartzman, D. J., Augusto, R., & Seth, A. K. (2019). 'Sensorimotor contingency modulates breakthrough of virtual 3D objects during a breaking continuous flash suppression paradigm'. *Cognition*, 187, 95–107.

Suzuki, K., Wakisaka, S., & Fujii, N. (2012). 'Substitutional reality references 343 system: a novel experimental platform for experiencing alternative reality'. *Scientific Reports*, 2, 459.

Swanson, L. R. (2016). 'The predictive processing paradigm has roots in Kant'. *Frontiers in* consciousness: An extended framework'. *Proceedings of the National Academy of Sciences of the USA*, 103(28), 10799– 804.

Seth, A. K., Millidge, B., Buckley, C. L., et al. (2020). 'Curious inferences: Reply to Sun and Firestone on the dark room problem'. *Trends in Cognitive Sciences*, 24(9), 681–3.

Seth, A. K., Roseboom, W., Dienes, Z., & Lush, P. (2021). 'What's up with the rubber hand illusion?'. https://psyarxiv.com/b4qcy/

Seth, A. K., Suzuki, K., & Critchley, H. D. (2011b). 'An interoceptive references 341 predictive coding model of conscious presence'. *Frontiers in Psychology*, 2, 395.

Seth, A. K., & Tsakiris, M. (2018). 'Being a beast machine: the somatic basis of selfhood'. *Trends in Cognitive Sciences,* 22(11), 969–81.

Shanahan, M. P. (2010). *Embodiment and the Inner Life: Cognition and Consciousness in the Space of Possible Minds.* Oxford: Oxford University Press.

Shanahan, M. P. (2015). *The Technological Singularity.* Cambridge, MA: MIT Press.

Sherman, M. T., Fountas, Z., Seth, A. K., et al. (2020). 'Accumulation of salient events in sensory cortex activity predicts subjective time'. www.biorxiv.org/content/10.1101/2020.01.09.900423v4.

Shigeno, S., Andrews, P. L. R., Ponte, G., et al. (2018). 'Cephalopod brains: an overview of current knowledge to facilitate comparison with vertebrates'. *Frontiers in Physiology*, 9, 952.

Shugg, W. (1968). 'The cartesian beast-machine in English literature (1663–1750)'. *Journal of the History of Ideas*, 29(2), 279–92.

Silver, D., Schrittwieser, J., Simonyan, K., et al. (2017). 'Mastering the game of Go without human knowledge'. *Nature,* 550(7676), 354–9.

Simons, D. J., & Chabris, C. F. (1999). 'Gorillas in our midst: sustained inattentional blindness for dynamic events'. *Perception,* 28(9), 1059–74.

Solms, M. (2018). 'The hard problem of consciousness and the free energy principle'. *Frontiers in Physiology*, 9, 2714.

Solms, M. (2021). *The Hidden Spring: A Journey to the Source of Consciousness.* London: Profile Books.

Stein, B. E., & Meredith, M. A. (1993). *The Merging of the Senses.* Cambridge, MA: MIT Press.

Steiner, A. P., & Redish, A. D. (2014). 'Behavioral and neurophysiological correlates of

Neuroscience, 5(2), 97–118.

Seth, A. K. (2015a). 'The cybernetic bayesian brain: from interoceptive inference to sensorimotor contingencies'. In J. M. Windt & T. Metzinger (eds), *Open MIND,* Frankfurt am Main: MIND Group, 35(T).

Seth, A. K. (2015b). 'Inference to the best prediction'. In T. Metzinger & J. M. Windt (eds), *Open MIND*, Frankfurt am Main: MIND Group, 35(R).

Seth, A. K. (2016a). 'Aliens on earth: What octopus minds can tell us about alien consciousness'. In J. Al-Khalili (ed.), *Aliens*, London: Profile Books, 47–58.

Seth, A. K. (2016b). 'The real problem'. Aeon. aeon.co/essays/the-hardproblem-of-consciousness-is-a-distraction-from-the-real-one.

Seth, A. K. (2017). 'The fall and rise of consciousness science'. In A. Haag (Ed.), *The Return of Consciousness* (pp. 13–41). Riga: Ax:Son Johnson Foundation.

Seth, A. K. (2018). 'Consciousness: The last 50 years (and the next)'. *Brain and Neuroscience Advances*, 2, 2398212818816019.

Seth, A. K. (2019a). 'Being a beast machine: The origins of selfhood in control-oriented interoceptive inference'. In M. Colombo, L. Irvine, & M. Stapleton (eds), A*ndy Clark and his Critics*, Oxford: WileyBlackwell, 238–54.

Seth, A. K. (2019b). 'From unconscious inference to the Beholder's Share: Predictive perception and human experience'. *European Review*, 273(3), 378–410.

Seth, A. K. (2019c). 'Our inner universes'. *Scientific American*, 321(3), 40–47.

Seth, A. K., Baars, B. J., & Edelman, D. B. (2005). 'Criteria for consciousness in humans and other mammals'. *Consciousness and Cognition*, 14(1), 119–39.

Seth, A. K., Barrett, A. B., & Barnett, L. (2011a). 'Causal density and integrated information as measures of conscious level'. *Philosophical Transactions of the Royal Society A: Mathematical, Physical, and Engineering Sciences*, 369(1952), 3748–67.

Seth, A. K., Dienes, Z., Cleeremans, A., et al. (2008). 'Measuring consciousness: relating behavioural and neurophysiological approaches'. *Trends in Cognitive Sciences*, 12(8), 314–21.

Seth, A. K., & Friston, K. J. (2016). 'Active interoceptive inference and the emotional brain'. *Philosophical Transactions of the Royal Society B: Biological Sciences,* 371(1708), 20160007.

Seth, A. K., Izhikevich, E., Reeke, G. N., et al. (2006). 'Theories and measures of

York: Viking.

Sabra, A. I. (1989). *The Optics of Ibn Al-Haytham*, Books I–III. London: The Warburg Institute.

Schachter, S., & Singer, J. E. (1962). 'Cognitive, social, and physiological determinants of emotional state'. *Psychological Review*, 69, 379–99.

Schartner, M. M., Carhart-Harris, R. L., Barrett, A. B., et al. (2017a). 'Increased spontaneous MEG signal diversity for psychoactive doses of ketamine, LSD and psilocybin'. *Scientific Reports*, 7, 46421.

Schartner, M. M., Pigorini, A., Gibbs, S. A., et al. (2017b). 'Global and local complexity of intracranial EEG decreases during NREM sleep'. *Neuroscience of Consciousness*, 3(1), niw022.

Schartner, M. M., Seth, A. K., Noirhomme, Q., et al. (2015). 'Complexity of multi-dimensional spontaneous EEG decreases during propofol induced general anaesthesia'. *PLoS One*, 10(8), e0133532.

Schick, N. (2020). *Deep Fakes and the Infocalypse: What You Urgently Need to Know.* Monterey, CA: Monoray.

Schneider, S. (2019). *Artificial You: AI and the Future of Your Mind.* Princeton, NJ: Princeton University Press.

Schurger, A., Sitt, J. D., & Dehaene, S. (2012). 'An accumulator model for spontaneous neural activity prior to self-initiated movement'. *Proceedings of the National Academy of Sciences of the USA*, 109(42), E2904–13.

Searle, J. (1980). 'Minds, brains, and programs'. *Behavioral and Brain Sciences*, 3(3), 417–57.

Seth, A. K. (2009). 'Explanatory correlates of consciousness: Theoretical and computational challenges'. *Cognitive Computation*, 1(1), 50–63.

Seth, A. K. (2010). 'Measuring autonomy and emergence via Granger causality'. *Artificial Life*, 16(2), 179–96.

Seth, A. K. (2013). 'Interoceptive inference, emotion, and the embodied self '. *Trends in Cognitive Sciences*, 17(11), 565–73.

Seth, A. K. (2014a). 'Darwin's neuroscientist: Gerald M. Edelman, 1929–2014'. *Frontiers in Psychology*, 5, 896.

Seth, A. K. (2014b). 'A predictive processing theory of sensorimotor contingencies: Explaining the puzzle of perceptual presence and its absence in synaesthesia'. *Cognitive*

Pollan, M. (2018). *How to Change Your Mind.* New York, NY: Penguin.

Portin, P. (2009). 'The elusive concept of the gene'. *Hereditas,* 146(3), 112–17.

Posada, S., & Colell, M. (2007). 'Another gorilla (Gorilla gorilla gorilla) recognizes himself in a mirror'. *American Journal of Primatology,* 69(5), 576–83.

Powers, W. T. (1973). *Behavior: The Control of Perception.* Hawthorne, NY: Aldine de Gruyter. Press, C., Kok, P., & Yon, D. (2020). 'The perceptual prediction paradox'. *Trends in Cognitive Sciences,* 24(1), 13–24.

Pressnitzer, D., Graves, J., Chambers, C., et al. (2018). 'Auditory perception: Laurel and Yanny together at last'. *Current Biology,* 28(13), R739–R741.

Raccah, O., Block, N., & Fox, K. (2021). 'Does the prefrontal cortex play an essential role in consciousness? Insights from intracranial electrical stimulation of the human brain. *Journal of Neuroscience,* 41(1), 2076–87.

Rao, R. P., & Ballard, D. H. (1999). 'Predictive coding in the visual cortex: a functional interpretation of some extra-classical receptivefield effects'. *Nature Neuroscience,* 2(1), 79–87.

Reep, R. L., Finlay, B. L., & Darlington, R. B. (2007). 'The limbic system in mammalian brain evolution'. *Brain, Behavior and Evolution,* 70(1), 57–70.

Richards, B. A., Lillicrap, T. P., Beaudoin, P., et al. (2019). 'A deep learning framework for neuroscience'. *Nature Neuroscience,* 22(11), 1761–70.

Riemer, M., Trojan, J., Beauchamp, M., et al. (2019). 'The rubber hand universe: On the impact of methodological differences in the rubber hand illusion'. *Neuroscience and Biobehavioral Reviews,* 104, 268–80.

Rosas, F., Mediano, P. A. M., Jensen, H. J., et al. (2021). 'Reconciling emergences: An information-theoretic approach to identify causal emergence in multivariate data'. *PLoS Computational Biology,* 16(12), e1008289.

Roseboom, W., Fountas, Z., Nikiforou, K., et al. (2019). 'Activity in perceptual classification networks as a basis for human subjective time perception'. *Nature Communications,* 10(1), 267.

Rousseau, M. C., Baumstarck, K., Alessandrini, M., et al. (2015). 'Quality of life in patients with locked-in syndrome: Evolution over a six-year period'. *Orphanet Journal of Rare Diseases,* 10, 88.

Russell, S. (2019). *Human Compatible: Artificial Intelligence and the Problem of Control.* New

Palmer, C. J., Seth, A. K., & Hohwy, J. (2015). 'The felt presence of other minds: Predictive processing, counterfactual predictions, and mentalising in autism'. *Consciousness and Cognition*, 36, 376–89.

Panksepp, J. (2004). *Affective Neuroscience: The Foundations of Human and Animal Emotions.* Oxford: Oxford University Press.

Panksepp, J. (2005). 'Affective consciousness: Core emotional feelings in animals and humans'. *Consciousness and Cognition*, 14(1), 30–80.

Park, H. D., & Blanke, O. (2019). 'Coupling inner and outer body for self-consciousness'. *Trends in Cognitive Sciences*, 23(5), 377–88.

Park, H. D., & Tallon-Baudry, C. (2014). 'The neural subjective frame: from bodily signals to perceptual consciousness'. *Philosophical Transactions of the Royal Society B: Biological Sciences*, 369(1641), 20130208.

Parvizi, J., & Damasio, A. (2001). 'Consciousness and the brainstem'. *Cognition,* 79(1–2), 135–60.

Penrose, R. (1989). *The Emperor's New Mind.* Oxford: Oxford University Press.

Pepperberg, I. M., & Gordon, J. D. (2005). 'Number comprehension by a grey parrot (Psittacus erithacus), including a zero-like concept'. *Journal of Comparative Psychology,* 119(2), 197–209.

Pepperberg, I. M., & Shive, H. R. (2001). 'Simultaneous development of vocal and physical object combinations by a grey parrot (Psittacus erithacus): bottle caps, lids, and labels'. *Journal of Comparative Psychology*, 115(4), 376–84.

Petkova, V. I., & Ehrsson, H. H. (2008). 'If I were you: perceptual illusion of body swapping'. *PLoS One*, 3(12), e3832.

Petzschner, F. H., Weber, L. A., Wellstein, K. V., et al. (2019). 'Focus of attention modulates the heartbeat evoked potential'. *Neuroimage*, 186, 595–606.

Petzschner, F. H., Weber, L. A. E., Gard, T., et al. (2017). 'Computational psychosomatics and computational psychiatry: toward a joint framework for differential diagnosis'. *Biological Psychiatry,* 82(6), 421–30.

Phillips, M. L., Medford, N., Senior, C., et al. (2001). 'Depersonalization disorder: thinking without feeling'. *Psychiatry Research*, 108(3), 145–60.

Pinto, Y., van Gaal, S., de Lange, F. P., et al. (2015). 'Expectations references 337 accelerate entry of visual stimuli into awareness'. *Journal of Vision*, 15(8), 13.

brain activity in disorders of consciousness'. *New England Journal of Medicine*, 362(7), 579–89.

Mori, M., MacDorman, K. F., & Kageki, N. (2012). 'The Uncanny Valley'. *IEEE Robotics & Automation Magazine*, 19(2), 98–100.

Myles, P. S., Leslie, K., McNeil, J., et al. (2004). 'Bispectral index monitoring to prevent awareness during anaesthesia: the B-Aware randomised controlled trial'. *Lancet*, 363(9423), 1757–63.

Naci, L., Sinai, L., & Owen, A. M. (2017). 'Detecting and interpreting references 335 conscious experiences in behaviorally non-responsive patients'. *Neuroimage*, 145 (Pt B), 304–13.

Nagel, T. (1974). 'What is it like to be a bat?' *Philosophical Review*, 83(4), 435–50.

Nasraway, S. S., Jr., Wu, E. C., Kelleher, R. M., et al. (2002). 'How reliable is the Bispectral Index in critically ill patients? A prospective, comparative, single-blinded observer study'. *Critical Care Medicine*, 30(7), 1483–7.

Nesher, N., Levy, G., Grasso, F. W., et al. (2014). 'Self-recognition mechanism between skin and suckers prevents octopus arms from interfering with each other'. *Current Biology*, 24(11), 1271–5.

Nin, A. (1961). *Seduction of the Minotaur.* Denver, CO: Swallow Press.

O'Regan, J. K. (2011). *Why Red Doesn't Sound Like a Bell: Understanding the Feel of Consciousness.* Oxford: Oxford University Press.

O'Regan, J. K., & Noë, A. (2001). 'A sensorimotor account of vision and visual consciousness'. *Behavioral and Brain Sciences*, 24(5), 939–73; discussion 973–1031.

Orne, M. T. (1962). 'On the social psychology of the psychological experiment: with particular reference to demand characteristics and their implications'. *American Psychologist*, 17, 776–83.

Owen, A. M. (2017). *Into the Grey Zone: A Neuroscientist Explores the Border between Life and Death*. London: Faber & Faber.

Owen, A. M., Coleman, M. R., Boly, M., et al. (2006). 'Detecting awareness in the vegetative state'. *Science*, 313(5792), 1402.

Palmer, C. E., Davare, M., & Kilner, J. M. (2016). 'Physiological and perceptual sensory attenuation have different underlying neurophysiological correlates'. *Journal of Neuroscience*, 36(42), 10803–12.

connectivity during sleep'. *Science*, 309(5744), 2228–32.
Mather, J. (2019). 'What is in an octopus's mind?'. *Animal Sentience*, 26(1), 1–29.
Maturana, H., & Varela, F. (1980). *Autopoiesis and Cognition: The Realization of the Living*. Dordrecht: D. Reidel.
McEwan, I. (2000). *Atonement*. New York: Anchor Books.
McGinn, C. (1989). 'Can we solve the mind-body problem?' *Mind*, 98(391), 349–66.
McGrayne, S. B. (2012). *The Theory That Would Not Die: How Bayes' Rule Cracked the Enigma Code, Hunted Down Russian Submarines, and Emerged Triumphant from Two Centuries of Controversy*. New Haven, CT: Yale University Press.
McLeod, P., Reed, N., & Dienes, Z. (2003). 'Psychophysics: how fielders arrive in time to catch the ball'. *Nature*, 426(6964), 244–5.
Mediano, P. A. M., Seth, A. K., & Barrett, A. B. (2019). 'Measuring integrated information: comparison of candidate measures in theory and simulation'. *Entropy*, 21(1), 17.
Mele, A. (2009). *Effective Intentions: The Power of Conscious Will*. New York: Oxford University Press.
Melloni, L., Schwiedrzik, C. M., Muller, N., et al. (2011). 'Expectations change the signatures and timing of electrophysiological correlates of perceptual awareness'. *Journal of Neuroscience*, 31(4), 1386–96.
Merker, B. (2007). 'Consciousness without a cerebral cortex: a challenge for neuroscience and medicine'. *Behavioral and Brain Sciences*, 30(1), 63–81; discussion 81–134.
Merleau-Ponty, M. (1962). *Phenomenology of Perception*. London: Routledge & Kegan Paul.
Merleau-Ponty, M. (1964). 'Eye and mind'. In J. E. Edie (ed.), *The Primacy of Perception*, Evanston, IL: Northwestern University Press, 159–90.
Messenger, J. B. (2001). 'Cephalopod chromatophores: neurobiology and natural history'. *Biological Reviews of the Cambridge Philosophical Society*, 76(4), 473–528.
Metzinger, T. (2003a). *Being No One*. Cambridge, MA: MIT Press.
Metzinger, T. (2003b). 'Phenomenal transparency and cognitive selfreference'. *Phenomenology and the Cognitive Sciences*, 2, 353–93.
Metzinger, T. (2021). 'Artificial suffering: An argument for a global moratorium on synthetic phenomenology'. *Journal of Artificial Intelligence and Consciousness*, 8(1), 1–24.
Monroe, R. (1971). *Journeys out of the Body*. London: Anchor Press.
Monti, M. M., Vanhaudenhuyse, A., Coleman, M. R., et al. (2010). 'Willful modulation of

Libet, B. (1985). 'Unconscious cerebral initiative and the role of conscious will in voluntary action'. *Behavioral and Brain Sciences,* 8, 529–66.

Libet, B., Wright, E. W., Jr., & Gleason, C. A. (1983). 'Preparation- or intention-to-act, in relation to pre-event potentials recorded at the vertex'. *Electroencephalography and Clinical Neurophysiology*, 56(4), 367–72.

Lipton, P. (2004). *Inference to the Best Explanation.* Abingdon: Routledge.

Liscovitch-Brauer, N., Alon, S., Porath, H. T., et al. (2017). 'Tradeoff between transcriptome plasticity and genome evolution in cephalopods'. *Cell*, 169(2), 191–202 e111.

Livneh, Y., Sugden, A. U., Madara, J. C., et al. (2020). 'Estimation of current and future physiological states in insular cortex'. *Neuron*, 105(6), 1094–1111.e10.

Luppi, A. I., Craig, M. M., Pappas, I., et al. (2019). 'Consciousnessspecific dynamic interactions of brain integration and functional diversity'. *Nature Communications*, 10(1), 4616.

Lush, P. (2020). 'Demand characteristics confound the rubber hand illusion'. *Collabra Psychology*, 6, 22.

Lush, P., Botan, V., Scott, R. B., et al. (2020). 'Trait phenomenological control predicts experience of mirror synaesthesia and the rubber hand illusion'. *Nature Communications*, 11(1), 4853.

Lyamin, O. I., Kosenko, P. O., Korneva, S. M., et al. (2018). 'Fur seals suppress REM sleep for very long periods without subsequent rebound'. *Current Biology*, 28(12), 2000–2005 e2002.

Makari, G. (2016). *Soul Machine: The Invention of the Modern Mind.* London: W. W. Norton.

Marken, R. S., & Mansell, W. (2013). 'Perceptual control as a unifying concept in psychology'. *Review of General Psychology*, 17(2), 190–95.

Markov, N. T., Vezoli, J., Chameau, P., et al. (2014). 'Anatomy of hierarchy: feedforward and feedback pathways in macaque visual cortex'. *Journal of Comparative Neurology*, 522(1), 225–59.

Marr, D. (1982). *Vision: A Computational Investigation into the Human Representation and Processing of Visual Information.* New York: Freeman.

Mashour, G. A., Roelfsema, P., Changeux, J. P., et al. (2020). 'Conscious processing and the global neuronal workspace hypothesis'. *Neuron*, 105(5), 776–98.

Massimini, M., Ferrarelli, F., Huber, R., et al. (2005). 'Breakdown of cortical effective

195(6), 2519–40.
Kirchhoff, M., Parr, T., Palacios, E., et al. (2018). 'The Markov blankets of life: autonomy, active inference and the free energy principle'. *Journal of the Royal Society Interface*, 15(138), 20170792.
Koch, C. (2019). *The Feeling of Life Itself: Why Consciousness Is Widespread But Can't Be Computed.* Cambridge, MA: MIT Press.
Kohda, M., Hotta, T., Takeyama, T., et al. (2019). 'If a fish can pass the mark test, what are the implications for consciousness and selfawareness testing in animals?' *PLoS Biology*, 17(2), e3000021.
Kornhuber, H. H., & Deecke, L. (1965). ['Changes in the brain potential in voluntary movements and passive movements in man: readiness potential and reafferent potentials']. *Pflügers Archiv* für die *gesamte Physiologie des Menschen und der Tiere,* 284, 1–17.
Konkoly, K. R., Appel, K., Chabani, E., et al. (2021). 'Real-time dialogue between experimenters and dreamers during REM sleep'. *Current Biology*, 31(7), 1417–27.
Kuhn, G., Amlani, A. A., & Rensink, R. A. (2008). 'Towards a science of magic'. *Trends in Cognitive Sciences*, 12(9), 349–54.
Lakatos, I. (1978). *The Methodology of Scientific Research Programmes: Philosophical Papers.* Cambridge: Cambridge University Press.
La Mettrie, J. O. de (1748). *L'Homme machine.* Leiden: Luzac.
Lau, H., & Rosenthal, D. (2011). 'Empirical support for higher-order theories of conscious awareness'. *Trends in Cognitive Sciences,* 15(8), 365–73.
LeDoux, J. (2012). 'Rethinking the emotional brain'. *Neuron,* 73(4), 653–76.
LeDoux, J. (2019). *The Deep History of Ourselves: The Four-billion-year Story of How We Got Conscious Brains.* New York, NY: Viking.
LeDoux, J., Michel, M., & Lau, H. (2020). 'A little history goes a long way toward understanding why we study consciousness the way we do today.' *Proceedings of the National Academy of Sciences of the USA*, 117(13), 6976–84.
Lemon, R. N., & Edgley, S. A. (2010). 'Life without a cerebellum'. *Brain*, 133 (Pt 3), 652–4.
Lenggenhager, B., Tadi, T., Metzinger, T., et al. (2007). 'Video ergo sum: manipulating bodily self-consciousness'. *Science*, 317(5841), 1096–9.
Lettvin, J. Y. (1976). 'On seeing sidelong'. *The Sciences*, 16, 10–20.

209–23.

Hohwy, J. (2020b). 'Self-supervision, normativity and the free energy principle'. *Synthese.* doi:10.1007/s11229-020-02622-2.

Hohwy, J., & Seth, A. K. (2020). 'Predictive processing as a systematic basis for identifying the neural correlates of consciousness'. *Philosophy and the Mind Sciences*, 1(2), 3.

Hurley, S., & Noë, A. (2003). 'Neural plasticity and consciousness'. *Biology and Philosophy*, 18, 131–68.

Husserl, E. (1960 [1931]). *Cartesian Meditations: An Introduction to Phenomenology.* The Hague: Nijhoff.

Inagaki, K., & Hatano, G. (2004). 'Vitalistic causality in young children's naive biology'. *Trends in Cognitive Sciences*, 8(8), 356–62.

James, W. (1884). 'What is an emotion?'. *Mind*, 9(34), 188–205.

James, W. (1890). *The Principles of Psychology.* New York: Henry Holt.

Jao Keehn, R. J., Iversen, J. R., Schulz, I., et al. (2019). 'Spontaneity and diversity of movement to music are not uniquely human'. *Current Biology*, 29(13), R621–R622.

Jensen, F. V. (2000). *Introduction to Bayesian Networks.* New York: Springer.

Jensen, M. P., Jamieson, G. A., Lutz, A., et al. (2017). 'New directions in hypnosis research: strategies for advancing the cognitive and clinical neuroscience of hypnosis'. *Neuroscience of Consciousness*, 3(1), nix004.

Kail, P. J. E. (2007). *Projection and Realism in Hume's Philosophy.* Oxford: Oxford University Press.

Kandel, E. R. (2012). *The Age of Insight: The Quest to Understand the Unconscious in Art, Mind, and Brain, from Vienna 1900 to the Present.* New York: Random House.

Kelz, M. B., & Mashour, G. A. (2019). 'The biology of general anesthesia from paramecium to primate'. *Current Biology,* 29(22), R1199–R1210.

Kessler, M. J., & Rawlins, R. G. (2016). 'A seventy-five-year pictorial references 331 history of the Cayo Santiago rhesus monkey colony'. *American Journal of Primatology*, 78(1), 6–43.

Khuong, T. M., Wang, Q. P., Manion, J., et al. (2019). 'Nerve injury drives a heightened state of vigilance and neuropathic sensitization in Drosophila'. *Science Advances*, 5(7), eaaw4099.

Kirchhoff, M. (2018). 'Autopoeisis, free-energy, and the life-mind continuity thesis'. *Synthese,*

Harding, D. E. (1961). *On Having No Head.* London: The Shollond Trust.

Harris, S. (2012). *Free Will.* New York: Deckle Edge.

Harrison, N. A., Gray, M. A., Gianaros, P. J., et al. (2010). 'The embodiment of emotional feelings in the brain'. *Journal of Neuroscience*, 30(38), 12878–84.

Harvey, I. (2008). 'Misrepresentations'. In S. Bullock, J. Noble, R. Watson, et al. (Eds.), *Artificial Life Xi: Proceedings of the 11th International Conference On the Simulation and Synthesis of Living Systems* (pp. 227–33). Cambridge, MA: MIT Press.

Hatfield, G. (2002). *Descartes and the Meditations.* Abingdon: Routledge.

Haun, A. M. (2021). 'What is visible across the visual field?' *Neuroscience of Consciousness.*

Haun, A. M., & Tononi, G. (2019). 'Why does space feel the way it does? Towards a principled account of spatial experience'. *Entropy*, 21(12), 1160.

He, K., Zhang, X., Ren, S., et al. (2016). 'Deep residual learning for image recognition'. In *2016 IEEE Conference on Computer Vision and Pattern Recognition* (CVPR).

Heilbron, M., Richter, D., Ekman, M., et al. (2020). 'Word contexts enhance the neural representation of individual letters in early visual cortex'. *Nature Communications*, 11(1), 321.

Herculano-Houzel, S. (2009). 'The human brain in numbers: a linearly scaled-up primate brain'. *Frontiers in Human Neuroscience,* 3, 31.

Herculano-Houzel, S. (2016). *The Human Advantage: A New Understanding of How Our Brain Became Remarkable.* Cambridge, MA: MIT Press.

Hochner, B. (2012). 'An embodied view of octopus neurobiology'. *Current Biology,* 22(20), R887–92.

Hoel, E. P., Albantakis, L., & Tononi, G. (2013). 'Quantifying causal emergence shows that macro can beat micro'. *Proceedings of the National Academy of Sciences of the USA*, 110(49), 19790–5.

Hoffman, D. (2019). *The Case against Reality: Why Evolution Hid the Truth from Our Eyes.* London: W. W. Norton & Company.

Hoffman, D., Singh, M., & Prakash, C. (2015). 'The interface theory of perception'. *Psychonomic Bulletin and Review,* 22, 1480–1506.

Hohwy, J. (2013). *The Predictive Mind.* Oxford: Oxford University Press.

Hohwy, J. (2014). 'The self-evidencing brain'. *Nous*, 50(2), 259–85.

Hohwy, J. (2020a). 'New directions in predictive processing'. *Mind and Language.* 35(2), stand fifty years later? Lessons from cleaner wrasse and other species'. *Psychology of Consciousness: Theory, Research, and Practice*, 7(1), 46–58.

Gasquet, J. (1991). Cézanne: A Memoir with Conversations. London: Thames & Hudson Ltd.

Gehrlach, D. A., Dolensek, N., Klein, A. S., et al. (2019). 'Aversive state processing in the posterior insular cortex'. *Nature Neuroscience*, 22(9), 1424–37.

Gibson, J. J. (1979). *The Ecological Approach to Visual Perception.* Hillsdale, NJ: Lawrence Erlbaum.

Gidon, A., Zolnik, T. A., Fidzinski, P., et al. (2020). 'Dendritic action potentials and computation in human layer 2/3 cortical neurons'. *Science*, 367(6473), 83–7.

Gifford, C., & Seth, A. K. (2013). *Eye Benders: The Science of Seeing and Believing.* London: Thames & Hudson.

Ginsburg, S., & Jablonka, E. (2019). *The Evolution of the Sensitive Soul: Learning and the Origins of Consciousness.* Cambridge, MA: MIT Press.

Godfrey-Smith, P. G. (1996). 'Spencer and Dewey on life and mind'. In M. Boden (ed.), *The Philosophy of Artificial Life*, Oxford: Oxford University Press, 314–31.

Godfrey-Smith, P. G. (2017). *Other Minds: The Octopus, the Sea, and the Deep Origins of Consciousness.* New York: Farrar, Strauss, and Giroux.

Goff, P. (2019). *Galileo's Error: Foundations for a New Science of Consciousness.* London: Rider.

Gombrich, E. H. (1961). *Art and Illusion: A Study in the Psychology of Pictorial Representation.* Ewing, NJ: Princeton University Press.

Goodstein, D. L. (1985). *States of Matter.* Chelmsford, MA: Courier Corporation.

Gregory, R. L. (1980). 'Perceptions as hypotheses'. *Philosophical Transactions of the Royal Society B: Biological Sciences*, 290(1038), 181–97.

Grill-Spector, K., & Malach, R. (2004). 'The human visual cortex'. *Annual Review of Neuroscience*, 27, 649–77.

Haggard, P. (2008). 'Human volition: towards a neuroscience of will'. *Nature Reviews Neuroscience*, 9(12), 934–46.

Haggard, P. (2019). 'The neurocognitive bases of human volition'. *Annual Review of Psychology*, 70, 9–28.

Hanlon, J., & Messenger, J. B. (1996). *Cephalopod Behaviour.* Cambridge: Cambridge University Press.

disorders of consciousness: an exploratory and preliminary study'. *Functional Neurology*, 26(1), 15–24.

Frankish, K. (2017). *Illusionism as a Theory of Consciousness*. Exeter: Imprint Academic.

Frässle, S., Sommer, J., Jansen, A., et al. (2014). 'Binocular rivalry: frontal activity relates to introspection and action but not to perception'. *Journal of Neuroscience*, 34(5), 1738–47.

Fredens, J., Wang, K., de la Torre, D., et al. (2019). 'Total synthesis of Escherichia coli with a recoded genome'. *Nature*, 569(7757), 514–18.

Fried, I., Katz, A., McCarthy, G., et al. (1991). 'Functional organization of human supplementary motor cortex studied by electrical stimulation'. *Journal of Neuroscience*, 11(11), 3656–66.

Friston, K. J. (2009). 'The free-energy principle: a rough guide to the brain?' *Trends in Cognitive Sciences*, 13(7), 293–301.

Friston, K. J. (2010). 'The free-energy principle: a unified brain theory?' *Nature Reviews Neuroscience*, 11(2), 127–38.

Friston, K. J. (2018). 'Am I self-conscious? (Or does self-organization entail self-consciousness?)'. *Frontiers in Psychology*, 9, 579.

Friston, K. J., Daunizeau, J., Kilner, J., et al. (2010). 'Action and behavior: a free-energy formulation'. *Biological Cybernetics*, 102(3), 227–60.

Friston, K. J., Thornton, C., & Clark, A. (2012). 'Free-energy minimization and the dark-room problem'. *Frontiers in Psychology*, 3, 130.

Frith, C. D. (2007). *Making Up the Mind: How the Brain Creates Our Mental World*. Oxford: Wiley-Blackwell.

Gallagher, S. (2008). 'Direct perception in the intersubjective context'. *Consciousness and Cognition*, 17(2), 535–43.

Gallese, V., Fadiga, L., Fogassi, L., et al. (1996). 'Action recognition in the premotor cortex'. *Brain*, 119 (Pt 2), 593–609.

Gallup, G. G. (1970). 'Chimpanzees: self-recognition'. *Science*, 167, 86–7.

Gallup, G. G., & Anderson, J. R. (2018). 'The "olfactory mirror" and other recent attempts to demonstrate self-recognition in nonprimate species'. *Behavioural Processes*, 148, 16–19.

Gallup, G. G., & Anderson, J. R. (2020). 'Self-recognition in animals: Where do we

Proceedings of the National Academy of Sciences of the USA, 98(24), 13763–8.

Ehrsson, H. H. (2007). 'The experimental induction of out-of-body experiences'. *Science*, 317(5841), 1048.

Ekman, P. (1992). 'An argument for basic emotions'. *Cognition and Emotion*, 6(3-4), 169–200.

Entler, B. V., Cannon, J. T., & Seid, M. A. (2016). 'Morphine addiction in ants: a new model for self-administration and neurochemical analysis'. *Journal of Experimental Biology*, 219 (Pt 18), 2865–9.

Evans, E. P. (1906). *The Criminal Prosecution and Capital Punishment of Animals*. London: William Heinemann.

Feinberg, T. E., & Mallatt, J. M. (2017). *The Ancient Origins of Consciousness: How the Brain Created Experience*. Cambridge, MA: MIT Press.

Feldman, H., & Friston, K. J. (2010). 'Attention, uncertainty, and freeenergy'. *Frontiers in Human Neuroscience*, 4, 215.

Felleman, D. J., & Van Essen, D. C. (1991). 'Distributed hierarchical processing in the primate cerebral cortex'. *Cerebral Cortex*, 1(1), 1–47.

Ferrarelli, F., Massimini, M., Sarasso, S., et al. (2010). 'Breakdown in cortical effective connectivity during midazolam-induced loss of consciousness'. *Proceedings of the National Academy of Sciences of the USA*, 107(6), 2681–6.

Fiorito, G., & Scotto, P. (1992). 'Observational learning in Octopus vulgaris'. *Science*, 256(5056), 545–7.

Firestone, C. (2013). 'On the origin and status of the "El Greco fallacy"'. *Perception*, 42(6), 672–4.

Fletcher, P. C., & Frith, C. D. (2009). 'Perceiving is believing: a Bayesian approach to explaining the positive symptoms of schizophrenia'. *Nature Reviews Neuroscience*, 10(1), 48–58.

Fleming, S. M. (2020). 'Awareness as inference in a higher-order state space'. *Neuroscience of Consciousness*, 2020(1), niz020.

Flounders, M. W., Gonzalez-Garcia, C., Hardstone, R., et al. (2019). 'Neural dynamics of visual ambiguity resolution by perceptual prior.' *Elife*, 8, e41861.

Formisano, R., D'Ippolito, M., Risetti, M., et al. (2011). 'Vegetative state, minimally conscious state, akinetic mutism and Parkinsonism as a continuum of recovery from

Demertzi, A., Tagliazucchi, E., Dehaene, S., et al. (2019). 'Human consciousness is supported by dynamic complex patterns of brain signal coordination'. *Science Advances*, 5(2), eaat7603.

Dennett, D. C. (1984). *Elbow Room: The Varieties of Free Will Worth Wanting.* Cambridge, MA: MIT Press.

Dennett, D. C. (1991). *Consciousness Explained.* Boston, MA: Little, Brown.

Dennett, D. C. (1998). 'The myth of double transduction'. In S. Hameroff, A. W. Kasniak, & A. C. Scott (eds), *Toward a Science of Consciousness II: The Second Tucson Discussions and Debates*, Cambridge, MA: MIT Press, 97–101.

Dennett, D. C. (2003). *Freedom Evolves*. New York, NY: Penguin Books.

Dennett, D. C. (2015). 'Why and how does consciousness seem the way it seems?' In T. Metzinger & J. M. Windt (eds), *Open MIND*. Frankfurt-am-Main: MIND Group.

Dennett, D. C. & Caruso, G. (2021). *Just Deserts: Debating Free Will.* Cambridge: Polity.

Deutsch, D. (2012). *The Beginning of Infinity: Explanations that Transform the World.* New York NY: Penguin Books.

DiNuzzo, M., & Nedergaard, M. (2017). 'Brain energetics during the sleep-wake cycle'. *Current Opinion in Neurobiology*, 47, 65–72.

Donne, J. (1839). 'Devotions upon emergent occasions: Meditation XVII' [1624]. In H. Alford (ed.), *The Works of John Donne*, London: Henry Parker, vol. 3, 574–5.

Duffy, S. W., Vulkan, D., Cuckle, H., et al. (2020). 'Effect of references 325 mammographic screening from age forty years on breast cancer mortality (UK Age trial): final results of a randomised, controlled trial'. *Lancet Oncology*, 21(9), 1165–72.

Dupuy, J.-P. (2009). *On the Origins of Cognitive Science: The Mechanization of the Mind.* 2nd edn. Cambridge, MA: MIT Press.

Dutton, D. G., & Aron, A. P. (1974). 'Some evidence for heightened sexual attraction under conditions of high anxiety'. *Journal of Personal and Social Psychology,* 30(4), 510–17.

Edelman, D. B., Baars, B. J., & Seth, A. K. (2005). 'Identifying hallmarks of consciousness in non-mammalian species'. *Consciousness and Cognition*, 14(1), 169–87.

Edelman, D. B., & Seth, A. K. (2009). 'Animal consciousness: a synthetic approach'. *Trends in Neuroscience*, 32(9), 476–84.

Edelman, G. M. (1989). *The Remembered Present.* New York, NY: Basic Books.

Edelman, G. M., & Gally, J. (2001). 'Degeneracy and complexity in biological systems'.

Crick, F., & Koch, C. (1990). 'Towards a neurobiological theory of consciousness'. *Seminars in the Neurosciences,* 2, 263–75.

Critchley, H. D., & Harrison, N. A. (2013). 'Visceral influences on brain and behavior'. *Neuron,* 77(4), 624–38.

Csikszentmihalyi, M. (1990). *Flow: The Psychology of Optimal Experience.* New York, NY: Harper & Row.

Damasio, A. (1994). *Descartes' Error.* London: Macmillan.

Damasio, A. (2000). *The Feeling of What Happens: Body and Emotion in the Making of Consciousness.* Harvest Books.

Damasio, A. (2010). *Self Comes to Mind: Constructing the Conscious Bra*in. London: William Heinemann.

Darwin, C. (1872). *The Expression of Emotions in Man and Animals.* London: Fontana Press.

Davis, D. H., Muniz-Terrera, G., Keage, H. A., et al. (2017). 'Association of delirium with cognitive decline in late life: a neuropathologic study of three population-based cohort studies'. *JAMA Psychiatry,* 74(3), 244–51.

de Graaf, T. A., Hsieh, P. J., & Sack, A. T. (2012). 'The "correlates" in neural correlates of consciousness'. *Neuroscience and Biobehavioral Reviews*, 36(1), 191–7.

de Haan, E. H., Pinto, Y., Corballis, P. M., et al. (2020). 'Split-brain: What we know about cutting the corpus callosum now and why this is important for understanding consciousness'. *Neuropsychological Review,* 30, 224–33.

de Lange, F. P., Heilbron, M., & Kok, P. (2018). 'How do expectations shape perception?' *Trends in Cognitive Sciences,* 22(9), 764–79.

de Waal, F. B. M. (2019). 'Fish, mirrors, and a gradualist perspective on self-awareness'. *PLoS Biology,* 17(2), e3000112.

Dehaene, S., & Changeux, J. P. (2011). 'Experimental and theoretical approaches to conscious processing'. *Neuron,* 70(2), 200–227.

Dehaene, S., Lau, H., & Kouider, S. (2017). 'What is consciousness, and could machines have it?' *Science,* 358(6362), 486–92.

Deisseroth, K. (2015). 'Optogenetics: ten years of microbial opsins in neuroscience'. *Nature Neuroscience,* 18(9), 1213–25.

Della Sala, S., Marchetti, C., & Spinnler, H. (1991). 'Right-sided anarchic (alien) hand: a longitudinal study'. *Neuropsychologia,* 29(11), 1113–27.

Studies, 25(9–10), 6–61.

Chang, H. (2004). *Inventing Temperature: Measurement and Scientific Progress.* New York, NY: Oxford University Press.

Chang, L., Zhang, S., Poo, M. M., et al. (2017). 'Spontaneous expression of mirror self-recognition in monkeys after learning precise visualproprioceptive association for mirror images'. *Proceedings of the National Academy of Sciences of the USA*, 114(12), 3258–63.

Churchland, P. S. (1996). 'The hornswoggle problem'. *Journal of Consciousness Studies*, 3(5–6), 402–8.

Cisek, P. (2007). 'Cortical mechanisms of action selection: the affordance competition hypothesis'. *Philosophical Transactions of the Royal Society B: Biological Sciences*, 362(1485), 1585–99.

Clark, A. (2013). 'Whatever next? Predictive brains, situated agents, and the future of cognitive science'. *Behavioral and Brain Sciences*, 36(3), 181–204.

Clark, A. (2016). *Surfing Uncertainty.* Oxford: Oxford University Press.

Clayton, N. S., Dally, J. M., & Emery, N. J. (2007). 'Social cognition by food-caching corvids. The western scrub-jay as a natural psychologist'. *Philosophical Transactions of the Royal Society B: Biological Sciences*, 362(1480), 507–22.

Cobb, M. (2020). *The Idea of the Brain: A History.* London: Profile Books.

Collier, R. (2012). 'Hospital-induced delirium hits hard'. *Canadian Medical Association Journal*, 184(1), 23–4.

Conant, R., & Ashby, W. R. (1970). 'Every good regulator of a system must be a model of that system'. *International Journal of Systems Science,* 1(2), 89–97.

Cotard, J. (1880). 'Du délire hypocondriaque dans une forme grave de la mélancolie anxieuse. Mémoire lu à la Société médicopsychophysiologique dans la séance du 28 Juin 1880'. *Annales Medico-Psychologiques*, 168–74.

Cowey, A., & Stoerig, P. (1995). 'Blindsight in monkeys'. *Nature*, 373(6511), 247–9.

Craig, A. D. (2002). 'How do you feel? Interoception: the sense of the physiological condition of the body'. *Nature Reviews Neuroscience*, 3(8), 655–66.

Craig, A. D. (2009). 'How do you feel—now? The anterior insula and human awareness'. *Nature Reviews Neuroscience*, 10(1), 59–70.

Craver, C., & Tabery, J. (2017). 'Mechanisms in science'. In The Stanford references 323 *Encyclopedia of Philosophy.* plato.stanford.edu/entries/sciencemechanisms.

perception'. *Journal of Abnormal and Social Psychology*, 42(1), 33–44.

Buckley, C., Kim, C.-S., McGregor, S., & Seth, A. K. (2017). 'The free energy principle for action and perception: A mathematical review'. *Journal of Mathematical Psychology*, 81, 55–79.

Burns, J. M., & Swerdlow, R. H. (2003). 'Right orbitofrontal tumor with pedophilia symptom and constructional apraxia sign'. *Archives of Neurology,* 60(3), 437–40.

Buzsáki, G. (2019). *The Brain from Inside Out.* Oxford: Oxford University Press.

Byrne, A., & Hilbert, D. (2011). 'Are colors secondary qualities?' In L. Nolan (ed.), *Primary and Secondary Qualities: The Historical and Ongoing Debate*, Oxford: Oxford University Press, 339–61.

Caramazza, A., Anzellotti, S., Strnad, L., et al. (2014). 'Embodied cognition and mirror neurons: a critical assessment'. *Annual Review of Neuroscienc*e, 37, 1–15.

Carhart-Harris, R. L., Erritzoe, D., Williams, T., et al. (2012). 'Neural correlates of the psychedelic state as determined by fMRI studies with psilocybin'. *Proceedings of the National Academy of Sciences of the USA,* 109(6), 2138–43.

Carls-Diamante, S. (2017). 'The octopus and the unity of consciousness'. *Biology and Philosophy*, 32, 1269–87.

Casali, A. G., Gosseries, O., Rosanova, M., et al. (2013). 'A theoretically based index of consciousness independent of sensory processing and behavior'. *Science Translational Medicine*, 5(198), 198ra105.

Casarotto, S., Comanducci, A., Rosanova, M., et al. (2016). 'Stratification of unresponsive patients by an independently validated index of brain complexity'. *Annals of Neurology*, 80(5), 718–29.

Caspar, E. A., Christensen, J. F., Cleeremans, A., et al. (2016). 'Coercion changes the sense of agency in the human brain'. *Current Biology*, 26(5), 585–92.

Chalmers, D. J. (1995a). 'Facing up to the problem of consciousness'. *Journal of Consciousness Studies*, 2(3), 200–19.

Chalmers, D. J. (1995b). 'The puzzle of conscious experience'. *Scientific American,* 273(6), 80–6.

Chalmers, D. J. (1996). *The Conscious Mind: In Search of a Fundamental Theory.* New York, NY: Oxford University Press.

Chalmers, D. J. (2018). 'The meta-problem of consciousness'. *Journal of Consciousness*

Cephalopoda. Florence: Firenze University Press.

Bostrom, N. (2003). 'Are you living in a computer simulation?' *Philosophical Quarterly*, 53(11), 243–55.

Bostrom, N. (2014). *Superintelligence: Paths, Dangers, Strategies*. Oxford: Oxford University Press.

Botvinick, M., & Cohen, J. (1998). 'Rubber hands "feel" touch that eyes see'. *Nature*, 391(6669), 756.

Brainard, D. H., & Hurlbert, A. C. (2015). 'Colour vision: understanding #TheDress'. *Current Biology*, 25(13), R551–4.

Brass, M., & Haggard, P. (2007). 'To do or not to do: the neural signature of self-control'. *Journal of Neuroscience*, 27(34), 9141–5.

Brass, M., & Haggard, P. (2008). 'The what, when, whether model of intentional action'. *Neuroscientist*, 14(4), 319–25.

Braun, N., Debener, S., Spychala, N., et al. (2018). 'The senses of agency and ownership: a review'. *Frontiers in Psychology*, 9, 535.

Brembs, B. (2011). 'Towards a scientific concept of free will as a biological trait: spontaneous actions and decision-making in 320 being you invertebrates'. *Proceedings of the Royal Society B: Biological Sciences*, 278(1707), 930–39.

Brembs, B. (2020). 'The brain as a dynamically active organ'. *Biochemical and Biophysical Research Communications*. doi:10.1016/j.bbrc.2020.12.011.

Brener, J., & Ring, C. (2016). 'Towards a psychophysics of interoceptive processes: the measurement of heartbeat detection'. *Philosophical Transactions of the Royal Society B: Biological Sciences*, 371(1708), 20160015.

Brown, H., Adams, R. A., Parees, I., et al. (2013). 'Active inference, sensory attenuation and illusions'. *Cognitive Processing*, 14(4), 411–27.

Brown, R., Lau, H., & LeDoux, J. E. (2019). 'Understanding the higher-order approach to consciousness'. *Trends in Cognitive Sciences*, 23(9), 754–68.

Brugger, P., & Lenggenhager, B. (2014). 'The bodily self and its disorders: neurological, psychological and social aspects'. *Current Opinion in Neurology*, 27(6), 644–52.

Bruineberg, J., Dolega, K., Dewhurst, J., et al. (2020). 'The Emperor's new Markov blankets'. http://philsci-archive.pitt.edu/18467.

Bruner, J. S., & Goodman, C. C. (1947). 'Value and need as organizing factors in

Barrett, L. F., & Simmons, W. K. (2015). 'Interoceptive predictions in the brain'. *Nature Reviews Neuroscience,* 16(7), 419–29.

Bauby, J.-M. (1997). *The Diving Bell and the Butterfly*. Paris: Robert Laffont.

Bayne, T. (2008). 'The phenomenology of agency'. *Philosophy Compass*, 3(1), 182–202.

Bayne, T. (2010). *The Unity of Consciousness*. Oxford: Oxford University Press.

Bayne, T. (2018). 'On the axiomatic foundations of the integrated information theory of consciousness'. *Neuroscience of Consciousness*, 1, niy007.

Bayne, T., Hohwy, J., & Owen, A. M. (2016). 'Are there levels of consciousness?' *Trends in Cognitive Sciences,* 20(6), 405-413.

Bayne, T., Seth, A. K., & Massimini, M. (2020). 'Are there islands of awareness?' *Trends in Neurosciences*, 43(1), 6–16.

Bechtel, W., & Williamson, R. C. (1998). 'Vitalism'. In E. Craig (ed.), *Routledge Encyclopedia of Philosophy*. London: Routledge.

Becker-Asano, C., Ogawa, K., Nishio, S., et al. (2010). 'Exploring the uncanny valley with Geminoid HI-1 in a real-world application'. In *IADIS International Conferences Interfaces and Human Computer Interaction*, 121–8.

Berger, J. (1972). *Ways of Seeing*. London: Penguin.

Birch, J. (2017). 'Animal sentience and the precautionary principle'. *Animal Sentience,* 16(1).

Birch, J., Schnell, A. K., & Clayton, N. S. (2020). 'Dimensions of animal references 319 consciousness'. *Trends in Cognitive Sciences,* 24(10), 789–801.

Blake, R., Brascamp, J., & Heeger, D. J. (2014). 'Can binocular rivalry reveal neural correlates of consciousness?' *Philosophical Transactions of the Royal Society B: Biological Sciences*, 369(1641), 20130211.

Blanke, O., Landis, T., Spinelli, L., et al. (2004). 'Out-of-body experience and autoscopy of neurological origin'. *Brain,* 127 (Pt 2), 243–58.

Blanke, O., Slater, M., & Serino, A. (2015). 'Behavioral, neural, and computational principles of bodily self-consciousness'. *Neuron*, 88(1), 145–66.

Block, N. (2005). 'Two neural correlates of consciousness'. *Trends in Cognitive Sciences*, 9(2), 46–52.

Boly, M., Seth, A. K., Wilke, M., et al. (2013). 'Consciousness in humans and non-human animals: recent advances and future directions'. *Frontiers in Psychology*, 4, 625.

Borrelli, L., Gherardi, F., & Fiorito, G. (2006). *A Catalogue of Body Patterning in*

參考書目

Albright, T. D. (2012). 'On the perception of probable things: neural substrates of associative memory, imagery, and perception'. *Neuron*, 74(2), 227–45.

Allen, M., Frank, D., Schwarzkopf, D. S., et al. (2016). 'Unexpected arousal modulates the influence of sensory noise on confidence'. *Elife,* 5, e18103.

Anscombe, G. E. M. (1959). *An Introduction to Wittgenstein's Tractatus.* London: St. Augustine's Press.

Aru, J., Bachmann, T., Singer, W., et al. (2012). 'Distilling the neural correlates of consciousness'. *Neuroscience and Biobehavioral Reviews*, 36(2), 737–46.

Ashby, W. R. (1952). *Design for a Brain*. London: Chapman and Hall.

Ashby, W. R. (1956). *An Introduction to Cybernetics.* London: Chapman and Hall.

Aspell, J. E., Heydrich, L., Marillier, G., et al. (2013). 'Turning the body and self inside out: Visualized heartbeats alter bodily self-consciousness and tactile perception'. *Psychological Science*, 24(12), 2445–53.

Baars, B. J. (1988). *A Cognitive Theory of Consciousness.* New York, NY: Cambridge University Press.

Barber, T. X. (1961). 'Physiological effects of "hypnosis"'. *Psychological Bulletin*, 58, 390–419.

Barnes, J. (2008). *Nothing to Be Frightened o*f. New York, NY: Knopf.

Barnett, L., Muthukumaraswamy, S. D., Carhart-Harris, R. L., et al. (2020). 'Decreased directed functional connectivity in the psychedelic state'. *Neuroimage*, 209, 116462.

Barrett, A. B., & Seth, A. K. (2011). 'Practical measures of integrated 318 being you information for time-series data'. *PLoS Computational Biology*, 7(1), e1001052.

Barrett, L. F. (2017). *How Emotions Are Made: The Secret Life of the Brain. Boston,* MA: Houghton Mifflin Harcourt.

Barrett, L. F., & Satpute, A. B. (2019). 'Historical pitfalls and new directions in the neuroscience of emotion'. *Neuroscience Letters,* 693, 9–18.

對他們的祖先進行精細的電腦模擬。由於未來可以運行大量的這類模擬，因此對於任何現在經歷生命的個體來說，他們更有理由相信自己可能是生活在模擬心靈中，而非以原始生物人類生活著。正如伯斯特隆姆所言：「如果我們不認為我們目前生活在電腦模擬中，我們就無權相信我們的後代會對他們的祖先進行大量此類模擬。」（Bostrom, 2003, p. 243）我對這個論點的許多問題之一是它假設功能主義是正確的：就意識而言，模擬相當於實例化。正如我之前提過的，我認為功能主義不是一個安全的假設。

結語

一個活著但孤立的皮質島：既然它仍與血液供應相連並且「活著」，那麼這個斷開的半球能否維持自己孤立的意識？像這樣的潛在「意識之島」，也可能出現在其他新興神經技術中，例如前顱骨復活的豬腦，以及我在前一章中提到的大腦類器官等。我們在Bayne et al. (2020)中討論了所有這些情況。

廣泛一致的看法是：Chalmers (1995b), p. 201.

感知方面：另見Hoffman (2019).

深偽技術：深偽（deepfake）是指使用機器學習將來源影片和目標影片結合起來，生成逼真但虛假的影片（通常是換掉人臉）。在2017年廣泛傳播的一段影片中，深偽被用來製作一段逼真的影片，讓歐巴馬說了一些他沒說過的話（https://www.youtube.com/watch?v =cQ54GDm1eL0）。2021年發布的一系列TikTok視頻，也以深偽方式模仿湯姆克魯斯，將這項技術的應用水準大幅提升（https://www.theverge.com/22303756/tiktok-tom-cruiseimpersonator-deepfake）。

大規模不受控的全面實驗：人工智慧研究員Stuart Russell在他的《人類兼容》（*Human Compatible*，2019）一書中生動描述了目前和不久的將來人工智慧所帶來的威脅，以及重新設計人工智慧系統以避免這些威脅的方法。Nina Schick同樣出色地闡述了深偽技術所帶來的威脅（Schick，2020）。

智慧工具，而非同事：哲學家丹尼特對AI、機器人和宗教的看法，*Financial Times*, 3 March 2017. 請參閱https://www.ft.com/content/96187a7a-fce5-11e6-96f8-3700c5664d30.

立即暫停三十年：參閱Metzinger（2021）。

創造新的生命形式：Emmanuelle Charpentier和Jennifer Doudna因其對開發CRISPR技術的貢獻，獲得2020年諾貝爾化學獎。合成的大腸桿菌是在Jason Chin的實驗室創建；參閱e Fredens et al. (2019)。

電活動的諧波：: Trujillo et al. (2019)。

極不可能有意識：我在最近與Tim Bayne和Marcello Massimini合作的一篇論文中，研究了類器官意識的可能性（(Bayne et al., 2020）。

道德急迫性：這些問題正受到認真對待。在2020年夏天，我和其他幾位神經科學家受邀在美國國家科學院聯合委員會上發言，該委員會旨在協助建立涉及類器官和嵌合體（chimeras，經基因改造以表達特定人為特徵的動物）研究的監管和法律框架。請參閱www.nationalacademies.org/our-work/ethical-legal-and-regulatory-issueslinked-with-neural-chimeras-and-organoids。

我們想蓋農場：卡爾齊默（Carl Zimmer，「類器官不是大腦，它們如何產生腦電波？」，*New York Times,* 29 August 2019。參閱www.nytimes.com/2019/08/29/science/organoids-brain-alysson-muotri.html。

這是未來主義者喜愛的主題：關於思想上傳的前景和陷阱的審慎討論，參閱Schneider（2019）。

虛擬感知代理：模擬論證的論點如下（Bostrom，2003）：一個可以避免自我毀滅、足夠遙遠的未來文明，可能會有大量電腦資源。該文明的一些成員可能傾向自生系統是一個能夠自我維持和複製的系統，其中包括產生其作為一個系統持續存在所需的物理組件。雖然「自生」最早是一種關於細胞的理論，但細胞自生和自由能原理之間存在著相當有趣的聯繫（見第十章）。兩者都表明了「生命」和「心靈」之間存在很強的連續性，這也反過來說明心靈（以及意識）不只是系統「做」出的內容而已（Kirchho，2018；Maturana & Varela，1980）。我很幸運地在2019年1月，在馬圖拉納的家鄉聖地亞哥見到他（他於2021年5月去世，享年九十二歲），我們在普羅維登西亞區的一家陰涼咖啡館裡，花了點時間品嚐咖啡，並在咖啡館的花園中討論這些想法。

圖靈測試：在圖靈的原始「模仿遊戲」中，有兩個相同性別的人類和一部機器。機器和一個人（合作者）都假裝是相反性別的人類。另一人必須決定誰是機器，誰是合作者（Turing, 1950）。

加蘭測試：這個術語是由 Murray Shanahan創造的，他的書《體現與內心生活》（*Embodiment and the Inner Life*，2010）是《人造意識》的靈感來源之一。

嘈雜的宣稱：www.reading.ac.uk/news-archive/press-releases/pr583836.html。

人類失敗了：將圖靈測試描述為對「人類易受騙性」的測試，來自馬科（John Marko）於2015年9月21日發表在《紐約時報》的文章「軟體足夠聰明通過SAT考試，但距離智慧還很遠」。參閱www.nytimes.com/2015/09/21/technology/personaltech/software-is-smart-enough-for-sat-but-still-far-from-intelligent.html。

龐大的人工神經網路：GPT代表「生成式預訓練轉換模型」——一種專門用於語言預測和生成的神經網路。這些網路使用無監督的深度學習方法進行訓練，基本上是根據前一個單詞或文本片段「預測下一個單詞」。GPT-3 擁有驚人的一千七百五十億個參數，並基於約45TB的文本數據進行訓練。請參閱https://openai.com/blog/openai-api/，技術細節請參閱：https://arxiv.org/abs/2005.14165。

它並不理解：當然這取決於「理解」的含義。有人可能會說人類的「理解」與 GPT-3 所表現出的「理解」沒有什麼不同。認知科學家馬庫斯反對這一立場，我也同意他的觀點。請參閱www.technologyreview.com/2020/08/22/1007539/gpt3-openai-languagegenerator-artificial-intelligence-ai-opinion/。

一篇五百字的文章：「整篇文章都是機器人寫的。你害怕了嗎？人類」，衛報觀點，2020年9月8日。參閱www.theguardian.com/commentisfree/2020/sep/08/robot-wrote-this-article-gpt-3，目前還不清楚這個例子具有多少代表性。

最常見的感覺……是恐懼：Becker-Asano et al. (2010).

關於恐怖谷為何存在的理論：Mori et al. (2012).

性和自我性。參閱Birch et al. (2020).。

第十三章　機器思維

傀儡（golem）：在1964年的著作《上帝與傀儡公司》（*God and Golem, Inc.*）中，博學多才的先驅維納（Norbert Wiener），將傀儡視為他對未來人工智慧風險的推測核心。

大量迴紋針：在迴紋針最大化者的寓言中，人工智慧被設計為製造盡可能多的迴紋針。因為這個人工智慧缺乏人類價值觀，但在其他方面非常聰明，於是它在這個成功的嘗試中摧毀了世界。參閱Bostrom（2014）。

所謂的「奇點」假說：參閱Shanahan（2015），可以瞭解關於奇點假說的一種清醒看法。

智慧可以在沒有意識的情況下存在：雖然我們很容易就說意識和智慧是可以雙重分離的，亦即兩者都可以在沒有對方的情況下存在。但這種說法不太正確，我雖然相信智慧可以在沒有意識的情況下存在，但意識多少需要一定程度的智慧。

並不是單一尺度：多維意識（和智慧）的概念，讓人想起伯奇（Jonathan Birch）及其同事的「意識概況」概念（Birch et al., 2020），以及Tim Bayne、Jakob Hohwy和Adrian Owen提出的關於人類意識的多層次看法（Bayne et al., 2016）。

作者模棱兩可：Dehaene et al. (2017)。「全面通用性」對應於流行的全面工作空間意識理論，「自我監控」則捕捉到高階思維理論的某些部分。我們在第一章簡要介紹過這兩種理論。《科學》論文的作者明確承認他們可能遺漏了意識的「經驗」組成部分。對我來說，這已經遺漏了太多。

機器可能看起來有意識：這種可能性的出現是因為IIT接受功能主義的一部分（基質獨立性），但不接受另一部分（輸入—輸出映射的充分性）。在某些機制中，尤其是夠大的「前饋人工神經網路」，可以實現任意複雜的輸入—輸出映射。這些機制如果以正確方式運作，可能就會呈現出智慧和（或）意識的外在表現。但純粹的前饋網路根本不會產生任何集成訊息，因為總會需要一些「遞迴性」或「循環性」。因此，IIT認可了類似「行為殭屍」的概念，正如我在第一章所解釋的，它是一種從外表看起來有意識，實際上卻沒有意識的人為產物。參閱Tononi & Koch（2015）。

不斷再生條件：這些想法與智利生物學家Humberto Maturana提出的自生系統論（發音為「auto-poi-ee-sis」，來自希臘語的「自我」和「創造」）密切相關。這種

(1996).

露天捕獲的章魚：www.bbc.co.uk/programmes/p05nzfn1。埃利希（Pippa Ehrlich）和里德（James Reed）拍攝的2020年紀錄片《我的章魚老師》（*My Octopus Teacher*）中，也有類似令人印象深刻的鏡頭。其中電影製片人福斯特（Craig Foster）與章魚建立了驚人的親密關係。

融入背景：海洋生物學家漢隆（Roger Hanlon）在影片中捕捉到許多章魚偽裝的例子。以下是其中一個最好的例子：www.youtube.com/watch?v=JSq8nghQZqA。

中央大腦甚至可能不知道：請參閱Mather（2019）；Messenger（2001）。

章魚可以用牠們的吸盤品嚐味道：請參閱van Giesen et al. (2020).

可怕的實驗：Nesher et al. (2014).

對於「燈亮著（有意識）」的動物：請參閱D. B. Edelman & Seth (2009) and D. B. Edelman et al. (2005) 瞭解更多非哺乳動物的意識。

許多鳥類物種：請參閱Clayton et al. (2007); Jao Keehn et al. (2019); Pepperberg & Gordon (2005); Pepperberg & Shive (2001).

可能有意識經驗：有趣的是，雖然鳥類的大腦有類似於哺乳動物皮質的東西（稱為鳥類「大腦皮層」），但缺乏與「胼胝體」（corpus callosum）相當的東西，胼胝體的作用是連接哺乳動物的兩個皮質半球。因此鳥類可能代表一種「自然的裂腦」，引發了關於鳥類意識「統一性」的問題（Xiao & Gunturkun，2009）。斯特萊克（Noah Strycker）的《與羽毛的邂逅》（*The Thing with Feathers,* 2014）是對鳥類認知和行為的精彩介紹。

當我們更進一步討論時：關於意識演化的優秀治療方法，請參閱Feinberg & Mallatt（2017）；Ginsburg & Jablonka (2019); LeDoux (2019).

有關動物福利的決策：參考Birch（2017）以獲取有用的概述，其主張是當證據不確定時，我們應該給予動物「無罪推論」（更正式地稱為「預防原則」）。值得注意的是，歐盟在2010年決定將頭足類動物，納入動物福利法規（指令2010/63/EU）中。

昆蟲確實擁有大腦：Entler et al. (2016).

果蠅：Khuong et al. (2019).

對所有動物都有效：Kelz & Mashour (2019)

可能的意識思維：伯奇（Jonathan Birch）、施內爾（Alexandra Schnell）和克萊頓（Nicola Clayton）有效地提出了「意識概況」一詞，來描述意識經驗中的物種間差異。他們提出了五個變化層面：感知豐富性、評價豐富性、統一性、暫時

2007）。然而，沒有理由將大腦大小或腦部顱內指數作為跨物種意識存在的標誌。

十七個不同的屬性：: Seth et al. (2005).

類似的哺乳動物物種的影響：Kelz & Mashour (2019).

海豹……和海豚：Lyamin et al. (2018); Walker (2017).

獨特的內在宇宙：Uexküll (1957).

由心理學家蓋洛普（Gordon Gallup Jr）提出：: Gallup (1970).

某些大猩猩：正如我一直以來最喜歡的標題之一的論文所報導的那樣：「另一隻大猩猩（大猩猩！大猩猩！大猩猩！）在鏡子中認出了自己！」（Posada & Colell，2007）。

沒有足以說服人的證據：相關評論請參閱Gallup & Anderson（2020）。Kohda等人敘述了關於清潔隆頭魚的爭論，請參閱Kohda et al. (2019) and de Waal (2019).

心智測試：參閱Gallup & Anderson (2018).

甚至有一些猴子接受過訓練：Cowey & Stoerig（1995）。

靈長類動物的等價物：Boly et al. (2013).

一九三八年移植到那裡：Kessler & Rawlins（2016）。

在一段影片中：www.ted.com/talks/frans_de_waal_do_animals_have_morals。

未通過鏡子測試：一項研究發現，恆河猴經過幾週的訓練後便可通過鏡子測試（L. Chang et al., 2017）。但經過大量訓練後通過測試，與自發地使用鏡子進行自我識別，有很大的不同。

頭足類動物身體圖案目錄：Borrelli et al. (2006)。把這本精彩但極其沉重的書帶回家，完全超出我的瑞安航空行李重量限制。

外星人的心靈：2015年我受邀撰寫關於「外星人意識」的書籍章節。經過一段時間的苦惱後，我決定寫實際存在的章魚，而不是猜測可能存在的外星人（Seth, 2016a）。維倫紐瓦（Denis Villeneuve）2016 年執導的電影《降臨》（*Arrival*），也巧妙探討了章魚和外星人之間的相似之處。

如果我們想瞭解其他人的想法：請參閱Godfrey-Smith (2017), p. 10.

章魚大腦缺乏髓鞘：請參閱Hochner (2012); Shigeno et al. (2018).

章魚的意識：請參閱Carls-Diamante (2017).

一些研究人員的建議：Liscovitch-Brauer et al. (2017).

牠們的認知能力：請參閱Fiorito & Scotto (1992). See also D. B. Edelman & Seth (2009); Mather (2019); 關於頭足類動物行為的經典文本，請參閱Hanlon & Messenger

例如哲學家沃勒：關於道德責任的不一致觀點，可參考Waller（2011），以及Dennett (1984, 2003)的替代觀點。Dennett & Caruso（2021）最近對這個問題進行了一場富有啟發性的辯論。

動物之間：神經生物學家布雷布斯（Björn Brembs）認為，即使在非常簡單的生物中，也能找到我們所說的自由意志的痕跡。而當牠們以多變且明顯自發的方式表現時，這些行為似乎也是從內部產生。因為這些行為（如蟑螂完全不可預測的「逃生反應」）可能有利於躲避追捕者，也許牠們反映了人類如何控制我們的多種自由度的演化起源。參閱Brembs (2011)。

第十二章　人類之外

動物刑事起訴史：Evans (1906)。

笛卡爾二元論的動物機器人：笛卡爾關於動物的觀點發表於17世紀，因此在某種程度上與這些中世紀的信仰和實踐共存。隨著啟蒙運動席捲歐洲，笛卡爾的觀點後來成為主流。

缺乏所謂的「高階」認知能力：意識的「高階思維」理論（我在第一章中對此進行了簡要描述）的擁護者，可能並不同意這一點。參閱Brown et al. (2019)。

將動物視為野獸機器：與笛卡爾不同的是達爾文採取了一種強烈的人類化觀點，特別是在動物的情感表達方面（Darwin, 1872）。他假設不同物種之間存在著一套保守的情感，就像是授權給用動物實驗研究人類情感的實驗。這項工作後來被潘克塞普（Jaak Panksepp）和其他人接手，並以「本能」（hard-wired）的形式融入當代文化。或是與特定臉部表情相關的「基本」情緒，例如Paul Ekman（1992）的作法。正如第九章中所解釋，這種「基本情緒」觀點受到當代「建構主義者」的挑戰，例如Lisa Feldman Barrett 和Joe LeDoux，他和我一樣強調自上而下的解釋在形成意識內容中的作用。參閱Barrett (2016); LeDoux (2012).。

甚至是老鼠，一項研究表明：參閱Steiner & Redish（2014）, p. 1001.

凡有生命之處：生物學家黑克爾（Ernst Haeckel）於1892年創造了「生物心靈論」一詞，用來描述所有有生命的事物都有感知的觀點，與泛心靈主義觀點不同，後者認為意識是所有物質形式的特性。參考Thompson（2007）。

拋開原始大腦的大小：比原始腦部大小更複雜的衡量指標是腦部顱內指數，它是考慮身體的大小相對於大腦尺寸的衡量標準。關於腦部顱內指數是否就是跨物種認知能力的可靠預測因子，存在許多討論（Herculano-Houzel, 2016; Reep et al.,

如果我是被迫的：參閱Caspar et al. (2016)關於這個問題的一個有趣的實驗。

人可以按他的意志行事：這句話出自叔本華1839年提交給挪威皇家科學學會的一篇文章。翻譯參閱Zucker（2013）), p. 531. 在叔本華的區分中，我們可以看到所有成癮的根源。

自由度：這裡與控制論有一個有趣的聯繫。我們在第九章遇到過的艾希比（Ross Ashby）的良好調節定理和基本變量的概念，他也因其早期的必要多樣性法則（Ashby，1956）而聞名。該法則規定，一個成功的控制系統必須能進入至少與干擾它的環境一樣多的狀態。正如艾希比所說：「只有多樣性才能壓制多樣性。」參閱Seth (2015a).

自願性行為取決於：Dennett（1984）。

三個過程：Brass & Haggard（2008）；Haggard（2008）；Haggard（2019）。

這些區域的刺激：Fried et al. (1991)。對該區域進行更強烈的刺激，可以產生衝動和相應的動作。

可定位到更正面的部分：Brass & Haggard（2007）。

意識意志的幻覺：Wegner（2002）。

一個不存在的問題：正如哈里斯（Sam Harris）在最近的一場播客節目中所說：「問題不僅是自由意志的問題在客觀上毫無意義，在主觀上也毫無意義。」參閱https://samharris.org/podcasts/241-nal-thoughts-on-free-will/。

活在當下：Csikszentmihalyi（1990）；Harris (2012)。

腦損傷或運氣不好：: Della Sala et al. (1991)；Formisano et al. (2011).

位置尷尬的腦腫瘤：Burns & Swerdlow（2003）描述了腫瘤誘發的戀童癖案例。惠特曼（Charles Whitman，造成十四人死亡、三十一人受傷的隨機槍擊案凶手）的案例也被多次提及，包括伊格曼（David Eagleman）2011 年在《大西洋月刊》上發表的一篇文章：www.theatlantic.com/magazine /archive/2011/07/the-brain-ontrial/308520。

愛因斯坦說：「我對這一切毫無功勞，無論是開始或結束，都是由我們無法控制的力量所決定。對昆蟲和星星都是如此。無論人類、植物或宇宙塵，我們都隨著神祕的旋律起舞。」在這段話裡，愛因斯坦對決定論的眾所周知的承諾，得到充分的展示（他還有句名言「上帝不跟宇宙玩骰子」——這是對量子力學固有的隨機性加以否定）。然而正如我們所見，人們不需要接受決定論來拒絕神祕的自由意志。這段文字來自維埃里克（George Sylvester Viereck）的採訪，發表於1929年10月26日的《週六晚郵報》(p. 117)。

息整合理論與主動推理（而不是自由能原理本身）進行比較。我在第三章提到其中一個提議的實驗：訊息整合理論預測，使已不活動的神經元失去活性，將對意識感知產生影響，主動推理則不會受到影響。

第十一章　自由度

她彎曲了手指：McEwan (2000)。向倫敦大學學院的哈格德（Patrick Haggard）致敬，因為他引用了這句話。

甚至還不清楚：有關這個哲學領域的生動指南，請參閱Bayne（2008）。

激進的、絕對的、止步不前的：Strawson (2008), p. 367。

可以一路前進：我所認同的觀點表達了哲學家所說的相容論。相容論認為，一些合理的自由意志概念與宇宙的確定性是相容的。相較之下，自由意志論的自由意志（與政治哲學無關）哲學版本是神祕自由意志的版本。還有所謂的硬派決定論的支持者，他們認為決定論是正確的，並由此得出結論，任何合理的自由意志概念都無法存活。請注意，我對宇宙是否是決定論的持中立態度，但即使我如此認為，我仍然可以是一個相容論者。

既感覺不到隨機，也不是隨機：即使宇宙在某些基本層面上是確定性的，神經元和突觸層面的明顯隨機波動，也可能在大腦功能中發揮重要作用。這是可能的，甚至很可能，但這並不重要。

眾所周知的現象：準備電位首次由德國生理學家Hans Kornhuber和Lüder Deecke在1960年代記錄下來，他們稱之為準備潛力（Bereitschaftspotential，Kornhuber & Deecke，1965）。

體驗「衝動」：對哲學家來說，意圖和衝動是不同的東西。我可能會想要打那些煩我的人，但我會抑制這種衝動，因為我不想傷害任何人，也不想讓自己被捕。意圖會受制於理由和規範的影響，衝動則不受制。在簡單的情況下，比如自願彎曲手指，它們的作用大致相同，而利貝特本人經常交替使用這些術語。

已經開始：利貝特（1985）。毫無意外，準備電位的開始和有意識的意圖的時間，都發生在動作本身之前。

非自由意志：: Libet et al. (1983).

我們沒有看到它：哲學家梅勒（Al Mele）幾年前就提出了類似的概念觀點（Mele，2009）。

幾乎沒有什麼跡象：Schurger et al. (2012).

一、識別密度，編碼對環境狀態的當前最佳猜測，以及第二、生成密度，編碼環境狀態如何形成（生成）感覺輸入的概率模型，這裡的「環境」指的是感覺信號的隱藏原因（無論它們到底是什麼）。自由能有兩個組成部分：對應於驚奇值的能量，以及反映識別密度與真實後驗密度（給定感官輸入的環境狀態概率）之間「相距多遠」的相對熵。這些密度之間的距離是透過訊息論中稱為庫爾貝克—萊布勒（KL）散度的量來測量。如果假設識別和生成密度為高斯分布（以及對時間尺度的獨立性等其他假設），則自由能直接映射到預測處理中的精度加權預測誤差。因為「相距較遠」的最小度量為零，表示自由能總是大於驚奇值（亦即它提供了上限）。這點反過來又意味著減少自由能，必須減少識別密度和真實後驗之間的差異（提出更好的感知推論）或減少驚奇值（透過採樣新的感官輸入）。

釋義弗里斯頓：Friston (2010). Jakob Hohwy巧妙地將此一過程稱為「不證自明」（Hohwy，2014）。從數學上講，這種觀點是合理的，因為最小化自由能相當於最大化（貝氏）模型證據。事實上，正如自由能提供驚奇值的上限一樣，它也提供模型證據的下限（機器學習中所謂的證據下限，或稱ELBO）；請參閱Winn & Bishop (2005).

走出暗室：「暗室問題」是最初針對FEP提出的反對意見之一（(Friston et al., 2012）。在我寫這本書的時候，這個問題再次浮出水面，我和我的同事們也再次反駁。參閱e Seth et al. (2020); Sun & Firestone (2020).

自由能原理將被評判：Hohwy（2020b）p. 9.

統計力學教科書：Goodstein（1985）, p. 1.

更整合、更強大：這種增強野獸機器理論的方法，讓我們回到了生命系統在自身和環境之間維持邊界的概念——其中FEP中的邊界是以馬爾可夫毯來理解（參閱上文第197頁的注釋）。對弗里斯頓來說，馬爾可夫毯的存在或確定，便直接意味著主動推理正在發生。參閱Kirchhoff et al. (2018), 以及Bruineberg et al. (2020)的評論。

可以做得更好的實驗：例其中一個例子是我們的研究，探索自由能最小化的代理，如何學習其環境的自適應偏差感知模型(Tschantz et al., 2020b).

意識科學理論：Hohwy & Seth (2020).　還有一些其他嘗試將FEP與意識聯繫起來，例如在生成模型的時間深度方面（Friston，2018）；另見Solms (2018); Solms (2021); Williford et al. (2018).

正在進行的嘗試：這些嘗試以「對抗性協作」的形式進行，兩種理論的支持者提前簽署實驗結果是否會支持或破壞他們偏好的理論。這種特殊的對抗性協作使訊

一個罕見的錯覺：Cotard（1880）。

變得嚴重偏離：自我失去現實的一種可能方式是，潛在的生成模型無法編碼有關行為如何影響生理調節的豐富條件，或關於違反事實內感知預測。這是類比於視覺條件性預測可能構成「客觀性」現象學的方式。參閱Seth & Tsakiris（2018）。

肉體的特殊之處：意識依賴於特定的生物特性（矽製電腦永遠不可能擁有）的主張，有時被稱為「生物自然主義」。我在這裡並不使用此術語，因為已有不同的人以不同方式使用了此術語，請參閱Schneider（2019）的討論。

第十章　水中的魚

解釋生命系統的所有特徵：弗里斯頓發表了大量關於自由能原理的論文。Friston（2009，2010）有兩個重要概述。我們自己的評論，請參閱Buckley et al. (2017)

難以理解：www.lesswrong.com/posts/wpZJvgQ4HvJE2bysy/god-help-us-let-s-try-to-understand-friston-on-free-energy。其他精彩內容包括Alianna Maren，'How to read Karl Friston (in the original Greek)'。www.aliannajmaren.com/2017/07/27/how-to-read-karl-friston-in-theoriginal-greek，以及and 'Free Energy: How the f*ck does that work, ecologically' by Andrew Wilson and Sabrina Golonka, psychsciencenotes.blogspot.com/2016/11/free-energy-how-fck-does-that-work.html.

保持邊界：自由能原理以統計學和機器學習中的「馬爾可夫毯」概念來談論邊界。就一組隨機變量描述的系統，馬爾可夫毯是將系統的統計劃分為「內部狀態」「外部狀態」和「毯子狀態」，由毯子將內部與外部隔開。馬爾可夫毯滿足毯子內部的變量（內部狀態）有條件的獨立於毯子外部的變量（外部狀態）要求，反之亦然。這代表內部狀態的動態，可以從過去的內部狀態和總狀態中完全預測。參閱Kirchhoff et al. (2018) 有關馬爾可夫毯和 FEP的更多訊息，以及Bruineberg et al.（2020）所提出具有啟發性的批評。

近似感知熵：從技術上看，自由能提供了稱為驚奇值（surprisal）或資訊本體（self-information）的上限，可以將其視為指定事件（在統計上）令人意外的程度，上限意味著自由能不能低於驚奇值。驚奇值與熵的訊息論量相關，因為在非平衡穩態假設下，驚奇值的長期平均值是熵。通俗一點地說，熵就像不確定性——而不確定性是你期望遇到的平均驚奇。

在一些數學運算後：更多數學方面的細節。自由能根據兩個概率分佈來定義：第

不存在現象學：我並不反對將形狀隱喻地歸因於非視覺體驗。疼痛可以是劇烈的，也可以是鈍痛。有些味覺很敏銳，有些情緒也可以這樣描述——也許是嫉妒的痛苦。但這些體驗並不像杯子、貓和咖啡桌那樣具有形狀。

動態平衡：Sterling（2012）。請參閱Tschantz等人（2021）關於整體穩定內感知控制的計算模型。

野獸機器理論：有關野獸機器理論及其理論的更多技術版本，請參閱Seth (2013), Seth (2014b), Seth (2015a), Seth (2019), Seth & Friston (2016), and Seth & Tsakiris (2018)。該理論有許多前人研究和影響，在此無法完全公正地表述。其中包括梅辛格對自我的哲學探討（Metzinger, 2003a），以及Andy Clark和 Jakob Hohwy對預測處理參閱的重要觀點（Clark，2016；Hohwy，2013）。尤其要感謝該理論對於其他關於生命、身體、心靈和意識之間，深刻但不同聯繫的建議。在這方面，我受到Antonio Damasio（1994、2010）、Gerald Edelman（1989）、Karl Friston（如2010年）、Joe LeDoux（如2019年）和Evan Thompson（如2014年；另見Varela等人，1993）。相關想法請參考Panksepp (2005); Park & Tallon-Baudry (2014); Solms (2021); 梅辛格的「存在偏見」概念（Metzinger, 2021），以及巴雷特（Lisa Feldman Barrett）的工作（如2017年）。

有意識的野獸機器：意識與生理調節的緊密聯繫，引發有關腦幹（位於大腦半球最深處和脊髓之間的一組細胞核）作用的新問題。一般情況下，腦幹被認為是意識的「促成因素」，就像電源線是電視的促成因素一樣。但腦幹在生理調節中扮演極活躍的角色，導致一些人認為這就是意識產生的地方——不需要皮質（Solms，2021；另見Merker（2007）。考慮到將皮層（和丘腦）與意識狀態聯繫起來在解釋證據上的重要性，我認為這非常不可能。話雖如此，腦幹在塑造意識狀態方面，很可能比電源線的類比所暗示的更具決定性——參閱Parvizi & Damasio（2001）以獲得更全面的觀點。

系統性誤判：更有趣的是，我們可以考慮在生病或受傷期間，自我變化的盲點是否會減弱，因為這可能有助於大腦更準確地感知體內發生的情況。認知神經科學有一個新的子領域，專門處理此類問題，稱為「計算心身學」（Petzschner等人，2017）。

不是為了瞭解我們自己：希臘人早就明白這一點。雖然蘇格拉底與「認識你自己」這句話有關，但斯多噶學派強調平靜和自我控制的重要性。感知控制理論的擁護者可能會更進一步，認為我們調節自己的生理狀況，以便感知自己是穩定的。

物研究中累積成果。例如最近的兩項實驗，說明了小鼠島葉皮質中的神經元編碼，類似於內感知預測（Gehrlach等人，2019；Livneh等人，2020）。

心視同步：參閱Aspell等人（2013）；Suzuki等人（2013）。在一項相關研究中，米卡・艾倫（Micah Allen）及其同事說明意外的生理興奮影響對視覺刺激的感知，再次暗示了外感知和內感知過程之間的相互作用（Allen等人，2016）。請參閱Park & Blanke（2019）評論，有關通過心跳檢測測量內感知敏感度的問題，請參閱Brener & Ring（2016）、Zamariola等人（2018）。催眠易感性對體驗的影響在第八章中有所討論。

控制的科學研究：Wiener（1948）。

寶貴的見解：控制論的歷史不僅展示我們現在視為不同的學術學科，曾是一個共同方法的一部分，還揭示了科學有時會偏離可能帶來非凡收穫的道路（如果這些道路被追隨的話）。有關更多訊息，我建議閱讀杜皮（Jean-Pierre Dupuy）的《認知科學的起源：心靈的機械化》（*On the Origins of Cognitive Science: The Mechanization of the Mind*，2009）。

良好調節器定理：Conant & Ashby（1970）。

必須是模型：有關模型和擁有模型之間的區別，請參閱Seth (2015a) and Seth & Tsakiris (2018)。

關於發現事物或控制事物：在研究論文中，我將預測感知的認知（探索、尋求訊息）形式和工具性（目標導向、控制導向）形式之間的區別，稱為預測感知：: Seth (2019a); Seth & Tsakiris (2018); Tschantz et al. (2020b).

基本變量：Ashby (1952)。例如，人體核心體溫必須保持在攝氏32度和40度之間，否則很快就會死亡。

這些動作可以是：外部和內部動作根據所涉及的肌肉類型來區分。外部動作取決於骨骼（橫紋）肌系統，而內部（交互作用）動作取決於內臟（平滑肌）和心肌系統。這些肌肉類型依次由周圍神經系統（位於大腦和脊髓之外的神經系統部分）的不同分支控制。骨骼肌由軀體分支控制，內臟肌和心肌由自主神經分支控制。

光學加速抵消：參閱McLeod等人（2003）。

可供性：Gibson（1979）。

感知控制理論：該理論通常用這樣的口號來總結：控制系統控制它們的感覺，而不是它們的行為，請參閱Powers（1973）。有關該理論的最新闡述，請參閱Marken & Mansell（2013）。

人與野獸的身體：Shugg (1968), p. 279。請參閱《笛卡爾的哲學著作》（*The Philosophical Works of Descartes*），E.S.Haldane，trans. E. S. Haldane and G. R. T. Ross (New York, 1955), vol. 1, 114–16, 118.

人類機器：La Mettrie (1748).

生命和心靈是否連續：Godfrey-Smith (1996); Maturana & Varela (1980).

內感知：Craig (2002).

內感知感官信號：Critchley & Harrison (2013).

島葉皮質：有關島葉皮質在內感知中的作用，請參閱Barrett & Simmons（2015）和Craig（2009）。

我們感到遺憾：James（1884）, p. 190.「古典」情感理論家追隨達爾文，提出跨物種保留的內在情感，而「建構主義者」則不這麼認為，兩者的爭論至今仍持續。在前者陣營中，有生物學家潘克塞普（Jaak Panksepp）和他的追隨者。潘克塞普認為，一組基本情緒是由特定的（且在演化上較古老）神經迴路所實現（Panksepp，2004）；另見Darwin (1872). 後者陣營的代表是神經科學家巴雷特（Lisa Feldman Barrett）和勒杜克斯（Joe LeDoux），他們提出「人類情感取決於認知評估」這種觀點的不同版本——正如我們將看到的，這種觀點跟我自己的觀點類似。有關情感理論歷史的更多訊息，請參閱Barrett (2016); LeDoux (2012).

仍有爭議：參閱Harrison等人（2010）。

評估理論：Schachter & Singer（1962）是評估理論的經典參考文獻。

一項有創意的研究： Dutton & Aron（1974）。

我突然想到：這個想法的輪廓首次出現在2011年的一篇論文中（Seth等人，2011b），並在2013年的一篇論文中得到完善，該論文後來成為標準參考文獻（Seth，2013）。從2015年開始，這些核心想法被擴展成有關意識和自我的「野獸機器」理論：Seth (2015a); Seth (2019a); Seth & Friston (2016); Seth & Tsakiris (2018)。

關於內感知訊號的原因的預測：達馬西奧的想法對我的思維產生了深遠的影響，尤其是當涉及到自我時；參閱Damasio，（1994、2000、2010）。巴雷特（Lisa Feldman Barrett）和我一樣，強調內感知預測在情緒中的作用——參閱Barrett & Satpute（2019）、Barrett & Simmons（2015），以及她的優秀著作《情感是如何形成的》（*How Emotions Are Made*）（Barrett，2017）。

實驗難以測試：參閱Petzschner等人（2019）。有關內感知推理的其他證據開始從動

Hohwy）和我在2015年的論文中提出，社會知覺也有類似現象。我們的概念是我們的大腦中儲存關於已知的某些行動將如何改變他人精神狀態的條件式預測時，他人的精神狀態才顯得「真實」。舉例來說，這類預測可能是在某句特定的話（如「去幫我拿些葡萄酒」）出現時，某個人的信念或情緒狀態可能改變。這個概念為擁有心智理論的意義添加預測機器的色彩，同時提供不錯的方法來解讀社會知覺的明顯缺陷，如同自閉症的例子一樣。請參閱C. J. Palmer et al. (2015)。

源自社會的預測知覺：社會知覺的神經科學討論經常強調所謂的「鏡像神經元」。義大利神經科學家里佐拉提（Giacomo Rizzolatti）等人首先提出，動物做出行動和觀察到其他動物也做出相同行動時，這類神經元都會放電 (Gallese et al., 1996)。這些神經元會「反映」其他動物的行為，因為它們的反映和觀察者本身做出行動時相同。這類神經元做出這類反應的能力，形成各種社會現象。然而這些說法帶來沉重的解釋負擔，而且只適用於某幾種腦細胞。它們和許多人依據fMRI掃描結果，就認為某些區域的活動可以解釋「愛」或「語言」一樣，犯了過度簡化的錯誤。請參閱Caramazza et al. (2014).

「沒有人是孤島」：「沒有人是孤島，可以自全。每個人都是大陸的一角，整體的一部分」，Donne (1839), pp. 574–5。心理學家福瑞斯（Chris Frith）進一步拓展這個觀點，主張所有意識經驗的主要功能與社會有關（Frith, 2007）。

個人認同層次：達馬希歐（Antonio Damasio）在他的書籍《*The Feeling of What Happens*》特別強調自我的這個面向（Damasio, 2000）。

物體的知覺可由不同的觀點感知：James (1890), p. 242.

第九章　成為一部野獸機器

我們看到的事物並不是他們本身的樣子：Anaïs Nin, *Seduction of the Minotaur* (1961), p. 124.她將這句話歸諸古代塔木德文本。

在巨鏈中：「存在之鏈」的概念起源於古希臘的柏拉圖、亞里斯多德和普羅提諾，並在中世紀西歐得到充分發展。

惹惱強大的天主教會：有關這段生動的歷史敘述，請參閱George Makari's *Soul Machine* (2016)。

證明仁慈上帝的存在：https://en.m.wikipedia.org/wiki/Trademark_argument。請參閱Hatfield (2002)。

我有一種奇怪的感覺：Quoted in Tong (2003), p. 105.

我在空中看到自己躺在床上：Blanke et al. (2004), p. 248.

共通因素：Blanke et al. (2015).

證明……很容易受到影響：See Brugger & Lenggenhager (2014).

「身體交換錯覺」：Petkova & Ehrsson (2008).

成為他者實驗室的目標：www.themachinetobeanother.org.

最近參與的一項研究突顯了……：Lush et al. (2020)。在這篇論文中，我們採用「現象學控制」而不採用「催眠」，部分原因是「催眠」有負面的歷史包袱。實驗設計造成的隱性期待可能影響參與者經驗和行為的概念，在心理學上是眾所周知的問題，但往往不受重視。這個概念的歷史可追溯到「需求特徵」的早期研究（Orne, 1962）。重要的是，單單比較同步和非同步動作，不足以控制橡膠手幻覺中的需求特徵，原因是受試者強烈期待這三種狀況的經驗 (Lush, 2020)。關於我們的橡膠手幻覺、現象控制和需求特徵的研究總結，請參閱Seth et al. (2021)。

催眠暗示：除了引發行為和主觀經驗，催眠建議也能造成生理和神經生理反應（在催眠止痛時也可抑制這類反應）(Barber, 1961; M. P. Jensen et al., 2017; Stoelb et al., 2009)。因此，這些表面上比較客觀的測量數據也受感受性干擾。還好，這些都可以視為機會，而不只是問題。催眠暗示提供效能強大的方法，用來研究由上而下的期待如何產生或消除知覺經驗。我們正在進行數項實驗，進一步探討暗示效應能塑造或產生哪些知覺經驗（包括自我和世界）。

真正地自我覺察：愛沙尼亞裔加拿大心理學家圖爾文（Endel Tulving）稱這種自我覺察為「自覺意識」(Tulving, 1985).

他的日記：日記摘自Deborah Wearing's Forever Today (2005).

他的記憶中沒有曾經清醒過的證據：Wearing (2005), pp. 202–3.

他不再擁有內在敘事：www.newyorker.com/magazine/2007/09/24/the-abyss.

社會知覺：以這種方式定義的直接社會知覺並未被普遍接受。其他方法指出，我們對其他人的精神狀態的覺察由他人的行為推論得出，方式與知覺不同。進一步詳情請參閱Gallagher (2008) and C. J. Palmer et al. (2015)。

社會知覺中的主動推論：社會主動推論如同視覺主動推論，其意義都是潛在的生成模型形成關於行動結果的條件式預測。在視覺方面，如同第六章提到的，這些預測與視覺感官訊號如何改變已知的某些行動有關。在這裡，我主張這些條件式預測是「客觀性」的現象屬性。帕爾莫（Colin Palmer）、赫威（Jakob

2019c）。

休謨曾說：這幾句話出自休謨的《人性論》（*Treatise of Human Nature*）和《道德原則研究》（*Enquiry Concerning the Principles of Morals*）(1751, Appendix 1.19)。摘自Kail (2007), p. 20。這些資料的出處為Dennett (2015)。

我們運用和透過生成模型感知：哲學家稱之為透明度 (Metzinger, 2003b).

第七章　譫妄

有三分之一會出現……：Collier (2012).

但長期仍然可能有……等後遺症：Davis et al. (2017).

第八章　預期自己

「瞬間移動悖論」：這個思想實驗另外歸功於哲學家帕菲特（Derek Parfit）和作者雷姆（Stanislaw Lem）。

「一大堆」知覺：這個自我觀點在哲學中稱為叢束理論（bundle theory）。

十分傑出的書籍：Metzinger (2003a).

頭蓋骨雙胞胎中的一個：加拿大卑詩省的克里斯塔和塔提安納赫根就是如此，網址：www.nytimes.com/2011/05/29/magazine/could-conjoined-twins-share-a-mind.html.

也可能非常容易瓦解：關於身體方面自我的疾病，請參閱Brugger & Lenggenhager (2014)。

位於雙眼後方：關於這種直覺的第一人稱解構，請參閱Douglas Harding's On Having No Head (1961)。

研究的重要基石：說明橡膠手幻覺的原始論文發表於1998年（Botvinick & Cohen, 1998），引發出一連串後續研究。許多人探討過三隻手或無手幻覺是否可能，探討引發手部膚色不同，是否可能改變種族偏見；甚至老鼠是否可能有「橡膠尾巴」幻覺。相關評論請參閱Braun et al. (2018) and Riemer et al. (2019)。

擴展到整個身體上：這個實驗也可以改成讓志願受試者看到電腦產生的假身體背部（也就是「化身」），而不是自己的身體。請參閱Ehrsson (2007); Lenggenhager et al. (2007)。

對歷史和文化的影響非常大：Monroe (1971).

我們把知覺路徑引導到其他方向時可能產生的知覺」(Husserl, 1960 [1931])。龐蒂受胡瑟爾的影響相當大，強調知覺經驗的體現面向。他1962年的著作《*Phenomenology of Perception*》至今仍極具影響力 (Merleau-Ponty, 1962)。

我在……一篇研究論文中提出：Seth (2014b)。這是運算現象學的另一個例子。關於「行動可能性競爭」的相關神經生理學理論，請參閱Cisek (2007)。

字素—色彩聯覺：Seth (2014b).

在近來一的項實驗中：Suzuki et al. (2019).

畫滿蛇形圖案的圖片：另一個例子是瀑布幻象這類運動後效。直視瀑布（或瀑布影片）一段時間後看向瀑布旁的岩石或其他地方，岩石看來彷彿向上移動，但一直在同一個地方。

時間經驗……也是受控的幻覺：許多專注於時間的神經科學家不會同意這個觀點。事實上，時間知覺的心理和神經模型大多假設神經中有某種「節律器」，用來當成比較實體時間的標準，進而形成期間的知覺 (van Rijn et al., 2014)。有些人則認為時間知覺取決於體內類似時鐘的訊號（心率等等），請參閱Wittmann (2013)。但我們的研究也質疑這個概念（Suárez-Pinilla et al., 2019）。

造成不同的偏誤：低估長期間和高估短期間是「均值回歸」效應的例子。知覺管道大多甚至全部都有這類效應，而且由於均值可以視為事前機率，所以也可說是貝式推論的特徵。在時間知覺中，這種效應稱為魏氏定律（Vierordt's law）。

也有相同的偏誤：請參閱Roseboom et al. (2019)。後來發現當網路輸入限於一個人正在觀看的影片的段落時，電腦模型和人類表現更加接近，進一步支持了華瑞克的說法。

我們使用fMRI：Sherman et al. (2020).

我最喜歡的是：Stetson et al. (2007)。起重機下方當然有一大張網子，用來接住志願者。

「替代實境」：關於這個計畫的早期版本，請參閱Suzuki et al. (2012)。

我們可以用這個方法檢驗……：Phillips et al. (2001)。它對這類研究具有可能相當重要的社會意義。以人類認為知覺既「真實」又真確的程度而言，要接受其他人可能擁有不同的知覺經驗相當困難，即使面對相同的客觀環境時也一樣，「藍黑白金洋裝」造成這麼大的爭議也是因為如此（參見第四章）。認為它是某個樣子的人，無法接受別人看到的可能是另一個樣子，原因是他們認為自己的知覺直接呈現了客觀的現實。這類知覺趨向（廣義的社群媒體同溫層）對我們如何認知和解決或包容個人、群體和文化間的差異，具有多重意義（Seth,

我們的實驗：Pinto et al. (2015). 我們的研究比這裡的簡介複雜得多。我們進行了多次的對照研究，盡可能排出其他因素，例如人類做出回應或集中注意時可能的偏誤，用來解釋我們的結果。關於其他類似研究的評論，請參閱de Lange et al. (2018)。關於這份文件的早期貢獻，請參閱Melloni et al. (2011)。

效力強大的技術：大腦讀取是訓練機器學習演算法把大腦活動分成不同的類別，請參閱Heilbron et al. (2020)。

在物體上看到臉孔：www.boredpanda.com/objects-with-faces.

打造「幻覺機器」：Suzuki et al. (2017).

這個神經網路：具體說來，這種網路是深度卷積類神經網路（deep convolutional neural network）。這種網路可使用標準的反向傳播演算法來訓練。請參閱Richards et al. (2019)。

反轉這個程序：在標準的「正向」模式中，我們先把影像呈現給網路，活動一層層向上傳播，網路輸出告訴我們它對這個影像的「想法」。而在鈴木啟介改寫過的深度夢境演算法中，這個過程是反過來的。先確定網路輸出，再調整輸入，讓網路進入穩定狀態。細節請參閱Suzuki et al. (2017)。

不算十足的……：透過頭戴式顯示器觀看全景影片，這樣完整的幻覺機器經驗比靜態影像更身歷其境。可在這裡觀看範例影片：www.youtube.com/watch?v=TlMBnCrZZYY。

為什麼是這個樣子：這些運算模型對應於神經迴路假設時，這個方法可稱為「運算神經現象學」（computational neurophenomenology）。這領域是以電腦輔助的神經現象學，創始者是瓦瑞拉（Francisco Varela）。鈴木啟介（Keisuke Suzuki）、舒瓦茲曼（David Schwartzman）和我依據這個精神，開發新的幻覺機器。這個幻覺機器納入生成式模型，因此更接近我們認為大腦的實際運作。這具新的幻覺機器能呈現的幻覺經驗也比上一代更多。

探討我們的物性知覺：Seth (2019b).

畫家透過繪畫研究物件如何讓我們的眼睛可見：Merleau-Ponty (1964).

感覺動作權變理論：請參閱O'Regan (2011); O'Regan & Noë (2001)。這理論和其他理論同樣以大量事前機率研究為基礎，其中值得注意的有二，其一是吉布森（James Gibson）對體現行動如何影響知覺的看法，其二是胡瑟爾（Edmund Husserl）和龐蒂（Maurice Merleau Ponty）的哲學現象學。吉布森的行動可能性概念（第九章將會談到）認為我們感知物體的依據是它們提供的行為可能性 (Gibson, 1979)。胡瑟爾則提出「知覺具其他知覺可能性構成的界域，如同可完整解釋我們為什麼不可能搔自己癢(H. Brown et al., 2013)。

第六章　觀看者的本分

「啟示的年代」：Kandel (2012).

後來由……發揚光大：Gombrich (1961)

觀看者在……上所扮演的角色：Seth (2019b).notes to pages 118–20 295

肯德爾說：Kandel (2012), p. 204.

《埃納利的白霜》：這個例子出自Albright (2012)，Seth (2019b)改編。參閱網址：www.wikiart.org/en/camille-pissarro/hoarfrost-1873。

在骯髒的畫布上……：這個詞出現在1874年4月25日《喧鬧報》（*Le Charivari*）刊載的一篇勒魯瓦對印象派畫家的諷刺評論中。這篇評論創造了「印象主義」這個詞。

「純真之眼」：Gombrich (1961).

繪畫成為實驗：畢沙羅晚年罹患嚴重眼疾。其他印象派畫家莫內（Claude Monet）和竇加（Edgar Degas）也有類似問題。探討他們視力受損對藝術眼光是否有影響以及有何影響將相當有趣。有些影響可以想見（他們對光線圖樣的敏銳度可能高於物體細節），但有個令人警惕的故事出自另一位畫家葛雷柯（El Greco）。葛雷科的作品經常包含異常拉長的人物，這個特徵的原因是他著名的散光。在這個故事中，他畫出拉長人物的原因是他看到的就是如此。但心理學家指出，依據這個邏輯，他看到的畫布應該也是拉長的，足以抵消散光的影響。這類邏輯錯誤稱為葛雷柯謬誤（El Greco fallacy），到今天依然相當吸引知覺科學家研究。請參閱Firestone (2013)。

當我們說：Gombrich (1961), p. 170.

經驗的整體本質：作家、評論家及藝術家伯格（John Berger）後來也呼應貢布里希的看法。在撰寫於1972年的書籍《*Ways of Seeing*》中，伯格一開始寫道：「我們看到的和知道的事物之間的關係從未確定。」與文化方面比較保守的貢布里希相比，伯格重視政治和文化對知覺的影響，強調我們每個人之間和不同族群間看到的事物有何不同（Berger,1972）。

一項實驗預測：事實上，這種預測沒那麼直截了當，請參閱Press et al. (2020)。

「連續閃現抑制」：它是第一章中比較知名的雙眼競爭法的變化版本（Blake et al., 2014）。

預測處理：我在本書中以預測處理代表多種理論，包括但不限於預測編碼。預測編碼又包含預測誤差最小化的核心機制。我這麼做不是要縮小它們的差別，這些差別有趣又重要 (Hohwy, 2020a)。

藉以減少預測誤差：以貝氏定理的說法，生成式模型以多個事前機率和可能性構成。我們可以把它視為「假設和資料的綜合機率」，也就是p(H,D)。以這種方式描述事物，在數學上同意了預測誤差最小化近似於貝氏推論的說法（Buckley et al., 2017）。

這些預測進一步向下形成關於……的預測：階層式預測誤差最小化指出，大腦中與知覺有關的部分應該具有大量由上而下的連結，把訊號從高層傳遞到低層。許多研究指出這個說法正確，如Markov et al. (2014)。從由下而上的知覺觀點很難解釋如此大量的由上而下的連結。

看似憑空出現：關於心理學和魔術的評論，請參閱Kuhn et al. (2008)。

「精確度加權」：參閱Feldman & Friston (2010)。執行精確度加權的方法是調整精確度的事前機率（稱為超事前機率），使推論的精確度提高或降低。

影片演示：See also Simons & Chabris (1999).

以便……順利地行動：我在薩塞克斯大學的同事克拉克（Andy Clark）長年支持預測處理的「行動導向」公式。他2016年的書籍《漫遊在不確定性中》（*Surfing Uncertainty*）是代表性的參考書。

不斷產生行動：神經科學家布札基（György Buzsáki）曾在書籍《由內而外的大腦》（*The Brain from Inside Out*）中主張，這個觀點將為實驗神經科學帶來挑戰，同時創造新的機會。實驗科學家研究大腦的方法，大多是檢視大腦對外在刺激的反應，而不是大腦這個有生命的活躍系統。請參閱Buzsáki (2019)以及Brembs (2020)。

主動推論：Friston et al. (2010)

良性循環：山茲（Alexander Tschantz）、巴克雷（Christopher Buckley）、米利吉（Beren Millidge）和我，正以這個基礎開發新的機器學習演算法。這個演算法能由少量資料學習生成式模型 (Tschantz et al., 2020a)。有趣的是，「由下而上」預測的可能性 (Teufel & Fletcher, 2020) 在這個背景下的應用前景不錯。它可能和機器學習中效能強大的攤提（amortization）技巧有關。這個技巧以前饋（由下而上）方式掃過經過適當訓練的人工類神經網路，計算貝氏事後機率。

「分散注意」：這個概念可用實驗加以檢驗，而且結果如同預期，在我們活動時，本體感覺敏感度會降低 (C. E. Palmer et al., 2016)。活動同時造成的感官衰減也誤判罹癌的比例也有10%。糟糕的是在這個年齡群中，乳癌的發生率（基本比率）相當低，大約只有0.04%。以基本比率當作事前機率，依據貝氏定理，我們可以算出當乳房攝影判定罹患乳癌時，確實罹患乳癌的機率大約只有3%。每一百名檢驗判定罹患乳癌的女性中，有九十七人沒有罹癌，必須承受不必要的擔憂以及接受可能十分昂貴的侵入性檢查。這個故事告訴我們，必須提高檢驗的敏感度和專一性，而且乳房攝影確實比以前進步。英國近來一項研究指出，四十多歲的女性現在應該接受篩檢。請參閱McGrayne (2012); Duffy et al. (2020)。

貝氏推論對各種狀況都有很大的效用：莎朗・麥格雷恩（Sharon McGrayne）的書籍《*The Theory That Would Not Die*》詳細介紹了貝氏分析極富爭議性的歷史。

在科學哲學中：關於這主題的進一步討論，請參閱Lakatos (1978)，Seth (2015b).

推翻我對大腦依據貝氏定理運作的貝氏信念：這裡要向弗萊契（Paul Fletcher）和福瑞斯（Chris Frith）致敬。他們對於幻覺的貝氏理論和思覺失調症的妄想提出相同的看法 (Fletcher & Frith, 2009)。

一定會有一個結果出現：嚴格說來X是隨機變數，因為它的值由機率分布決定。第103頁圖中的例子是連續機率分布（又稱機率分布函數），因為X可能是允許範圍內的任何值。如果X只能是某些值（如正面或反面），就會出現分離機率分布。

代表大腦對這個機率估計值的信心：貝氏信念和大腦間的映射有兩個解讀方法。說服力較弱的解讀是我們外在觀察者用這些信念對自己呈現事物，如同我們用實體地圖代表周遭環境一樣。在這個觀點中，對我們科學家而言，觀察到的神經活動可能代表某些狀況。說服力較強的解讀是大腦運用這些信念（或類似的事物）對自己呈現事物。第二種解讀以「貝氏大腦」假說當成例子，對大腦是預測機器的概念十分重要。沒有區分「呈現」的兩種意義，是認知科學和神經科學中許多概念混淆的原因。請參閱Harvey (2008).

所有由上而下的預測：有人把由下而上和由上而下的路徑，分別稱為前饋（feedforward）和回饋（feedback）。從預測處理的觀點看來，這個說法弄反了。在工程上，回饋通常和錯誤訊號有關，而錯誤訊號通常用於調整前饋的控制訊號。因此在預測處理中，由下而上的連結應該是回饋連結，因為這種連結傳遞錯誤訊號。更複雜的是，先前曾提過，由下而上的訊號中可能含有（整體、穩定）預測，由上而下的連結現在則傳遞預測誤差 (Teufel & Fletcher, 2020)。

建構知覺經驗：關於經驗如何塑造知覺，請參閱de Lange et al. (2018)。

準確（真確）的知覺：思考知覺真確性時，另一個有用的直覺幫浦是周邊視覺，也就是視野中央（中央視覺）以外的部分。視覺周邊的光受體密度遠低於中央區，但周邊的視覺經驗看起來並不模糊。這是否代表周邊視覺有清晰度幻象（更具體說來是「不模糊」的幻象），所以真確程度低於中央視覺？不是的！清晰和模糊是與感官資料有關的知覺屬性，視覺系統的每個部分隨時都在接收這些資料。請參閱Haun（2021）極具啟發性的討論，Lettvin（1976）的歷史背景，以及Hoffman (2015)關於知覺（非）真確性的廣泛討論。

洛克主張：John Locke, An Essay concerning Human Understanding (1689), 14th edn (1753)。色彩的例子符合直覺，但哲學家一直在激烈爭辯它是否真的是次性 (Byrne & Hilbert, 2011)。哲學文獻中出現的相關差別存在於不同的「種類」之間——差別就在某樣事物存在的必要條件。舉例來說，金錢必須有社會慣例才能存在，所以金錢是「社會種類」。水不需要社會慣例就能存在，所以是「自然種類」。

第五章　可能性的妙用

可能性的妙用：謝謝巴巴·布林克曼讓我想到這個章名。這個章名取自他的《意識的饒舌指南》（*Rap Guide to Consciousness*），我是這張專輯的科學顧問。請參閱https://bababrinkman.com/shows/#consciousness。

打濕草皮：這個例子改編自F. V. Jensen (2000)。關於溯因推理的完整基本概念，利普頓（Peter Lipton）的《最佳解釋推論》（*Inference to the Best Explanation*）說明得非常詳細。

這個定理本身：貝氏定理通常是這個樣子：

$p(H|D) = p(D|H) * p(H) / p(D)$

p(H|D)是事前機率，也就是假設H在已知資料D中的機率。p(D|H)是可能性，也就是資料在已知假設的可能性。p(H)和p(D)分別是假設和資料的事前機率。請注意，p(D)的數字可能很難提出，但還好通常不需要提出。當目標是在多個可能事前機率中找出最有可能的選項時（通常是這樣），p(D)往往會被刪去。

誤認自己得了嚴重疾病：2009年，美國政府正是以這個理由建議四十歲以上的女性不要接受乳房攝影乳癌篩檢。當時乳房攝影的敏感度大約是80%，代表這年齡層罹患乳癌的女性接受篩檢時，有80%可以檢查出來。但當時這種檢查方式

判斷和推論：摘自阿爾哈真的《光學之書》（*The Optics*）。霍伊（Jakob Hohwy）的傑出著作《預測之心》（*The Predictive Mind*）探討了這點。

赫姆赫茲視自己為以科學方式，詮釋……：Swanson (2016).

富裕家庭的小孩則不會如此：Bruner & Goodman (1947).

知覺內容：Gregory (1980).

這些理論的細節雖然不同：Clark (2013); Clark (2016); Hohwy (2013); Rao & Ballard (1999).

由上而下的預測：我們可以說，預測並非全都由上而下，預測誤差也不一定全都由下而上。「由下而上的預測」可視為限制，反映知覺推論中整體和穩定的面向 (Teufel & Fletcher, 2020)。有個知覺限制的例子是自然影像中垂直和水平方向的過度表徵。陰影對亮度的影響可能也是由下而上的預測限制，後面將會討論這點。

丹尼特指出：請參閱Dennett (1998)。還有另一個例子：如果想聽音樂，我們腦中不需要有樂隊和複雜的麥克風。達涅特也為「心中虛構」這個詞帶來很好的轉折。

色彩是大腦和宇宙交會的地方：Gasquet (1991)。也有人說這句話出自保羅克利（Paul Klee）。

我們對幻覺的意見一致時：非常感謝饒舌歌手巴巴・布林克曼這句關於現實的絕妙歌詞。第六章會進一步討論「真實是什麼」的知覺。

一本關於視錯覺的小書：近年由何碧玉（Biyu He）等人進行的一項研究探討我們看到月球狀影像時，神經動態將和未看到時有什麼不同。請參閱Flounders et al. (2019)。

上千種這類假設：Brainard & Hurlbert (2015); Witzel et al. (2017).

改變了我們意識上看到的東西：Eye Benders (Gifford & Seth, 2013).

聽覺也有類似的例子：達厄文（Chris Darwin）在網路上提出了幾個正弦波語音的好例子，網址：www.lifesci.sussex.ac.uk/home/Chris_Darwin/SWS。我在2017年的TED演講中採用了另一個例子，參見網址：www.ted.com/talks/anil_seth_your_brain_hallucinates_your_conscious_reality。此外，聽覺也有與「藍黑白金洋裝」相同的現象，有個實例是某些人會聽成Yanny，有些人會聽成Laurel (Pressnitzer et al., 2018)。2020年一段抖音影片中，一個廉價玩具發出的聲音聽起來像是green needle，又像brainstorm，依我們看到的文字而不同（time.com/5873627/green-needlebrainstorm-explained）。

元（對數的底數為2時）。作弊骰子的熵較低。

如果瞭解這個機制的一切：因此系統的Φ值應該是這個系統的機制（構造），而不是它的動態（功能）。的確，近來訊息整合理論以「不可縮減的因果力」來描述Φ，這個解釋與機制有關，與動態無關 (Tononi et al., 2016)。

分割系統的適當方式：就定義上來說，這個部分稱為最小資訊分區（minimum information partition）。此外還有個棘手問題，就是不同大小的分區如何處理最好，因為較大的分區包含較多要素，所以能產生更多資訊。

一個國家可能有意識嗎？：依據訊息整合理論，如果Φ的時空尺度達到最大，遍及整個國家，個人變得像大腦中的神經元一樣，就可能形成「有意識的國家」。這樣的狀況將會產生奇怪的結果，就是一個國家具有意識時，個別要素（人民）將不再具有個別意識。美國哲學家史維茲格別爾（Eric Schwitzgebel）曾探討這種怪異的狀況，網址：schwitzsplinters.blogspot.com/2012/03/why-tononi-should-think-that-united.html.

照射經過基因改造的動物大腦：Deisseroth (2015).

對如何進行實驗提出看法：請參閱www.templetonworldcharity.org/acceleratingresearch-consciousness-our-structured-adversarial-collaboration-projects。「關閉」對「不活動」實驗由烏姆伯托・歐爾塞斯（Umberto Olcese）和托諾尼提出。

「萬物源自訊息」的看法：Wheeler (1989).

我們開發出好幾個版本的Φ：Barrett & Seth (2011); Mediano et al. (2019)。在數學上，我們的測定結果可用於系統的經驗分布，而非最大熵分布。

它會如何發展：有個十分有趣的說法是，視覺皮質下層的網格狀結構可以解釋視覺經驗中普遍存在的「空間性」(Haun & Tononi, 2019)。

第四章　由內部感知外界

來自每個層次的訊號：知覺階層彼此區隔非常嚴格。有個不錯的經驗法則是與感官周邊距離越遠，跨管道互動越多。請參閱Felleman & Van Essen (1991); Stein & Meredith (1993).

較近期的實驗：Grill-Spector & Malach (2004).

電腦視覺理論：Marr (1982).

效能相當優異：He et al. (2016).

在……這段有趣的對話中：Anscombe (1959), p. 151, italics in original.

其他……的測量方法：Demertzi et al. (2019); Luppi et al. (2019).

第三章　Phi

訊息整合理論認為：托諾尼團隊發表的幾篇主要IIT論文包括：Tononi (2008)、Tononi (2012)、Tononi et al. (2016)。可取得的告示請參閱Koch (2019)。

這篇論文批評了他早年的理論：Seth et al. (2006).

邁進了一大步：參見網址www.scientificamerican.com/article/is-consciousness-universal. 依靠這種直覺也相當危險範例，請參閱艾倫森（Scott Aaronson）的評論，網址www.scottaaronson.com/blog/?p=1799。

這個理論的主要說法：Φ也可以視為量測「突現」性質的方法。突現這概念相當籠統，意思是巨觀性質（如鳥群）如何由微觀要素（鳥）產生，或與這些要素有關。請參閱Hoel et al. (2013); Rosas et al. (2020); Seth (2010)。

以溫度方式看待意識的終極描述方式：托諾尼和柯赫運用這個類比本身 (Tononi & Koch, 2015)。ways a system can fail：改寫自托諾尼(2008)。

一個系統Φ值不高的可能原因很多：這是初步推測，不計入可能遍及整個陣列的對比調整。

以手術分離：裂腦手術必須切斷連結兩個皮質半球的大把神經纖維，也就是胼胝體。這種手術或許能成功緩和嚴重癲癇，但現在其他侵入程度較低的治療方法越來越多，所以很少執行。裂腦患者的兩個腦半球仍保有某種程度的連結，但以這個例子的目的而言，我們先想像患者的整個大腦已分成兩半。請參閱de Haan et al. (2020)。

訊息整合理論能漂亮地解釋：Tononi et al. (2016).

訊息整合理論提出關於意識的公理：除了整合和訊息公理，IIT還提出其他三項公理：意識存在公理、意識由許多要素構成，以及意識具有專屬的特定時空尺度（Tononi et al., 2016）。哲學家貝恩（Tim Bayne）曾批評IIT提出的公理不一定能自證為真，尤其是最後一個「專屬」有關的公理（Bayne, 2018）。

量測網路處於某個狀態的不確定性縮減程度：在資訊理論中，資訊（不確定性的化約）以熵來量測。熵（通常以S表示）是系統可能出現的狀態數目，以及每種狀態出現的機率，公式是$S = -\Sigma pk \log(pk)$。以文字表示，就是系統的每個狀態(k)是這種狀態出現的機率乘以機率的對數值，再把所有狀態的相乘結果加總。對一個系統而言，熵在每個狀態出現機率相等時最高。公平骰子的熵大約是2.5位理，但問是否想活下去？這裡出現許多倫理困境。2016年，作家葛瑞菲斯（Linda Marshall Griffiths）、製作人莫利納瑞（Nadia Molinari）和我製作了有聲劇《天空更寬廣》（*The Sky Is Wider*）探討這些問題。網址：https://www.lindamarshallgriffiths.co.uk/the-sky-is-wider-best-single-drama。

近來一項研究：Naci et al. (2017).

這方面可能會受限：這個問題較為人知的例子是嘗試以單一尺度定義及量測智力，如IQ。由於智力行為在個人、文化和種族間的差異相當大，所以這計畫一直沒有成功。關於測定意識層次的多向度方法，請參閱Bayne et al. (2016)。

可與正在做清醒夢的人……溝通：請參閱Konkoly et al. (2021).

我漸漸開始：Albert Hofmann, 'LSD – My Problem Child', http://psychedeliclibrary.org/child1.htm.

科學進展失落的一代：想進一步瞭解這段歷史，請參閱波藍（Michael Pollan）的《How to Change Your Mind》(Pollan, 2018)。

大腦動力出現異常改變：Carhart-Harris et al. (2012).

很高的時間解析度：MEG和EEG資料的時間解析度通常很高，單位是毫秒，因為它直接反映神經元群的電活動。FMRI相比之下相當緩慢，自然時間尺度是秒。部分原因是一般MRI掃描儀運作緩慢，通常每一到兩秒測量一次，另一部分是fMRI測量的血氧訊號比較緩慢。

結果既清晰又令人驚訝：Schartner et al. (2017a)。另一項較新近的研究發現DMT也有相同模式的結果 (Timmermann et al., 2019)。

我們的發現證明：在巴涅特（Lionel Barnett）主持的後續研究中，我們發現迷幻狀態造成各個皮質區域間的「資訊流」大幅減少。這個現象同樣對迷幻狀態欠缺知覺結構相當重要。請參閱Barnett et al. (2020)。

一九九八年……發表在《科學》期刊上的論文：Tononi & Edelman (1998). 艾德曼於2014年去世。我曾撰寫訃告向這位影響力極大的科學家致敬 (Seth, 2014a)。

似乎……結合在一起：有些哲學家質疑意識經驗必定一致的假設（Bayne, 2010）。有個經常出現非一致意識的狀況，是皮質半球以手術方式分開的裂腦患者。如需進一步瞭解，請參閱第三章。

「神經複雜性」：Tononi et al. (1994).

「因果密度」：Seth et al. (2011a); Seth et al. (2006).

改進計算方法：如果要比較神經科學背景下的複雜性程度，請參閱Seth et al. (2011a) and Mediano et al. (2019)。

大腦其餘部分總和的四倍：Herculano-Houzel (2009).

當然也有意識：請參閱Lemon & Edgley (2010)。小腦經常是神經造影研究的「重點區域」。這些發現往往沒人討論，因為小腦不是實驗重點，所以科學家不知該說些什麼。

大腦在各個意識層級消耗的能量不同：DiNuzzo & Nedergaard (2017).

這些模式在時間和空間中的複雜程度：Ferrarelli et al. (2010); Massimini et al. (2005).

壓縮表示法：要為長度為n的數列中所有的1（或所有0）建立壓縮表徵，我們只需指定最初的1（或0），再指定重複n次即可。在另一個極端，完全隨機的數列則完全無法壓縮。我們必須指定每個1和0的正確位置，才能正確重現這個數列。包含某些可預測結構的數列中會有壓縮表徵。最佳壓縮表徵的長度稱為柯柴索氏複雜度（Kolmogorov-Chaitin-Solomonoff complexity）。LZW複雜度可近似呈現這個量的上限。

一項重要研究：Casali et al. (2013).

一連串研究：Schartner et al. (2017b); Schartner et al. (2015)。在這些研究中，我們確定了LZW複雜度的改變並非無關緊要。它反映失去意識時EEG大腦訊號的其他改變，如低頻率delta波功率提高。低頻率delta波通常出現在睡眠期間。

結果有相同的模式：Casarotto et al. (2016).

臨床方法：範例請參閱許多人採用的格拉斯哥昏迷量表（Glasgow coma scale）(Teasdale & Murray, 2000)。

這種罕見病症：閉鎖症候群最常見的原因是橋腦受損。橋腦是腦幹的一部分，包含連結脊髓和大腦其他部分的重要神經通道。

以眨眼方式撰寫了整本書：Bauby (1997)。讀者或許認為罹患閉鎖症候群比死亡還痛苦。有些患者確實感到生命難以忍受，但擁有合理生活品質的比例高到令人驚訝(Rousseau et al., 2015)。這個現象告訴我們從外表判斷事物的內在往往相當危險。

某種奇怪的「文化忽略」：這裡也提到了這個故事，網址：www.humanbrainproject.eu/en/follow-hbp/news/measures-of-consciousness-and-a-tale-of-cultural-loss。

歐文斷定：Owen et al. (2006)。歐文（Adrian Owen）在書籍《困在大腦裡的人》（*Into the Grey Zone*）中講述研究團隊這項發現的故事，以及它對醫學和意識研究的影響。

這個溝通方法相當耗時費力：Monti et al. (2010)。由於這個實驗中的患者只能回答是或否，所以科學家選擇問題時必須十分小心。問一個人痛不痛相當合

識神經基礎不包含在全面工作空間理論和高階思想理論中十分重要的大腦前方區域。新近討論請參閱Frässle et al. (2014); Tsuchiya et al. (2015); and Raccah et al. (2021)。

完全令人滿意的意識經驗科學：說明這個企圖心的另一個方式出自哲學家赫利（Susan Hurley）和諾耶（Alva Noë）。他們把「相對」解釋落差和「絕對」解釋落差區分開來。相對解釋落差，與解釋不同經驗為何各自具有某些現象性質有關；絕對解釋落差，則是提出現象為何與如何存在的困難問題。我們可以把真實問題視為徹底消除相對解釋落差，以便解決或消除絕對解釋落差。請參閱Hurley & Noë (2003)。

生機論者認為：生機論認為「生物基本上與無生物不同，原因是生物包含非實體要素，或是掌控生物的原理和無生物不同」(Bechtel & Williamson, 1998)。即使現在，學齡前兒童大多仍偏好生機論對生命的解釋，不喜歡比較現代的解釋（Inagaki & Hatano, 2004）。哲學家邱吉藍（Patricia Churchland）特別著力研究生機論和意識科學間歷史上的相似之處（Churchland, 1996）。

尋求一舉發現解答：渴望靈光一閃的解決方案或許可以部分解釋以量子力學為基礎的意識理論為什麼這麼吸引人，這樣的吸引力大多出現在數學家潘洛斯發表於1989年的《皇帝的新腦》（*The Emperor's New Mind*）中。儘管我們不能排除未來或許有某個量子理論能探討意識，但就我看來，目前這類嘗試似乎採取了錯誤的三段論法：量子力學是神祕的，意識也是神祕的，因此兩者一定有關。

第二章　量測意識

達倫斯：www.encyclopedia.com/science/dictionaries-thesaurusespictures-and-press-releases/dalence-joachim.

《發明溫度》：H. Chang (2004).

同樣的方法也能用來測量意識嗎？：首先提出並解答這問題的可能是赫胥黎（Thomas Henry Huxley）。1870年，他在演講時說：「我相信，我們遲早會製造出機械意識，如同我們製造出機械熱一樣。」引用自Cobb (2020), p. 113.

迷人的意識圈可以延伸到多遠：Seth et al. (2008).

有四百多萬人：Weiser et al. (2008).

「腦電雙頻指數」監測器：Myles et al. (2004).

仍有許多爭議：Nasraway et al. (2002).

龐大網路：Gidon et al. (2020); Herculano-Houzel (2009).

想像這個無法想像的事物：支持僵屍的人或許會說重要的是它在邏輯上的可能性，而不是在這個宇宙的物理定律下的可設想性。我不同意這個說法。在另一套空氣動力學原理下，倒退飛行的A380或許在邏輯上成立，但接受這個說法無助於瞭解在這個世界中、在我們實際接觸的物理定律和空氣動力學下，真正的A380如何飛行。我想知道的是真正的大腦（以及人體等等）在這個宇宙的物理定律下如何塑造和生成這宇宙中的意識經驗。

藉助許多人的見解：以「真實問題」描述事物的方式不算新穎，至少不是全新。查默斯自己曾以「映射問題」（Chalmers, 1996）和「結構一致性」（Chalmers, 1995a）等方式提出類似方法。結構一致性是他對困難問題的原始說明的一部分。此外，還有歷史悠久且極具影響力的神經現象學（neurophenomenology）研究。這個領域探討現象性質和大腦與活動的各個面向（Thompson, 2014; Varela, 1996）。不過這些領域強調的地方不同（Seth, 2009, 2016b）。

闡述它的文字全都不值一讀：Sutherland (1989)。

這方法也成為意識科學的主流：Crick & Koch (1990)。大約在同一時期，美國哲學家德內特（Daniel C. Dennett）發表極具影響力的《意識解析》（*Consciousness Explained*）。對我而言，1990年代初期讀到這本書是個重要轉捩點，這本書現在仍十分活躍且具啟發性。想進一步瞭解意識科學的歷史，請參閱LeDoux et al. (2020) and Seth (2017, 2018)。

形成任何意識知覺的最少神經機制：Crick & Koch (1990)。

反映了這種特定經驗的意識神經基礎：請留意許多人說意識神經基礎與大腦特定區域有關，但不一定如此。意識神經基礎的定義與神經機制有關，而這個神經機制可能出現在大腦的多個區域。對某個意識神經基礎而言，相關的大腦迴路甚至可能隨時間改變 (G. M. Edelman & Gally, 2001)。

與意識知覺並存的大腦活動：這裡有個微妙之處出現在雙眼競爭研究中的大腦區域，通常和意識知覺間的轉換有關。這點相當重要，原因是改變的知覺和知覺的改變不同。請參閱Blake et al. (2014)。第六章將再度談到這個區別。

它很難：這類問題已討論多年，但我們多半不是視為無關緊要就是置之不理。2012年的兩篇論文總算具體探討了這問題：Aru et al. (2012); de Graaf et al. (2012).

不可與造成意識知覺本身的神經機制混為一談：有些實驗勇敢地嘗試把意識知覺和注意或行為回報區分開來。「無回報」典範（也就是志願受測者沒有對自己感知的事物提出行為回報）的結果格外有趣。在許多同類研究中，剩餘的意比物理論古老。有人甚至主張物理論是「語言學論文」（每個語言學陳述都與某個物理論陳述對等），唯物論則比較全面地說明事物的本質。請參閱Stoljar (2017)。

許多接受物理論的人：儘管贊同功能論的人大多也贊同物理論，但也有贊同功能論的人不贊同物理論。

大腦和電腦非常不同：科布（Matthew Cobb）的傑出著作《大腦史》（*The Idea of the Brain*）運用每個時代的重要科技探討大腦的歷史。

會下圍棋的電腦：Silver et al. (2017)。《AlphaGo世紀對決》這部電影精彩介紹了AlphaGo程式的故事。參閱網址https://www.alphagomovie.com/。有人認為這類程式的主要對象是「圍棋的歷史」而不是圍棋本身。

這裡有個有效問題：瑟爾（John Searle）在「中文房間」思想實驗中提出更複雜的相同論點。我在書中沒有提到這個例子，因為瑟爾論點的主要目標是智力（或理解）而不是意識。

陷入實證絕境：哲學家裴瑞（John Perry）說過：「思考意識的時間如果夠長，不是變得贊同泛心論，就是會走進政府。」問題或許只在於思考而不是實行（科學）。要參閱泛心論的有力答辯，我推薦戈夫（Philip Goff）的《伽利略的錯誤》（*Galileo's Error*）。裴瑞這句話出自戈德西爾（Olivia Goldhill）2018年發表在《石英》（*Quartz*）上的文章，網址：qz.com/1184574/the-idea-that-everything-fromspoons-to-stones-are-conscious-is-gaining-academic-credibility.

神祕論：McGinn (1989).

沒人能夠理解：反對某些事物永遠在人類理解範圍外的主張，請參閱Deutsch (2012)。

在理智上也最誠實：還有一種「論」值得一提，但它沒有內文提到的幾種那麼正式。「幻覺論」認為（現象）意識是內省的幻覺。我們自省意識狀態時，往往誤解它具有現象性質（感質），但其實沒有。在我不同意的某個看法中，幻覺論認為意識狀態其實不存在。在另一個我比較贊同的看法中，幻覺論認為意識經驗存在，但不是我們認為的樣子。儘管不甚明確，但這個關於幻覺論的看法和本書接下來的說法相容。想進一步瞭解幻覺論，請參閱Frankish (2017).

不涉及任何意識經驗：哲學僵屍至少有兩種。「行為殭屍」在從行為上來看與有意識的人類沒什麼不同。「神經殭屍」因為內部與有意識的人類相同，因而增加了額外的幻想。神經殭屍有同樣的內部結構，構成的電化學濕體也可能和有意識的人類完全相同。然而，各種僵屍都完全沒有意識。

注解

序

對死亡沉思：Barnes (2008).

第一章　真實問題

全面工作空間理論：Baars (1988); Dehaene & Changeux (2011); Mashour et al. (2020); Shanahan (2010).

豐富的行為變化：全面工作空間理論的另一種思考方式，是認為這個理論談的是「取用意識」，而不是「現象意識」。現象意識顯然是指經驗，取用意識則比較重視認知功能。處於「取用意識」的精神狀態時，代表這個精神狀態具有各種認知功能，包括推理、決策和控制行為。參見Block (2005)。

高階思想理論：高階思想理論很多，請參閱R. Brown et al. (2019); Fleming (2020); Lau & Rosenthal (2011)。

定義會隨著科學理解的程度同時演變：Portin (2009).

他的解釋是這樣的：Chalmers (1995a), p. 201.

查默斯把意識的困難問題與所謂的簡單問題互相對照：查默斯後來提出意識的「後設問題」，主要概念是人為什麼認為意識存在的問題是個困難問題 (Chalmers, 2018)。後設問題其實是一種簡單問題，因為它的目的是解釋行為，在這裡是人類以意識的困難問題來表達信念的言語行為。我偏好後設問題的原因是無論我們在形而上方面對意識本身抱持什麼想法，都能察覺到它是個問題並加以探討。

機制：Craver & Tabery (2017).

即使我們已經解釋所有經驗相關功能的表現：Chalmers (1995a), p. 203，原文即為斜體字。

兩者可以視為同義：物理論和唯物論的差異大多和過往發展有關。唯物論這單字

鷹之眼 19
身為自己：
人類意識的新科學
Being You: A New Science of Consciousness

作　　著　阿尼爾．塞斯 Anil Seth
譯　　者　甘錫安、吳國慶

總 編 輯　成怡夏
責任編輯　成怡夏
行銷總監　蔡慧華
封面設計　莊謹銘
內頁排版　宸遠彩藝

出　　版　遠足文化事業股份有限公司 鷹出版
發　　行　遠足文化事業股份有限公司（讀書共和國出版集團）
　　　　　231 新北市新店區民權路 108 之 2 號 9 樓
客服信箱　gusa0601@gmail.com
電　　話　02-22181417
傳　　真　02-86611891
客服專線　0800-221029

法律顧問　華洋法律事務所 蘇文生律師
印　　刷　成陽印刷股份有限公司

初版一刷　2024 年 2 月
定　　價　520 元
I S B N　978-626-7255-29-2（平裝）
　　　　　9786267255285（ePub）
　　　　　9786267255278（PDF）

國家圖書館出版品預行編目 (CIP) 資料

身為自己：人類意識的新科學 / 阿尼爾 . 塞斯 (Anil Seth) 作；甘錫安，吳國慶譯 . -- 初版 . -- 新北市：遠足文化事業股份有限公司鷹出版：遠足文化事業股份有限公司發行，2024.02
面；　公分
譯自：Being you : a new science of consciousness

ISBN 978-626-7255-29-2（平裝）

1. 意識　2. 認知科學　3. 生理心理學

176.9　　　　112022690